Andreas Müller

Kiffen und Kriminalität

Andreas Müller

Kiffen und Kriminalität

Der Jugendrichter zieht Bilanz

In Zusammenarbeit mit Carsten Tergast

HERDER

FREIBURG · BASEL · WIEN

© Verlag Herder GmbH, Freiburg im Breisgau 2015
Alle Rechte vorbehalten
www.herder.de

Satz: Barbara Herrmann, Freiburg
Herstellung: CPI books GmbH, Leck

Printed in Germany

ISBN 978-3-451-31276-2

Inhalt

Haschisch, Marihuana, Cannabis: Kleine Begriffskunde ·
Politik in der Pflicht: Mein Vorstoß gegen die
Gesetzgebung · Strafverfolgung und die ungleichen
Grenzwerte der Bundesländer · Gravierende Folgen:
Berufsverbote und Führerscheinentzug · Die Opfer der
Prohibition · Die Null-Toleranz-Strategie: Beispiel
Görlitzer Park · Internationale Vorbilder für die
Legalisierung: Von den Niederlanden bis zu den USA

Blick in die Historie der Kriminalisierung · Die
Kontrahenten: Von Polizei bis zu Verbänden ·
Konservative Sozialromantik der etablierten Parteien
und unerwartete Koalitionen · Meine Haltung als
Jugendrichter: Echter Jugendschutz und öffentlicher
Einsatz · Entkriminalisierung, Legalisierung, Regulierung

Das Bewusstsein erweitern und verändern –
Warum dieses Buch notwendig ist

Ich höre sie schon, die Stimmen aus der Politik, von besorgten Pädagogen, von den ewigen Mahnern und auch von denen, die sich aus dem einen oder anderen berechtigten Grund Sorgen machen. »Der hat wohl zu viel gekifft!«, wird es heißen, oder: »Wie kann ausgerechnet ein Richter, noch dazu ein Jugendrichter, sich für die Legalisierung einer Droge einsetzen?«

Zugegeben: Auf den ersten Blick scheint es absurd. Ich bin Jugendrichter und als solcher intensiv mit dem Thema Jugendschutz befasst. Mir obliegt es in vielen Fällen, einzugreifen, wenn bei Jugendlichen und Heranwachsenden ein Drogenproblem offensichtlich wird und gar zu Straftaten geführt hat.

Sollte so einer nicht die harte Linie vertreten? Auf »Null Toleranz« gegenüber Drogen plädieren und diese Linie in seinen Urteilen durchzusetzen versuchen? Das ist die Vermutung, die mein Amt und wohl auch mein Ruf als »härtester Jugendrichter Deutschlands« nahelegen.

Doch nur selten sind die Dinge, wie sie auf den ersten Blick zu sein scheinen. Verschiedene Stationen in meinem beruflichen und privaten Leben haben dazu geführt, dass die deutsche Drogenpolitik und speziell der Umgang mit dem Thema Cannabis zu meinen Lebensthemen geworden sind. Ich bin unter anderem deshalb Richter geworden, um dieses Gebiet aktiv gestalten zu können. Das hat zu vielen frustrierenden Erfahrungen geführt, ist aber auch der Grund, warum ich heute von mir sagen kann, einen so tiefgehenden Einblick in die Thematik zu haben wie nur wenige andere. Zu diesen wenigen anderen gehört beispielsweise Wolfgang Nešković, ehemaliger Richter am Bundesgerichtshof (BGH), der bereits 1992 formulierte, er sei der festen Überzeugung, die Drogenpolitik in Deutschland könne ganz anders aussehen, wenn man den Menschen die entsprechenden harten Fakten an die Hand geben würde. Die Akzeptanz der bestehenden Drogenpolitik lasse sich vor allem auf Fehlinformationen zurückführen, aufgrund derer Laien ihr Urteil fällen.

Es geht in diesem Buch nicht um eine Verharmlosung von Drogen. Nicht um ein locker-leichtes »Am Morgen ein Joint und der Tag ist dein Freund.« Im Gegenteil: Es geht darum, sich der Thematik endlich vorurteilsfrei und pragmatisch zu nähern, Vorteile einer Legalisierung darzustellen, ohne die Gefahren eines Missbrauchs von Drogen allgemein zu verschweigen. Kurz: Es geht um die Behebung des von Nešković vor über 20 Jahren beklagten Informationsdefizits, das heute kaum geringer zu sein scheint.

Klar ist: Dies ist ein Plädoyer *für* die Legalisierung von Cannabis. Es gibt viele gute Gründe für diese Haltung, die ich ausführlich darstellen werde. Grundsätzlich gilt: Drogenkonsum im Allgemeinen und Cannabiskonsum im Speziellen sind weniger ein juristisches als vielmehr ein gesellschaftliches und gesundheitspolitisches Problem. Deshalb sollten sie auch primär auf der gesellschaftlichen Ebene angegangen werden, bevor wir uns ihnen auf strafrechtlichem Gebiet widmen.

Derzeit stehen die Vorzeichen günstig, dass sich in der Bewertung von Cannabis bald etwas ändern wird. Die Legalisierungstendenzen sind unübersehbar. Was jetzt nötig ist, ist Information. Information, um auch diejenigen zu überzeugen, die beim Wort »Cannabis« immer noch zusammenschrecken, die alle Drogen in einen Topf schmeißen und die den Mythos von der Einstiegsdroge weiter pflegen. Die meisten Menschen denken und handeln so, weil sie es nicht besser wissen und weil die Anti-Cannabis-Lobby sehr stark ist. Aus dieser Richtung kommen immer wieder manipulative Beiträge, die einem vernünftigen Umgang mit dem Thema Cannabis im Weg stehen und ganz sicher nicht dazu beitragen, den Konsum dieser Droge in den Griff zu bekommen.

Vernunft ist jedoch das entscheidende Stichwort. Wir brauchen einen vernunftgesteuerten Umgang mit dem Thema Cannabis. Und wer die Vernunft walten lässt, kann nur zu dem Ergebnis kommen, dass eine Legalisierung in möglichst naher Zukunft unumgänglich ist.

Kapitel 1

Cannabis und ich – Autobiografisches

Nachdem ich mein erstes Buch veröffentlicht hatte, fühlte ich mich wie leer geschrieben. Ich hatte so lange darüber nachgedacht, zu schreiben und meine Ansichten zum Jugendrecht einem größeren Publikum zu präsentieren, dass ich erst einmal sicher war, nicht noch einmal als Autor an die Öffentlichkeit treten zu wollen. Die zusätzliche zeitliche Belastung durch die Auftritte und Lesungen zum Buch neben meiner Richtertätigkeit führte mich an die Grenzen meiner Kraft.

Eine meiner ersten Lesungen brachte mich direkt mit meiner Vergangenheit in Berührung. Ich hatte in meiner Heimatstadt Meppen zu tun gehabt und brach von hier aus ins ostfriesische Leer auf, wo mein Co-Autor in Zusammenarbeit mit der örtlichen Tageszeitung eine Lesung organisiert hatte. Auf dem Weg dorthin fuhr ich an Börgermoor vorbei, wo sich die Jugendbesserungsanstalt *Johannesburg* befindet. In den Siebzigerjahren war das eine jener berüchtigten Einrichtungen, in die man die »schwer erziehbaren« Jugendlichen steckte, diejenigen, bei denen es, aus welchen Gründen auch immer, mit dem normalen bürgerlichen Leben und Aufwachsen nicht so recht klappte. In der Johannesburg war auch mein Bruder untergebracht gewesen, auch bei ihm war es mit dem angepassten und zielgerichteten Leben nichts geworden.

Die Fahrt rief viele Erinnerungen an meine Jugend wach. Ich nahm auf dem Rückweg nach Berlin intuitiv die nördliche Route über Hamburg, weil ich den inneren Drang verspürte, meinen dort lebenden Bruder zu besuchen. Aus Zeitgründen – ich war spät dran, und in Berlin wartete ein

voller Schreibtisch auf mich – fuhr ich dann aber doch un-
verrichteter Dinge und ohne Besuch an Hamburg vorbei.

Drei Wochen später erreichten mich gleichzeitig zwei An-
rufe ehemaliger Freundinnen meines Bruders: Er war tot.

Der Entschluss

Wenn geliebte Menschen uns verlassen, ist das immer eine
Zäsur in unserem Leben. Das habe ich mehrmals selbst erlebt.
So nach dem Tod meines Vaters, der als Kriegsheimkehrer
seine Erinnerungen in Alkohol ertränkt hatte. Er hat den
Kampf gegen den Feind aus der Flasche irgendwann verloren,
woraufhin ich mir schwor, nicht so zu enden. Und auch nach
dem Tod meiner Mutter, die dem Krebs nicht mehr standhal-
ten konnte und mir auf dem Sterbebett das Versprechen ab-
nahm, die Richterlaufbahn einzuschlagen.

Der Tod meines Bruders nun, nach seiner langen »Karriere« als Junkie, änderte meine Einstellung im Hinblick auf
meine bereits beendet geglaubte Autorenlaufbahn. Ich ord-
nete seinen Nachlass, las mich in alten Unterlagen fest und
fand unter anderem ein 2008 ergangenes Urteil des Hamburger Amtsgerichtes. Man hatte ihn mit zwei Gramm Cannabis am Bahnhof festgenommen, zusätzlich warf ihm die
Anklage Widerstand gegen die Staatsgewalt vor, weil er sich
angeblich der Festnahme entziehen wollte.

Jonas, der in seiner Jugend Hans gerufen wurde, war zu jener Zeit bereits seit zehn Jahren im Methadonprogramm der
Stadt Hamburg. Im Alter von 30 Jahren hatte er erstmals
Heroin genommen und war süchtig geworden, hatte diverse
Entzüge hinter sich. Er wurde also vom Staat mit Ersatz-
drogen vollgepumpt und traf auf eine Justiz, die die Gelegenheit nutzte, dem Junkie, den sie anscheinend verachtete, noch
einen mitzugeben. Juristisch wäre es möglich gewesen, sich
auf die Anklage wegen Widerstandes gegen die Staatsgewalt
zu beschränken. In anderen Bereichen wird dies gemacht,

etwa wenn bei Gewaltverbrechen nach § 154 der Strafprozessordnung die Tat mit der niedrigeren Straferwartung nicht weiter verfolgt wird. Statt sich auf die eine Anklage zu beschränken und das Verfahren wegen des Cannabisfundes einzustellen, wurde aber die Gelegenheit genutzt, wegen zwei Gramm Gras aus der ganzen Sache eine Bewährungsstrafe von sechs Monaten zu machen. Angesichts des offensichtlichen Zustandes meines Bruders und seiner Geschichte ist das aus meiner Sicht ein menschenverachtendes Urteil, entstanden nicht zuletzt aus einer undifferenzierten Interpretation des Betäubungsmittelgesetzes (BtMG).

Die Lektüre dieses Urteils machte mich wütend, weil es die konsequente Fortführung all der Fehler dokumentierte, die in Jonas' Leben passiert waren und die ihn zu dem gemacht hatten, was er war und woran er letztlich zugrunde ging. Ich spürte eine Verantwortung gegenüber meinem Bruder und eine Verpflichtung, dieses große Thema doch noch ein letztes Mal in all seinen Facetten anzugehen, um endlich öffentlich klarzumachen, warum die Legalisierung von Cannabis nicht einfach nur irgendeine marginale juristische Frage ist, sondern die Lebenswirklichkeit von Millionen Menschen in Deutschland positiv beeinflussen würde. Und nicht nur das: Sie würde dem Staat Ausgaben in Milliardenhöhe ersparen, die derzeit Jahr für Jahr durch überflüssige Verfahren nach dem Betäubungsmittelgesetz entstehen. Darüber hinaus könnten Steuereinnahmen in Milliardenhöhe für viele sinnvollere Dinge – von der Bildungs- bis zur Gesundheitspolitik – genutzt werden.

Eigene Cannabiserfahrungen

Ich spreche oft und gerne über das Thema Cannabislegalisierung, nicht zuletzt war es mir deshalb auch ein Anliegen, in meinem ersten Buch aufzuzeigen, wie die konservative Sozialromantik in diesem Land das Thema instrumentalisiert und ideologisch auflädt. Eine Frage, die häufig auftaucht, ist die nach meinen eigenen Cannabiserfahrungen. Habe ich selbst überhaupt schon einmal gekifft? Sollte mich nicht das Schicksal meines Bruders frühzeitig davon abgehalten haben? Wie stehe ich heute als arrivierter Richter dazu? Müsste ich die Frage nach meinen eigenen Erfahrungen nicht mit aller Vorsicht beantworten, so wie der US-amerikanische Politikprofessor Mark Kleiman das im Februar 2014 in einem Interview mit dem Magazin *NEON* gemacht hat? Kleiman, der als Vordenker einer fortschrittlichen Drogenpolitik gilt, antwortete auf die Frage nach seinen Drogenerfahrungen:

> *Ich bin ein Kind der Sechzigerjahre und halte mich für einen relativ liberalen Menschen. Aber wenn man als Berater für Drogenpolitik arbeitet und gefragt wird, ob man Drogen konsumiert, hat man zwei Möglichkeiten. Entweder sagt man: »Ja, ich bin ein Gesetzesbrecher. Bitte kommt doch vorbei, verhaftet mich und ignoriert alles, was ich sage.« Oder man sagt: »Nein, ich habe keine Ahnung, über was ich verdammt noch mal spreche.« Da beide Möglichkeiten für mich wenig vorteilhaft sind, beantworte ich die Frage nicht.*

Die ältere Generation, zu der ich mich mittlerweile wohl auch zählen muss, hat die Pflicht, die Lehren aus den eigenen Erfahrungen vor allem auch zum Schutz der Jugend einzusetzen. Das funktioniert in allen denkbaren Bereichen: Wir können frei über unser Sexualleben berichten, über unsere Alkoholexzesse, können von dem Mist erzählen, den wir in unserer Jugend gebaut haben, von allen möglichen Fehlern, die wir gemacht haben. Wir können Außenminister werden, obwohl wir in der Jugend auf Polizisten eingeschlagen haben. Joschka Fischer ist der beste Beweis. Und wir können all das sogar in der Öffentlichkeit preisgeben.

Geht es aber um Cannabiskonsum in der Jugend, während des Studiums und auch im Erwachsenenleben, so hat sich unsere Gesellschaft eine Art Schweigegelübde auferlegt. Die meisten Erwachsenen meiden Fragen nach eigenen Cannabiserfahrungen wie die sprichwörtliche Pest. Und wenn sie antworten, dann in aller Regel möglichst ausweichend, etwa so, dass sie mal am Joint gezogen haben (aber niemals inhaliert, wie es etwa der ehemalige US-Präsident Bill Clinton zugab), es ihnen aber gar nichts gebracht habe. Rechtfertigung: Man sei halt jung gewesen. Über aktuellen Konsum höre ich ganz selten Menschen reden.

In der Vorbereitungsphase für dieses Buch habe ich möglichst alles, was im Zusammenhang mit der aktuell aufgeflammten Legalisierungsdebatte stand, sehr genau verfolgt. So ehrlich wie Barack Obama, der öffentlich über seine Kiffervergangenheit als Mitglied einer Bande namens *Choom-Gang* berichtete, ist kaum ein Deutscher gewesen. Hinter den Kulissen erzählen aber viele Leute oft und gerne von ihren Kifferfahrungen. Sobald jedoch die Kameras angehen, wird nicht mehr darüber geredet.

Ich habe unzählige Sendungen gesehen, die das Thema Cannabis zum Gegenstand hatten. Sofern Künstler oder Musiker zum Thema befragt werden, gehört es fast schon zum guten Ton, zuzugeben, zumindest in der Jugend regelmäßig gekifft zu haben. Politiker allerdings oder andere Personen des öffentlichen Lebens räumen bestenfalls ein, mal an einem Joint gezogen zu haben, oder sie sagen gar nichts dazu. So habe ich noch keinen Politiker im Deutschen Bundestag über seine Cannabiserfahrungen berichten gehört – geschweige denn, dass es ihm auch noch Spaß gemacht hätte.

Kaum einer hat den Mut, über die eigene Kiffervergangenheit zu erzählen. Dabei wäre das genauso nötig, wie es in der großen Abtreibungsdebatte in den Siebzigern nötig war, öffentlich im *stern* zu bekunden: »Ja, ich habe abgetrieben.«

Ich sehe es an mir selbst. Wie oft schon wurde mir die Frage nach meiner eigenen Kifferzeit gestellt. Ich war eigentlich immer gezwungen, zu lügen, musste einen Teil meines eigenen Lebens verleugnen im Interesse der Absicherung meines gutbürgerlichen Daseins und weil man als Jugendrichter eben mit gutem Beispiel vorangehen sollte. Worin dieses »gute« Beispiel besteht, wird meistens nicht hinterfragt. Ich, der ich eigentlich ganz schlecht im Lügen bin und als katholisch sozialisierter Mensch auch gar nicht lügen darf, musste mich immer wieder herausreden oder Hilfsbeispiele bringen wie: »Ein Richter muss ja auch keinen Raub begangen haben, um über Bankräuber zu richten.« Am besten kommt man in der Regel davon, wenn man einfach sagt: »Na ja, ich war auch mal jung«, und damit alles im Ungefähren belässt.

Wie oft hätte ich gerne mit den mir anvertrauten jungen Menschen über meine eigenen Erfahrungen geredet, und wie oft hätte ich dadurch auch als Richter ein gutes Stück glaubwürdiger sein können. Wie oft hätte ich durch so ein Gespräch vielleicht früher erkennen können, ob die Jugendlichen tatsächlich ein Suchtproblem haben oder einfach nur aus Lust und Freude konsumieren. Dieses mir und anderen durch die Gesellschaft auferlegte Schweigen, das eine Verlogenheit der ganzen Gesellschaft ist, gilt es zu durchbrechen. Menschen, die wie ich für eine Legalisierung eintreten, müssen und sollen offen zumindest über ihre eigene Jugend berichten dürfen. Das ist Teil eines ehrlichen Umgangs und trägt dazu bei, Suchtverhalten früher erkennen zu können.

Also werde ich mich nicht hundertprozentig an die Devise Kleimans halten, auch wenn er natürlich prinzipiell recht mit seiner Aussage hat. So wie er als Berater laufe auch ich als Richter schnell Gefahr, mich mit entsprechenden Ausführungen aufs Glatteis zu begeben. Einige, insbesondere aus der christlich-konservativen Ecke, werden wohl meinen Kopf fordern und mich als Gefahr für unserer Kinder darstellen. Vor 500 Jahren, als es noch um die Frage ging, ob die Erde eine Scheibe oder eine Kugel ist, hätte man mich, zumal ich auch noch rothaarig bin, vielleicht als Ketzer verbrannt. Trotzdem möchte ich in diesem Buch anhand einiger Geschichten aus meinem Leben auf das Thema eingehen. Nur so erschließt sich mein überdurchschnittliches Engagement auf diesem Gebiet vollständig. Außerdem kann ich so mit meiner eigenen Verlogenheit zumindest ein wenig aufhören.

Drogenparadies Emsland

Ich stamme gebürtig aus dem Emsland, einem flächenmäßig recht großen Gebiet im Nordwesten Deutschlands. Diese Region ist bekannt für ihre bodenständige norddeutsche Mentalität, sie ist aber auch bekannt für die Trinkfestigkeit ihrer Bewohner. Es mag Gegenden im Bundesgebiet geben, in denen Saufgelage ebenfalls an der Tagesordnung sind. Die Alkoholgewöhnung der Menschen in meiner Heimat war für mein Leben leider früh von Bedeutung. Als ich elf Jahre alt war, starb mein Vater. Er hatte sich im wahrsten Sinne des Wortes totgesoffen. Seinen letzten Rückfall überlebte er nicht und starb nur sechs Monate nach der scheinbar erfolgreichen Rückkehr aus einer Trinkerheilanstalt, wie man das damals nannte.

Mein Bruder, der fast fünf Jahre älter war als ich, versuchte sich dem Drama daheim mit dem ständig angetrunkenen Vater, der leidenden Mutter sowie dem jüngeren Bruder bisweilen zu entziehen. Im Emsland gab es damals eine große amerikanische Garnison in Sögel, und vor allem über die GIs kamen die emsländischen Jugendlichen in den Discos der Umgebung leicht mit Cannabis in Berührung. Zu diesem Zeitpunkt, es war Anfang der Siebzigerjahre, hatte sich auch bei uns in der Provinz eine lebhafte Hippieszene herausgebildet, die ihrem amerikanischen Vorbild nicht nur im Look und in den politischen Ansichten nacheiferte, sondern auch dem Umgang mit Drogen eher neugierig und positiv gegenüberstand. So kifften mein Bruder und seine Freunde eben.

Doch nicht nur das, mein Bruder entwickelte schnell ein Gespür dafür, dass er mit dem Verkauf kleiner Mengen Cannabis sowohl seine Stellung im Freundeskreis festigen als auch ein wenig Geld verdienen konnte. Bald war er dem Reiz des Verbotenen so sehr erlegen, dass er kleinere Diebstähle tätigte, um neues Haschisch zu besorgen, und darüber hinaus bald als Kiffer stadtbekannt war. Schließlich flog er vom städtischen Gymnasium und sorgte damit unfreiwillig für meine eigene erste Bekanntschaft mit dem Thema. Denn ich war trotz einer Lese-Rechtschreibschwäche einige Wochen später auf das Maristenkloster umgeschult worden, ein durch Pater geleitetes, privates Gymnasium. Dort wurde ich von einem Lehrer, der gleichzeitig vom städtischen Gymnasium zum Maristenkloster gewechselt war, auf dessen ganz eigene Art und Weise begrüßt. Als er registrierte, wer ich war, titulierte er mich als »den Bruder des stadtbekannten Haschers« und verpasste mir zur Einstimmung und im Rahmen des noch geltenden Züchtigungsrechtes gleich mal zwei heftige Ohrfeigen. Das war vierzehn Tage, nachdem mein Vater sich endgültig zu Tode gesoffen hatte.

So lernte ich den Zusammenhang zwischen Cannabis und Strafe sehr direkt und schmerzhaft kennen und lernte, dass Cannabisgegner keine Argumente brauchten, weil sie sich ohnehin auf der Seite der Guten und Gerechten fühlten. Das ist heute leider häufig noch genauso.

Ich, der weinende Fünftklässler, verstand das alles nicht, wurde aber in den nächsten Jahren immer wieder mit der Thematik konfrontiert. Bis mein Bruder irgendwann den Hauptschulabschluss schaffte und schließlich in die Jugendbesserungsanstalt geschickt wurde, standen bei uns regelmäßig Autos vor dem Haus, deren Bedeutung ich bald kannte: Es fand mal wieder eine Hausdurchsuchung statt, und jedes Mal wurde auch mein Kinderzimmer durchsucht, in dem Glauben, mein Bruder könne dort Cannabis deponiert haben. Dies und auch die zeitweilige Abwesenheit meines Bruders, der in irgendwelchen Kifferwohnungen Unterschlupf fand, gehörten bald zu einer etwas seltsamen »Normalität« für meine vaterlose Familie.

Trotz seiner laufenden »Drogenkarriere« absolvierte mein Bruder dann eine Schriftsetzerlehre in der Johannesburg. Gleichzeitig dealte er von dort aus. Nun handelte es sich oft auch nicht mehr nur um geringe Mengen für ein paar Freunde, sondern um sogenannte »Hecks«, also 100-Gramm-Pakete (bisweilen sogar Kilos) Cannabis. Da sowohl er als auch die Kumpels, die ihm halfen, blutige Amateure waren, ging das nicht lange gut. Man schnappte sie, mein Bruder wurde eine Zeitlang per Haftbefehl gesucht. Als er dann vor dem Richter stand, kam es zu einer ersten Bewährungsstrafe, der weitere folgten. Schließlich wurde er Jahre später zu drei Jahren und neun Monaten Haft verurteilt, weil das Landesgericht Osnabrück die Urteile früherer Prozesse aufsummierte. So wurde er lange Zeit zwar als Krimineller be- und verurteilt, spürte davon aber kaum etwas. Bis es sich aufgrund der langen Strafe dann plötzlich wie Schwerstkriminalität anfühlen musste.

Mein Bruder wäre der klassische Fall für einen effizienten Warnschussarrest gewesen. Dies darf nicht mit einer Inhaftierung im Sinne von Jugendgefängnis verwechselt werden, sondern hätte ihm für eine begrenzte Arrestzeit aufgezeigt, wie sich Freiheitsentzug anfühlt und wie ernst die Lage ist. Für das in weiten Kreisen verpönte juristische Mittel des Warnschusses habe ich schon in »Schluss mit der Sozialromantik« plädiert. Und ich bin bis heute davon überzeugt, dass meinem Bruder die dramatischen Verschlimmerungen seiner Drogenkarriere dadurch erspart geblieben wären. Stattdessen tat der Staat das, was er heute leider immer noch tut. Er scherte alle Rauschmittel jenseits von Nikotin und Alkohol über einen Kamm und machte aus harmlosen Kiffern, die Anleitung und Hilfe gebraucht hätten, Straftäter.

Und ich selbst? Hätte ich nicht auch fast automatisch diesen Weg gehen müssen, allein schon aufgrund der Drogenkarrieren in meinem engsten Umfeld?

Ich kann nicht leugnen, dass die Gefahr durchaus bestand. Als ich ins Teenageralter kam, hatten auch bei uns in der Provinz längst diverse Discos aufgemacht, die zum Teil heftige Kifferschuppen waren. Unweit unseres Wohnhauses lag die *Top-Disco*, ein damals bei der Meppener Jugend äußerst beliebter Laden. In ihm sahen wir alles verwirklicht, was uns junge Menschen damals bewegte: andere Musik, Rock statt Schlager, lange Haare statt ordentlich-militärischer Kurzhaarschnitte, ein anderes Leben als das der Eltern. Und dazu gehörten eben auch Drogen.

Mit 14 Jahren schaffte ich es zum ersten Mal, mit älteren Freunden Einlass in die *Top-Disco* zu bekommen. Die Inhaberin schaute nicht so genau hin, der Umsatz war ihr wichtiger. Und so stand ich dort auf der Tanzfläche, hörte Uriah Heep und war stolz wie Bolle. In den folgenden Jahren wurde die *Top-Disco* für mich zu einem zentralen Ort der Freizeitgestaltung, drogentechnisch hielt ich mich allerdings zunächst an Alkohol. Als ich 15 oder 16 war, kiffte jedoch schon etwa die Hälfte meiner Freunde. Ich selbst trank nur Wein, süßen Wein, niemals Bier. Psychologisch lässt sich das im Nachhinein leicht erklären: Ich kiffte nicht, weil ich das angesichts der Geschichten meines Bruders meiner Mutter nicht antun wollte, und ich trank kein Bier, weil ich meinen Vater immer nur Bier hatte trinken sehen.

Lange Zeit sahen die Wochenenden also so aus: Meine Freunde waren bekifft, ich war betrunken. Im Alter von 18 Jahren entschied ich mich dann doch, gelegentlich mitzukiffen. Ich wollte nicht betrunken sein, während die anderen vom Cannabis lustig wurden und diesen anderen Rausch erlebten. Schließlich näherte ich mich dem Thema Cannabis doch auf der praktischen Ebene. Allerdings war das gar nicht so einfach, da ich es nicht schaffte, zu inhalieren. Der Wirkstoff kam dadurch gar nicht erst in meine Lunge, und ich merkte gar nichts. Um Abhilfe zu schaffen, kaufte ich mir meine erste Schachtel Zigaretten und begann das Rauchen zu üben. Und dies, obwohl ich zuvor als Schülersprecher auf geradezu militante Weise versucht hatte, in der Schule die Raucherecken abzuschaffen. Als ich endlich inhalieren konnte, brauchte ich allerdings noch einige Versuche, bis ich endlich meinen ersten Cannabisrausch erleben durfte. Für mich hieß das: Ich hatte nun endlich die Möglichkeit, zwischen Alkohol und Cannabis zu wählen. Übrigens war es aus heutiger Sicht falsch, es so zu machen wie beschrieben. Ich hätte mit Haschtee oder Cannabiskeksen beginnen sollen oder pur rauchen, dann wäre mir die lebenslängliche Abhängigkeit von Nikotin erspart geblieben.

In der Folge rauchte ich während meiner Abiturzeit gelegentlich den einen oder anderen Joint. Allerdings nie allein, sondern immer zusammen mit Freunden. Und irgendwann spürte ich auch intensiv die gewünschte Wirkung. Das Kiffen entspannte, machte nicht aggressiv, wie es bei Alkohol schon mal vorkommen konnte, und ich war innerhalb meines Bekanntenkreises (heute würde man von *Peergroup* sprechen) beim Thema Cannabis nicht länger außen vor.

An Haschisch, das damals überwiegend konsumiert wurde, zu kommen, war übrigens nicht schwer. Die niederländische Grenze war so nah, dass man notfalls mit dem Fahrrad rüberfahren konnte. Dort war Cannabis seit ich denken konnte immer frei verkäuflich. Wir nannten die Besorgungsfahrten damals »Ameisenverkehr«, weil jeder einzelne immer kleine Mengen, meist zwei oder drei Gramm, transportierte. Bevorzugtes Versteck für den Schmuggel: die Mundhöhle. Dort wurde entweder nicht kontrolliert, oder man konnte den Stoff schnell hinunterschlucken.

Das Thema Legalisierung trieb mich im Übrigen bereits zur damaligen Zeit so sehr um, dass ich ihm Artikel in der Schülerzeitung widmete und mir damit Riesenärger mit der Schulleitung einhandelte. Trotzdem blieb ich bei meiner Haltung, und die Erfahrungen dieser Jugendjahre prägen mich bis heute. Ich selbst hatte nie einen problematischen Umgang mit Cannabis. Obwohl ich ab und an mit den anderen kiffte, litten weder meine Schulleistungen noch vernachlässigte ich verantwortungsvolle Aufgaben, die ich beispielsweise als Schülersprecher übernommen hatte. Natürlich gab es einzelne Schüler, bei denen der Konsum problematische Ausmaße annahm. Ich erinnere mich an einen Mitschüler, dessen Abgang von der Schule vor dem Abitur in direktem Zusammenhang mit seinem erheblichen Konsum zu tun hatte. Soweit ich das verfolgt habe, sind jedoch selbst die, die damals ein konkretes Problem hatten, heute ganz normale Mitglieder der Gesellschaft.

Ein Phänomen, das mir heute noch als Jugendrichter häufig begegnet, konnte ich damals in der Schule bereits beobachten, nämlich die durch die Strafandrohung für Cannabiskonsum erzeugte Sprachlosigkeit. Und dies, obwohl fast die Hälfte aller Schüler, genau wie übrigens heute auch noch, gelegentlich kifften. So kam es vor, dass in der Oberstufe Schüler bekifft im Unterricht saßen. Das ist ein Unding, doch es kam nie wirklich zur Sprache. Man drückte sich um das Thema herum, weil auch die Lehrer sehr genau wussten, was sie auslösen würden, wenn sie das an die große Glocke hängten. Jeden angetrunkenen Schüler hätte man sofort aus dem Unterricht befördert und Gegenmaßnahmen ergriffen. Die Kiffer bekamen keine Reaktion, weil immer die Kriminalisierung im Hinterkopf herumspukte. So ist es bis heute.

Mein eigener Konsum hielt sich immer in Grenzen. Ich erinnere mich an einen Trip mit mehreren Freunden nach Sizilien, für den einer von uns, der gute Kontakte hatte, vorher Haschisch besorgt hatte. Da es sich um eine größere Menge handelte, teilten wir diese unter uns auf und vereinbarten, dass jeder ein paar Gramm mit sich führen sollte. So sollte es zum einen nicht so schlimm werden, falls jemand erwischt würde, und zum anderen hätte der Rest der Truppe für diesen Fall noch etwas übrig. So funktioniert das auch heute noch bei Jugendlichen und Heranwachsenden. Einer besorgt den Einkauf, verteilt und deckt seinen eigenen Bedarf damit kostengünstig ab. Derjenige mit den besten Beziehungen, die sich möglicherweise rein zufällig ergeben haben, lebt, da er die großen Mengen einkauft, strafrechtlich immer am gefährlichsten. Manche jungen Menschen entwickeln sich so zu Dealern.

Bei uns kam es damals anders. Einer von uns wurde erwischt, genauer gesagt: Ich wurde erwischt. Allerdings nicht von der Polizei, sondern von meiner eigenen Mutter. Ich hatte nämlich die Tasche, in der ich meine Ration transportierte, am Abend vor unserer Abreise nach Sizilien nach einer heftigen Feier bei uns daheim im Garten verloren. Als ich morgens mit dickem Kopf aus dem Fenster schaute, stand meine Mutter dort mit der Tasche in der Hand und inspizierte ihren Inhalt. Leugnen war zwecklos, immerhin konnte ich noch glaubhaft versichern, das Haschisch nur für jemand anderen aufbewahrt zu haben, so dass meine Mutter nicht auch noch ihren zweiten Sohn an die Droge zu verlieren glaubte. Selbstverständlich bestand sie auf der sofortigen Vernichtung des Fundes und war auf dem besten Wege, alles in den Ofen im Garten zu stecken, um es zu verbrennen. Zum Glück konnte ich das gerade noch verhindern, indem ich ihr klarmachte, dass diese Art und Weise der Entsorgung mit Sicherheit eine Geruchsbelästigung in der ganzen Umgebung ergeben würde, die unangenehme Folgen nach sich ziehen konnte. Wir spülten es schließlich gemeinsam in der Toilette hinunter. Meine Mutter war beruhigt, ich fuhr nach Sizilien und kiffte ein wenig von dem Hasch meiner Freunde mit.

Unsere Abifahrt ging dann nach Kopenhagen, wo wir trotz des Verbotes durch unsere Lehrer nach Christiania fuhren, um dort unser Rauschmittel für den Abend zu besorgen. Christiania ist bis heute ein legendärer Kiez, in dem man Cannabis in allen Mengen und Sorten frei erwerben konnte, während die Obrigkeit wegschaute. Zurück im Hotel kochten wir dann einen Cannabistee und wurden kurze Zeit später »massiv breit«, wie wir es damals nannten.

Diese Form der sogenannten oralen Aufnahme von Cannabis wurde von uns häufiger als Alternative zum Rauchen genutzt. Man verarbeitet dabei Haschisch oder Marihuana in Lebensmitteln. Möglich sind sowohl Getränke wie Tee als auch feste Nahrungsmittel wie Kekse. THC ist zwar kaum wasser-, jedoch sehr gut fettlöslich, daher nimmt man fetthaltige Nahrungsmittel wie Butter oder Schokolade zum Auflösen des Ausgangsstoffes. Gerade auch für Nichtraucher ist dies eine wichtige Alternative zum klassischen Joint. Allerdings ist die Dosierung hierbei ein kleines Vabanquespiel, da die Wirkung des THC in dieser Verarbeitungsform deutlich später einsetzt als beim Rauchen. Als Faustregel kann man von einer halben Stunde bis zu einer Stunde nach dem Verzehr ausgehen. Gerade für ungeübte Konsumenten kann das durchaus zu Überdosierungen führen, die als überraschend bis unangenehm empfunden werden. Zudem hält die Wirkung deutlich länger an als beim Rauchen. Abhängig von der Dosierung kann der »Spaß« dann schon mal ziemlich lange dauern.

Unsere Truppe jedenfalls trieb sich nach dem Genuss des Tees im Kopenhagener Rotlichtviertel herum, und wir genossen es, das zu tun, was die meisten Menschen im Alter von

18, 19 oder 20 Jahren tun: Wir frönten mit Riesenspaß der Unvernunft. Diese bestand allerdings lediglich darin, von einer Hotdog-Bude zur nächsten zu laufen, um das ausgelöste Hungergefühl zu stillen.

Als Drogensüchtiger ist übrigens keiner der damals Beteiligten geendet. Jedoch hatten viele meiner Freunde Probleme mit der Polizei, der Staatsanwaltschaft und den Gerichten. So kam es, als ich 21 Jahre alt war, zeitgleich zu etwa 200 Ermittlungsverfahren gegen junge Leute aus dem Meppener Raum. Einer der Kleindealer hatte bei der Polizei umfassend ausgesagt, um im Rahmen der seit Januar 1982 geltenden Kronzeugenregelung Strafmilderung zu erlangen. Das bedeutete nun für 200 Kleinkiffer, -dealer oder -besorger Strafverfahren. Monatelang hatten alle, mich eingeschlossen, Angst davor, strafrechtlich zur Verantwortung gezogen zu werden. In vielen Familien war der Haussegen über Monate gestört oder nachhaltig zerbrochen. Und das alles nur, weil die Gesellschaft verzweifelt versuchte, der vermeintlich hochgefährlichen Droge Cannabis Herr zu werden.

Trotz der Strafverfahren – einige erhielten tatsächlich sogar Haftstrafen ohne Bewährung – hörte niemand mit dem Kiffen auf, so dass sich die »furchtbare« Droge weiter verbreitete. Was letztlich blieb, war für viele der Eindruck, ungerecht behandelt worden zu sein. Damit verbunden ging auch ein gutes Stück Glauben an die staatliche Autorität verloren. Ich selbst wurde nicht denunziert, doch auch mein Respekt vor dem Staat war nachhaltig erschüttert. Das und die Inhaftierungen meines Bruders waren Beweggründe für mich, Jura zu studieren, um anschließend, so mein Plan, als Rechtsanwalt für Gerechtigkeit zu sorgen. Für den uns alle verfolgenden Staat zu arbeiten und Richter zu werden, lag für mich zu diesem Zeitpunkt außerhalb jeglicher Vorstellungskraft.

Fast alle damals Beteiligten ließen das Kiffen nicht sein, machten aber trotzdem gute Ausbildungen, studierten, haben heute ehrenwerte Berufe, sind engagiert und in der Gesellschaft anerkannt. Nur wenige kifften wirklich zu viel, so dass man von einem problematischen Konsumverhalten sprechen muss. Als Erwachsene ließen es manche von ihnen ganz, von einigen weiß ich, dass sie noch heute gelegentlich kiffen, ohne dadurch Schwierigkeiten in ihrer Lebensführung zu haben.

Kiffender Richter?

Und mein Umgang mit der Droge als Erwachsener? Natürlich ist das die Frage, die immer wieder aufkommt. Habe ich noch Cannabis konsumiert, nachdem ich mein Jurastudium aufgenommen hatte? Als Rechtsreferendar? Heute, als Jugendrichter? Sagen wir es so: Ich würde heute jedem THC-Test ganz ruhig entgegensehen.

Ganz so sicher war ich mir allerdings 1994 nicht, als ich mich nach Studium und Referendariat schließlich auf meine konkrete juristische Laufbahn vorbereitete und als Richter bewarb. Mein Referendariat hatte ich zum Teil in Bayern abgeleistet, und so musste ich einen verpflichtenden Teil des Vorlaufs zur Richterlaufbahn ebenfalls dort absolvieren: die medizinische Untersuchung beim Amtsarzt, verbunden mit einer Urinprobe zum Zwecke der Untersuchung auf Drogen. Die allerdings hatte ich bis zum Zeitpunkt der Bewerbung gar nicht auf dem Plan gehabt. Und so begann ich zu zittern und zu überlegen: Wann hast Du das letzte Mal gekifft?

Denn natürlich hatte ich nach dem Wechsel ins Studium, nach West-Berlin, dem scheinbaren Hort von Freiheit und Anarchie in den Achtzigerjahren, gar keine Chance, nicht mit Cannabis in Berührung zu kommen. Auch während des Studiums und der Referendarszeit war der eine oder andere Joint nicht an mir vorübergegangen. Allerdings bewegte sich mein Konsum immer auf einem sehr niedrigen Niveau. Meist griff ich nur dann zu Cannabis, wenn meine sich damals bereits latent vorhandenen Depressionsphasen manifestierten. Allein an meinem eigenen Umgang mit dem Cannabis lässt sich für meine Begriffe im Übrigen gut zeigen, dass ein verantwortungsvoller Umgang mit dieser Droge sehr wohl möglich ist.

Doch all das half mir vor meiner ärztlichen Untersuchung auch nichts. Ich wusste wirklich nicht mehr, wann genau ich zum letzten Mal konsumiert hatte, was ich aber sehr wohl wusste, war, dass THC viele Monate später noch im Urin nachweisbar ist. Also begann ich darüber nachzudenken, welche Möglichkeiten der Beeinflussung es für ein negatives Ergebnis geben könnte, und erinnerte mich daran, dass ich während meiner Studentenzeit mein Geld auch mit legalen Medikamententests verdient hatte. Ein Freund von mir war bei einem Institut dafür verantwortlich, Probanden zu besorgen, und tat dies unter anderem in seinem Freundeskreis, in dem fast alle kifften. Da diese Tests sehr gut bezahlt wurden, wollten alle diese Jobs. Allerdings musste auf die Einnahme von Cannabis verzichtet werden, um an diese gut dotierte Tätigkeit zu kommen, denn im Vorfeld der Tests wurde man mittels Urinkontrollen auch auf THC untersucht. Also hörten selbst die Dauerkiffer Wochen vor der Untersuchung mit dem Kiffen auf, und die wenigsten hatten Probleme damit, auf ihr Genussmittel zu verzichten. Da Cannabis noch sehr lange nach dem Konsum nachweisbar ist und sich im Körperfett ablagert, gab es zudem noch einen todsicheren Tipp: Vor der Untersuchung sollte man so viel Wasser wie nur möglich trinken, denn das würde zur Ausschwemmung der THC-Rückstände führen. Ich glaube, ich habe in meinem ganzen Leben niemals wieder so viel Wasser getrunken wie in den Wochen vor der Untersuchung. Ob es an dieser Methode gelegen hat oder nicht, werde ich wohl nie erfahren, auf jeden Fall ergab die amtsärztliche Untersuchung nichts Auffälliges und ich konnte Richter werden.

Und seither? Nun, es scheint eine Art inneres Gesetz für Richter zu geben, das einem sagt: Als Richter tut man das nicht, man ist ja schließlich Vorbild. Man fährt nicht zu schnell, man betrügt nicht bei der Steuer und hält sich an Gesetze, seien sie auch noch so dumm. Mit anderen Worten auf unser Thema bezogen: Man säuft, statt zu kiffen. Allerdings wäre ich nicht der, der ich bin, wenn ich mich so einfach mit der in dieser Hinsicht fragwürdigen Vorbildrolle abgefunden hätte.

Direkt nach meiner Vereidigung zum Richter saß ich im Auto und hatte diese für eine Richterkarriere gefährlichen Gedanken: »Wie hältst Du es künftig mit der Kifferei? Warum solltest Du es lassen, schließlich sind die besten Leute die, die Erfahrung mit dem haben, über das sie zu richten haben.« Ich wusste instinktiv, dass ich nur zwei Möglichkeiten hatte: Entweder ich mache heimlich weiter und hoffe, dass keiner was merkt, oder ich lasse es tatsächlich von heute auf morgen völlig bleiben.

Aus Angst vor Konsequenzen für meinen gerade angetretenen Job entschied ich mich dafür, künftig die Finger von Hasch und Marihuana zu lassen. Nebenbei bemerkt: Das ging problemlos, was auch ein Licht auf die Diskussion über das Abhängigkeitspotenzial von Cannabis wirft. Allerdings stellte ich fest, dass ich trotzdem ein Suchtmensch blieb. Zu diskutieren, was einen Menschen dazu macht, würde hier zu weit führen, allerdings glaube ich durchaus, dass meine lebenslange ständige Berührung mit dem Thema Sucht durch die Alkoholkrankheit meines Vaters und die Drogenkarriere meines Bruders schon eine Rolle spielten. Die Konsequenz war letztlich glasklar: Um meine Stellung nicht zu gefährden, ließ ich von der illegalen Droge ab und trank, wie als Jugendlicher, wieder mehr, konsumierte Drogen also nur noch auf die legale Weise. Mein Alkoholkonsum stieg dementsprechend an. Zwar schaffte ich es mit dem Wissen um das Schicksal meines Vaters im Hinterkopf immer, nicht in ein

Trinkverhalten zu rutschen, das mir ernsthafte Probleme bereitet hätte, doch merkte ich irgendwann selbst, dass ich mit meinem Alkoholkonsum zum Teil auch den inneren Frust kompensierte, mit dem Kiffen aufgehört zu haben. Denn das Kiffen hatte für mich immer auch einen äußerst positiven Effekt: Ich trank keinen Alkohol mehr, rauchte keine Zigaretten, aß die Reste aus dem Kühlschrank und schlief bald darauf ein. Am Morgen danach hatte ich keinen dicken Kopf und sparte auch noch Geld. Für mich galt in diesem Sinne: Die Summe aller Laster blieb nicht gleich, sondern sie reduzierte sich sogar spürbar.

Letztlich wäre es dann eine Frage der Vernunft gewesen, zu entscheiden, weniger zu trinken und dafür doch lieber zumindest ab und zu einen Joint durchzuziehen. Ich war seit Beginn meiner Richtertätigkeit beruflich äußerst beansprucht, gerade durch die nach und nach immer größer werdende Welle an Verfahren im rechtsradikalen Milieu, die mich auch persönlich an die Grenzen meiner psychischen und körperlichen Belastbarkeit brachten. Dies und die privaten Schicksalsschläge führten dazu, dass ich ab Ende der Neunzigerjahre wieder verstärkt mit Depressionen zu kämpfen hatte, die mich bis heute nie wirklich losgelassen haben. Dagegen bekam ich Medikamente verschrieben, deren Beipackzettel über Inhaltsstoffe und Nebenwirkungen bisweilen dazu führten, dass sich mir die Nackenhaare aufstellten. Einmal mehr wurde mir klar, wie viel Gift in Form von Medikamenten jeder Mensch in Deutschland legal zu sich nehmen durfte, während ein vergleichsweise harmloser Stoff wie Cannabis zu einer hochgefährlichen Droge gemacht wurde. Allein in Deutschland geht man von 2,3 Millionen (!) Medikamentenabhängigen aus. 700.000 Kinder und Jugendliche erhalten regelmäßig hochdosierte Drogen (Medikamente) wie Concerta, Ritalin und Medikinet. 1,5 Millionen Menschen sind abhängig von Medikamenten mit Suchtpotenzial.

Ich hatte mich mittlerweile über Cannabis auch theoretisch so schlau gemacht, dass ich die Versprechen kannte, THC und Cannabinoide würden auch bei Depressionen Linderung verschaffen. Nun hätte ich mich eigentlich zum Selbstversuch entschließen müssen. Aus der Erfahrung meiner Jugend und Studentenzeit war ich mir absolut sicher, dass Cannabis mir helfen konnte. Jetzt aber war ich Richter, Jugendrichter noch dazu, außerdem Familienvater, verantwortlich also für sehr viele Menschen. Diese Überlegungen führten schließlich dazu, dass ich mich in letzter Konsequenz dann doch nicht zum Selbstversuch entschloss. Ich setzte also die mir verschriebenen Medikamente nicht ab und nutzte Cannabis auch nicht zur Eigentherapie. Schlechter wäre es dadurch auf jeden Fall nicht geworden. Die paar Joints, die ich gegebenenfalls geraucht hätte, hätten meiner Überzeugung nach sehr viel weniger negative gesundheitliche Begleiterscheinungen gehabt als die heftigen Chemiebomben, die mir verschrieben worden waren.

So gab es während meiner beruflichen Karriere immer wieder mal den Wunsch, einen Wechsel zwischen der illegalen Droge Cannabis und der legalen Droge Alkohol zu vollziehen. Trotzdem hielt ich mich an die geltenden Gesetze, obwohl ich die Situation als zutiefst ungerecht empfand und im Grunde viel lieber zu Cannabis gegriffen hätte.

Rückblickend auf meine Jahre vor der Richterzeit kann ich sagen, dass ich immer dann wieder anfing, Cannabis zu konsumieren, wenn ich befürchtete, dass mein Umgang mit Alkohol sich in problematische Gefilde bewegte. Diese Form der Selbstkontrolle hat immer gut gewirkt, und sie hätte auch zu meiner Zeit als Richter ihre Berechtigung gehabt. Ich kann guten Gewissens sagen, dass mir bis heute nie ein Rauschmittelkonsum aus dem Ruder gelaufen ist. Was ich aber auch mit Sicherheit sagen kann: Mit Cannabis verantwortlich umzugehen, ist wesentlich einfacher als mit Alkohol.

Ich hätte meine heutige Einstellung zum Thema Cannabis nicht, wenn ich es tatsächlich problematisch fände, dass auch ein Richter oder andere öffentliche Persönlichkeiten sich in ihrer Freizeit von Zeit zu Zeit mal einen Joint genehmigen würden. Ja, um es noch einmal mit aller Deutlichkeit zu formulieren: Der »härteste Jugendrichter Deutschlands« sagt klipp und klar: Ich möchte kiffen dürfen! Diese Aussage treffe ich auch vor dem Hintergrund, dass ich mich mittlerweile in einem Alter befinde, in dem das Krankheitsrisiko steigt. Als Raucher ist die Gefahr von Lungenkrebs konkret, bei meinem hellen Hauttyp auch die von Hautkrebs. Ich möchte nicht auf den Einsatz von Cannabis bei einer eventuellen Krebstherapie verzichten müssen, weil ich mich damit strafbar mache. Auch möchte ich entscheiden können, ob ich in einer Depressionsphase starke Psychopharmaka nehme oder Cannabis konsumiere. Und das möchte ich nicht davon abhängig machen müssen, ob mir ein Arzt erst eine diesbezügliche Bescheinigung ausstellt.

Trotz allem: Auch wenn man mich gerne mal als »Richter der Kiffer« bezeichnet, bin ich kein kiffender Richter, wie man ihn sich vielleicht klischeehaft vorstellt. Doch meine eigenen Erfahrungen helfen mir in meiner Arbeit als Jugendrichter ungemein. Ich sehe Cannabiskonsum an »meinen« Jugendlichen, wenn sie vor Gericht stehen. Ich weiß genau, ob einer regelmäßig kifft oder nicht, egal, was er zum Thema zu sagen hat. Und ich kann aus diesem Wissen heraus oft anders an eine Verhandlung herangehen, als es sonst der Fall wäre. Aus diesem Grund ist dieser kleine autobiografische Abriss so wichtig, denn diese Erfahrungen haben mich auch als Richter zu dem gemacht, was ich heute bin. Die Alkoholkrankheit meines Vaters, die Leidensgeschichte meines Bruders, die Verfolgung meiner Freunde, meine eigenen Berührungspunkte mit Cannabis: Aus all dem habe ich immer wieder wichtige Eckpunkte meiner Haltung zum Thema Entkriminalisierung und Legalisierung von Cannabis bezogen. Dazu kommen die rationalen Fakten, die die ganze Unsinnigkeit der Prohibition offen zu Tage treten lassen. Unsere Gesellschaft muss endlich lernen, ehrlich mit dem Thema umzugehen und sich nicht von Angst machenden Fehlinformationen blenden zu lassen. Die Botschaft ist: Legalize it! Reden müssen wir über die genaue Ausgestaltung und insbesondere über den Jugendschutz.

Richter der Kiffer

Meine Karriere als Richter hat naturgemäß immer wieder Berührungspunkte mit dem Thema Cannabis gebracht. Verfahren wegen Verstößen gegen das Betäubungsmittelgesetz sind schließlich keine Seltenheit. Es ist Zufall, scheint mir aber irgendwie auch passend, dass im Jahr 1992, während ich mein Referendariat absolvierte, die erste große Vorlage zum Betäubungsmittelgesetz beim Bundesverfassungsgericht (BVerfG) von Wolfgang Nešković, damals Vorsitzender Richter des Landgerichts Lübeck, eingereicht wurde. Zehn Jahre bevor ich selbst mit einer solchen Vorlage meinen Ruf als »Richter der Kiffer« festigen sollte. Ich werde auf die beiden Vorlagen in einem gesonderten Kapitel eingehen, da sie wichtiger Bestandteil der Rechtsgeschichte der deutschen Cannabispolitik sind.

Am Landgericht Münster, wohin ich im ersten Jahr meiner Richterlaufbahn abgeordnet war, hatte ich einen Vorsitzenden Richter, der die BtMG-Kammer leitete und dem ich als Proberichter zugewiesen war. Er war einer von der Sorte, der die Vorschriften sehr eng auslegte. Er vertrat voll und ganz die Linie, die heute immer noch zu spüren ist, wenn von Seiten konservativer Sozialromantiker ganz ideologisch über Cannabis gesprochen wird: Nur mit strafrechtlicher Härte könne man des Problems Herr werden. In diesem Sinne forderte er auch von mir Entscheidungen am oberen Rand der Strafzumessung, um Zeichen gegen Drogenmissbrauch zu setzen. Ich versuchte monatelang, ihm klarzumachen, welche Unterschiede es zwischen Cannabis und harten Drogen gibt und dass er mit seiner Rechtsauslegung zu diesem Thema auf dem Holzweg sei. Als ich ihn vor meinem Weggang aus Münster das letzte Mal sah, sagte ich ihm noch, dass sich diese Gesellschaft irgendwann dafür schämen werde, wie sie im Laufe der Zeit mit Millionen ihrer Bürger umgegangen sei. Er entgegnete, ich gehörte nicht in den Richterdienst – woraufhin ich erwiderte, dass er darüber nicht zu entscheiden habe.

Doch mein Einsatz war, wie bei vielen anderen Kollegen auch, vergebliche Liebesmüh. Viele Richter wenden leider die Gesetze einfach nur an, denken dabei aber sehr selten über den Sinn und Zweck dieser Gesetze nach. Diese Beobachtung kann man quer durch die Geschichte der Rechtsprechung in Deutschland machen, egal ob wir über die Justiz in Nazideutschland sprechen, über die DDR-Justiz, über Themen wie die Schwulenverfolgung in der Bundesrepublik oder eben leider immer noch über die Verfolgung aller, die Umgang mit Cannabis pflegen.

Ich spürte also bereits dort, dass sich meine innere Einstellung zum Thema und die Rechtspraxis, der ich zu folgen hatte, häufiger einmal in die Quere kommen könnten. Münster war jedoch nur eine kurze Zwischenstation, ich hatte auf die Abordnung dorthin vor allem deshalb bestanden, weil mir so die Möglichkeit gegeben war, meine Mutter in ihrem letzten Jahr zu begleiten, bevor sie an ihrer Krebserkrankung verstarb. Nebenbei bemerkt hätte ich damals meiner bereits infolge der Chemotherapie stark abgemagerten Mutter so manches Mal gerne ein paar Haschkekse gegeben, um ihr Hungergefühl zu stärken. Aber auch damit hätte ich mich natürlich strafbar gemacht.

1995 trat ich meinen Dienst am Landgericht Frankfurt/ Oder an und merkte bald, dass die Drogenthematik im Osten der Republik einen ganz anderen Stellenwert hatte. Die Kollegen hatten so gut wie keine Erfahrungswerte, da Drogen in einem repressiven Staat wie der DDR kaum eine Rolle gespielt hatten. Cannabis war ein weithin unbekannter Stoff. In meiner Anfangszeit in Frankfurt war die Zahl der Verfahren, die ich zu bearbeiten hatte, dementsprechend eher gering, die Zahlen stiegen erst, nachdem ich weitergezogen war zum Amtsgericht in Strausberg. Ich machte mich dort gleich unbeliebt bei Kollegen, als ich ihre viel zu harten Urteile in BtMG-Verfahren kritisierte. Dort, wie auch anderenorts, kam es vor, dass ein Angeklagter in einem Verfahren wegen 50 Gramm Cannabis zu einer Haftstrafe von zwei Jahren auf Bewährung verurteilt wurde. Der verurteilende Richter fand das dann vollkommen normal. So normal eben, wie man es Jahre zuvor in der DDR als normal empfunden hatte, Menschen wegen Fluchtversuchen, sogenanntem »asozialen Verhalten« oder einfach nur aufgrund ihrer politischen Meinung zu verfolgen und zu verurteilen.

Ein spezieller Fall, ein recht großes Verfahren, ist mir in Erinnerung geblieben. Die Ahnungslosigkeit des Richters wurde in jenem Moment deutlich, als er den Angeklagten fragte, wie man denn diese Droge zu sich nehme. Ob man sich das Haschisch spritzen würde? Es war offensichtlich, dass der Richter keine Ahnung von der Materie hatte, zudem aber auch keine Lust verspürte, sich eingehender damit zu beschäftigen. Cannabis wurde schlicht und ergreifend mit diversen anderen, wesentlich härteren Drogen gleichgesetzt, und entsprechend harte Urteile wurden gefällt.

Ich versuchte von Anfang an, aufzuklären, wo ich nur konnte, und ging einige Jahre später sogar so weit, eine Richtertagung zum Thema Betäubungsmittelrecht in Brandenburg zu organisieren, um den Kollegen die Möglichkeit zur Fortbildung zu geben.

Ich selbst bekam meinen ersten richtig großen Fall 1997, nachdem ich meinen heutigen Arbeitsplatz am Amtsgericht

Bernau angetreten hatte. Es handelte sich um ein Riesenverfahren mit insgesamt sieben Angeklagten. Diese hatten erkannt, dass man angesichts der Prohibition mit Produktion und Verkauf von Cannabis relativ schnell finanzielle Erfolge erzielen konnte. Sie gründeten eine sogenannte »Cannabis GmbH«.[1] Der eine besorgte Anbauflächen, meist Industriebrachen, der andere nutzte die in seiner Gärtnerlehre gewonnenen Kenntnisse, zwei andere waren für den Vertrieb größerer Mengen zuständig, und drei hatten die Aufgabe, bei Herstellung und Aufbereitung Hilfe zu leisten und den Vertrieb vor Ort zu organisieren. Insgesamt handelte es sich um eine Bande, deren Mitglieder ihre Fähigkeiten zwar wirtschaftlich erfolgreich, jedoch illegal nutzten.

Ich hätte mir dieses Verfahren allein wegen seines schieren Umfangs vom Hals halten können, doch nahm ich den Fall an, da ich der Meinung war, dass die allesamt sehr jungen Angeklagten bei mir gut aufgehoben wären. Ich organisierte dieses Verfahren wesentlich aufwändiger, als es viele Kollegen wohl gemacht hätten. Ich trennte mehrere Einzelverfahren ab, stellte die Jugendverfahren ein und sorgte für angemessene Verständigungen zwischen Staatsanwaltschaft, Verteidigung und Gericht, mit denen alle Beteiligten leben konnten. Ich erinnere mich, dass sich zwei der damaligen Angeklagten noch Jahre später im Rahmen einer Radiosendung bei mir für die faire Behandlung bedankt haben. Bedankt insbesondere dafür, dass sie nicht wie Verbrecher behandelt wurden, sondern wie Überzeugungstäter, die einen Markt bedienten, in denen geschäftliche Beziehungen dieser Art nun mal durch den Staat verboten worden waren. Niemand von ihnen wurde durch das Gericht kaputt gemacht. Heute sind die ehemaligen Angeklagten erfolgreiche Unternehmer, sind beispielsweise Inhaber eines Gartenbetriebes und einer Autowerkstatt.

Wann immer ich künftig mit Verfahren zu tun hatte, bei denen es um Cannabisdelikte ging, bemühte ich mich, die

rechtlichen Möglichkeiten zu Gunsten der Angeklagten aus-
zuschöpfen. Insbesondere war mir daran gelegen, zu Entscheidungen zu kommen, die keinen Eintrag ins Vorstrafen-
register nach sich zogen. Gleichzeitig versuchte ich, wenn
auch nicht immer erfolgreich, in der Dienststelle ein Bewusstsein für die besondere Cannabisproblematik zu wecken.

Bei mir selbst wuchs mit der Zeit nicht nur der Unmut
über die geltende Rechtsprechung, sondern auch die Überzeugung, dass man mehr Druck auf die Politik ausüben muss,
um zu wesentlichen Änderungen auf diesem juristischen Gebiet zu kommen. Schließlich kam es so weit, dass ich im Rahmen eines Prozesses ganz konkret die Cannabispolitik der
Bundesregierung kritisierte.

In jenem Fall ging es um einen Angeklagten, der etwas
recht Ungewöhnliches gemacht hatte, um sich selbst zu
schützen. Er wusste, dass er ein problematisches Trinkverhalten hatte, und war bestrebt, nicht vollends in eine Abhängigkeit abzustürzen. Seine Idee dazu war nicht dumm. Um nicht
auf die gewollte Entspannung durch ein berauschendes Mittel
verzichten zu müssen, entschied sich der Mann, Alkohol
durch Cannabis zu ersetzen. Zu seinem Unglück dachte er
bei der Beschaffung ökonomisch. Ihm war klar, dass auch
auf dem illegalen Drogenmarkt die Gesetze des Handels nicht
außer Kraft sind und entsprechend eine größere Menge im
Vergleich billiger sein würde als viele kleine Einzelportionen.
Daher besorgte er sich einen Vorrat, der nach geltendem
Recht definitiv nicht mehr unter die Definition der »geringen
Menge« fiel und als Verbrechenstatbestand zu werten war.

Dieser Fall legt meiner Ansicht nach nahe, dass nicht nur
die Cannabisgesetzgebung einer dringenden Reform bedarf.
Wir müssen uns ebenfalls Gedanken darüber machen, ob
wir zum gesellschaftlich – und das bedeutet durch alle
Schichten gehenden – äußerst verbreiteten Phänomen der
Sucht nicht eine andere Einstellung gewinnen sollten. Sollten

wir nicht anerkennen, dass Sucht und Suchverhalten dem Menschen innewohnen?

Das Schöffengericht hatte angesichts der Fakten keine Chance, den Mann zu schonen, und war gezwungen, ihn zu einer Freiheitsstrafe auf Bewährung zu verurteilen. Ich hätte ihm gerne öffentlich geraten, beim nächsten Mal einfach kleinere Mengen zu kaufen. Ich kritisierte in der Urteilsbegründung scharf die Gesetzgebung und die Politik, die sie möglich machte. Es war das erste Mal, dass ich mich explizit an die Politik wandte. Das rief sofort Aufmerksamkeit hervor, da es gleichzeitig mein erster Cannabisprozess war, der es in die Presse schaffte. Die örtliche Tageszeitung berichtete und sparte dabei auch meine Anmerkungen zum Thema Kriminalisierung nicht aus.

In Bernau lernte ich als Richter mit der Zeit einen weiteren Aspekt des Themas kennen. Er trat durch das große Problem mit Rechtsradikalen zu Tage, das die Stadt, wie auch andere Kommunen im Osten, Mitte und Ende der Neunzigerjahre hatte. Cannabis wurde nach dem Mauerfall in den neuen Bundesländern schnell zur gebräuchlichsten Droge in eher links orientierten Kreisen. Es war eine Szene entstanden, in der sich beispielsweise Punks und andere Menschen mit alternativen Lebensentwürfen tummelten. In dieser Szene wurde gekifft, so wie es im Westen jahrzehntelang auch üblich gewesen war.

Die Kifferei der Punks nahm die örtliche rechte Szene zum Anlass, Jagd auf diese in ihren Augen wertlosen Subjekte zu machen. Es entwickelte sich schnell zum Sport bei den Neonazis, Kiffer »klatschen« zu gehen, und die Angst in der Punkszene wuchs mit jedem Tag. Das Weltbild, das die rechtsradikalen Jungs in dieser Hinsicht an den Tag legten, war so einfach gestrickt, wie es das in diesen Kreisen immer ist. Sie unterschieden in gute und schlechte Drogen und somit auch in gute und schlechte Deutsche. Die guten Deutschen soffen, die schlechten Deutschen kifften, und das vollkommen Wahnsinnige war, dass sie sich damit auch noch als Vollstrecker der geltenden Gesetzgebung fühlten. Denn es war natürlich nicht so, dass hinter dem Hass der Rechten die Ablehnung von Drogenräuschen steckte. Sie alle soffen bis zur Besinnungslosigkeit, und oft genug war die pure Gewalt ihrer Taten neben dem menschenverachtenden Weltbild auch von einem erheblichen Alkoholpegel zur Tatzeit ausgelöst worden. An dieser Stelle vermischten sich die großen Themen meines Richterlebens. Zum einen der Kampf gegen Gewalt, vor allem Jugendgewalt, zum anderen der Kampf für eine andere Sichtweise auf Cannabis. In beiden Bereichen schafft der Staat durch schlechte Gesetzgebung jedes Jahr Hunderttausende von Opfern.

Als Jugendrichter stand und stehe ich grundsätzlich vor einem weiteren Problem. Ich muss vermitteln, dass die Entkriminalisierung ein Beitrag zum besseren Kinder- und Jugendschutz ist und diesem nicht etwa schadet, wie man im ersten Moment als Prohibitionsbefürworter annehmen kann.

Ich habe als Jugendrichter unzählige Verfahren gehabt, in denen Cannabis eine Rolle spielte. Fast immer ging es nicht nur um die Jugendlichen, die vor Gericht gelandet waren, sondern auch um ihre Eltern. Ich erinnere mich an den Fall eines Polizistensohnes, der mit ein paar Gramm Marihuana erwischt worden war. Es war mir kaum möglich, den Prozess normal durchzuführen, da ich wiederholt vom Vater des Jungen bedrängt wurde. Sein Anliegen war nicht, wie man im ersten Moment annehmen sollte, seinen Sohn »rauszupauken« und mich als Richter im Hinblick auf eine milde Entscheidung zu beeinflussen. Das Gegenteil war der Fall. Der Vater forderte mich mehrfach auf, möglichst hart zu urteilen, damit sein Sohn endlich mal einen richtigen Denkzettel verpasst bekäme. Es ist durchaus meine Aufgabe als Richter, vermeintliches Erziehungsversagen von Eltern zu kompensieren. Das war es nicht, was mich vorrangig störte, sondern mich schockierte die unreflektierte Haltung dieses Vaters, der gerade aufgrund seines Berufs als Polizist ein solides Hintergrundwissen zum Thema Cannabis hätte haben sollen. Der Sohn hatte keine schulischen oder sozialen Probleme, wurde aber vom eigenen Vater als Verbrecher eingestuft. Hier war es ganz klar zu sehen: Die Kriminalisierung ist das Problem.

Ich nutzte nicht nur in diesem Fall die Gelegenheit, zusätzliche Aufklärungsgespräche mit den Eltern zu führen. Viele verstehen aufgrund ihrer immensen Angst vor der Droge nicht, dass ihre eigene Verweigerungshaltung die Sache in der Regel viel schlimmer macht, als sie ist. Hätte der Sohn des Polizisten Vertrauen zu seinem Vater gehabt, wäre es vermutlich einfacher für ihn gewesen, den Konsum anzusprechen. Wäre noch dazu die Entkriminalisierung erreicht, bestünde in solchen Fällen eine große Chance, offen und konstruktiv mit dem Thema umzugehen und problematisches Verhalten früh zu erkennen und zu stoppen. Solange Jugendliche wissen, dass strafrechtliche Folgen drohen, werden sie ihren Konsum zwar nicht stoppen, aber sie werden ihn verheimlichen und die ganze Sache damit schlimmer machen, als sie ist.

Auch musste ich immer wieder feststellen, dass in den Schulen kaum über die Drogenproblematik gesprochen wurde. Man überließ die Jugendlichen sich selbst, anstatt auf Prävention und Aufklärung zu setzen. Solch ein Verhalten wird immer bestraft. Es kam zu kuriosen Verfahren, über die man, wären sie nicht so traurig, hätte lachen können. So hatte ich eines Tages eine Sechzehnjährige als Zeugin in einem Prozess vor mir. Es ging um einen Schwarzafrikaner, der angeklagt worden war, weil er das Mädchen vergewaltigt haben sollte. Diese Geschichte hatte sie jedenfalls ihren Eltern erzählt, um zu erklären, warum sie eines Abends wesentlich später als vereinbart nach Hause gekommen war. Eine schwerwiegende Anklage also. Im Laufe des fünf Verhandlungstage dauernden Prozesses spürte ich an den Aussagen der Beteiligten jedoch immer klarer, dass irgendwas nicht stimmte. Die Zeugin verstrickte sich in Widersprüche, schließlich tauchten als neue Beweisstücke plötzlich Blättchen auf, die im Rucksack des Mädchens gefunden worden waren – sie war Nichtraucherin. Nach weiteren Befragungen war der Sachverhalt klar: Das angebliche Opfer war niemals vergewaltigt worden, sondern hatte die Zeit vergessen, nachdem es in einem Berliner Park Marihuana bei dem Angeklagten erworben und offensichtlich auch gleich konsumiert hatte.

Es war frappierend für mich, zu sehen, dass das Mädchen, das insgesamt keinen vernachlässigten oder zurückgebliebenen Eindruck machte, lieber diese haarsträubende Vergewaltigungsgeschichte erfand, als zuzugeben, dass sie gekifft hatte. Das Eingeständnis des Cannabiskonsums schien für sie furchtbarer zu sein, als einen anderen Menschen einer schlimmen Tat zu bezichtigen, die er nicht begangen hatte. Der Angeklagte wurde, nachdem das vermeintliche Opfer auch noch während des Verfahrens in einem Asylbewerberheim nackt aufgegriffen worden war, vom Vorwurf der Vergewaltigung freigesprochen – nachdem er zuvor acht Monate in Untersuchungshaft verbracht hatte. Ich hatte wieder einmal ein herausragendes Beispiel dafür erlebt, welche absurden Geschichten die Kriminalisierung mit sich bringt.

Immer wieder begegneten mir Fälle, bei denen die der Gesetzeslage entsprechenden Urteile Familientragödien auslösten. Da war der Vater, dessen Kinder im Heim landeten, weil er wegen einer Cannabisgeschichte ein vergleichsweise hartes Urteil kassierte. Da waren viele junge Menschen, die in ihrem Berufsleben Probleme bekamen, weil sie das getan hatten, was zur Jugend gehört, nämlich auszuprobieren, ob sich das Bewusstsein nicht doch ein wenig erweitern lässt.

Sicher hätte mich all das aufgrund meines ausgeprägten Gerechtigkeitssinnes ohnehin aufgeregt. Aber vielleicht hätte ich irgendwann resigniert und das Elend verdrängt. Dass es niemals so weit gekommen ist, wird auf immer und ewig mit der Lebens- und Leidensgeschichte meines Bruders verbunden sein. Das Urteil des Hamburger Amtsgerichts war nur eine von vielen Entscheidungen über das Leben von Jonas, die ihn im Nachhinein betrachtet konsequent in den Tod getrieben haben. Er hat so viele Jahre im Gefängnis verbracht, in Kleve, Hameln, Vechta und andernorts, und kaum jemand ist auf die Idee gekommen, therapeutische Maßnahmen einzuleiten. Stattdessen hat der Staat ihn sich selbst überlassen und damit irgendwann gebrochen. In Hamburg war er schließlich Teil der Hafenstraßenszene der Achtziger- und Neunzigerjahre, kam mit Heroin in Berührung, rutschte noch tiefer in die Drogenszene, schaffte den Entzug und kam doch wieder an den Stoff. Zuletzt war er über zehn Jahre im Methadonprogramm, konsumierte aber gelegentlich für den Kick Heroin und rauchte zur Beruhigung seiner kaputten Psyche auch regelmäßig Cannabis. Hätte man ihm statt Methadon sauberes Heroin gegeben, was heute zum Glück bei einigen (allerdings viel zu wenigen) Langzeitabhängigen möglich ist, hätte er 90 Jahre alt werden können. Mein Bruder starb jedoch viel zu früh an einer ideologisch und dogmatisch geprägten Drogenpolitik. Während er also langsam, aber sicher dieser unsäglichen Politik zum Opfer fiel, vertrat ich den Staat. Ich saß als Richter in Münster, Frankfurt/Oder, Strausberg und Bernau und war gezwungen, Urteile zu fällen, die im Extremfall der Startschuss für ganz ähnliche Karrieren sein konnten.

Drogen haben meine Familie gesprengt. Die Alkoholsucht meines Vaters, die Drogenlaufbahn meines Bruders haben verhindert, dass sich jemals so etwas wie ein harmonisches Bild einer »normalen« Familie einstellen konnte. Mein eigenes Leben ist geprägt von der Beschäftigung mit Sucht in jeder nur denkbaren Hinsicht. Ich selbst bin Zeit meines Lebens ein Suchtmensch gewesen und habe immer sehr aufpassen müssen, es nicht so weit kommen zu lassen, dass eine dieser Süchte die Hoheit über mein Leben übernimmt. Ich kenne es sehr gut, Suchtverhalten in der einen Hinsicht durch Suchtverhalten in anderer Hinsicht zu kompensieren. Ich arbeite häufig bis an die Grenze meiner physischen und psychischen Belastbarkeit, auch das ist ein suchtgeprägtes Verhalten, dem man von Zeit zu Zeit Einhalt gebieten muss. Mein Gerechtigkeitssinn trägt z. B. Züge einer Sucht, wenn ich über meine normalen beruflichen Aufgaben als Richter hinaus dafür Sorge trage, dass wir sowohl an Schulen als auch in der Gesetzgebung Verbesserungen erreichen. Es ist ein »Leben am Limit«, aber das ist es vor allem deshalb, weil ich immer wieder Menschen begegne, die selbst an ihrem Limit angekommen sind und daran zu zerbrechen drohen.

Diese Fälle sehe ich auch im Hinblick auf Cannabis sehr häufig, und sie sind in der Regel vollkommen unnötig in diese Misere geraten. Die Kriminalisierung schafft ohne jeden Sinn und Zweck Opfer um Opfer, zerstört Leben mehr, als es eine so milde Droge wie Cannabis jemals schaffen könnte.

Mein Bruder und ich trugen uns seit einiger Zeit sogar mit der Idee eines gemeinsamen Buches. Leider hat sein Tod diese Pläne endgültig zunichte gemacht. So kann ich nun nur noch für ihn schreiben, stellvertretend für all die Menschen, die ähnliche Lebensgeschichten haben, und vor allem für jene, bei denen sich vielleicht verhindern lässt, dass sie solch einen Weg gehen müssen. Das ist möglich, wenn wir endlich zu einer vernunftgeprägten Cannabis- und Drogenpolitik kommen, die Menschen nicht stigmatisiert, sondern ihnen hilft. Entweder, indem sie durch Aufklärung und Prävention verhindert, dass Jugendliche mit der Droge in Berührung kommen. Oder, indem sie nicht dramatisiert und kriminalisiert, nachdem das doch geschehen ist, sondern die harmlosen Fälle in Ruhe lässt und bei den wenigen problematischen Fällen mit Augenmaß hilft.

Kapitel 2
Kiffen ist nicht kriminell – die konfuse Rechtslage

Mit einer Vorlage beim Bundesverfassungsgericht hatte ich im Jahr 2002 gehofft, in der deutschen Cannabispolitik ein Umdenken in die Wege leiten zu können. Leider ist dieses Ansinnen damals gescheitert. Die Vorlage erzielte nicht die erhoffte Wirkung, sondern wurde als unzulässig abgewiesen, so dass die Rechtslage im Hinblick auf die Beurteilung von Cannabisdelikten bis zum heutigen Tag uneinheitlich und konfus ist, ja bisweilen menschenverachtende Züge trägt.

Wirr ist überhaupt die ganze Debatte über die Frage, wie gefährlich der Konsum von Cannabis ist, ob das Verbot oder die Legalisierung richtig ist, wie eine Legalisierung aussehen könnte oder müsste und ob man statt einer Legalisierung nicht lieber gleich Alkohol und Zigaretten mit verbieten sollte.

Die Unklarheit beginnt bei der Begriffsdefinition. Liest man Presseberichte und spricht mit Menschen über das Thema, werden die Begrifflichkeiten stets munter gemischt. Mal ist von Cannabis die Rede, mal von Hasch(isch), mal von Marihuana, wer etwas auf sein Expertenwissen hält, definiert die Sorten genauer und spricht dann auch gerne schon mal vom »Schwarzen Afghanen«, »Gelben Libanesen« oder »Kashmiri«. Oder man kommt gleich vom Stoff an sich weg und spricht über »Tüten«, »Joints« oder »Jive Sticks«. Schon dieses Unwissen über den Gegenstand der Diskussion sorgt dafür, dass in der breiten Öffentlichkeit kein präzises Bild der Sachlage entstehen kann.

Auch über die Wirkung der Droge herrscht oftmals Unsicherheit – über die von Alkohol beispielsweise wissen die meisten Menschen Bescheid. Sie kennen die Folgen, wenn sie einen über den Durst trinken, sie kennen die Risiken im Zusammenhang mit dem Straßenverkehr und sie wissen auch um die Langzeitfolgen übermäßigen Konsums. Dieses Wissen ist unter anderem eine Folge der Legalität von Alkohol. Es wird über das Thema gesprochen, und zwar in der Regel offen und intensiv.

Über Cannabis wird kaum gesprochen, denn Cannabis ist illegal. Dem Illegalen haftet etwas Dämonisches und Mythisches an, so dass man nur hinter vorgehaltener Hand darüber flüstert (und Gerüchte verbreitet). Offen spricht nur, wer sich in eingeweihten Kreisen sicher wähnt. Das zu ändern, ist das Anliegen, das ich mit diesem Buch verfolge. Man möge mir verzeihen, dass ich als Richter im Folgenden auch auf das eine oder andere juristische Detail unserer Gesetzgebung eingehe, um klarzumachen, worüber wir eigentlich sprechen und was sich ändern muss, um endlich Klarheit im Umgang mit Cannabis zu schaffen. Rechtlich und gesellschaftlich.

Haschisch, Marihuana, Cannabis: Kleine Begriffskunde

Da ich mich in diesem Buch häufiger des Vergleichs mit Alkohol bediene, mutet es fast wie ein kleiner Treppenwitz an, dass der nächste biologische Verwandte des Cannabisstrauchs ausgerechnet der Hopfen ist. Gleichwohl ist es bis zu einem markigen Spruch wie »Hopfen und Malz, Gott erhalt's« noch ein langer Weg.

Wenn wir über Cannabis sprechen, reden wir über einen Blüten tragenden Strauch mit dem biologischen Namen *Cannabis sativa*. Die deutsche Bezeichnung kennen wir alle, sie lautet: Hanf.

Die Cannabispflanze ist zunächst mal eine ausgesprochen vielseitige Nutzpflanze. Verwertbar sind die Samen, Blätter und Blüten, die Rindenfasern in den Stängeln sowie die sogenannten »Schäben«, das sind die holzigen Pflanzenteile. Alle fünf Bestandteile können für die unterschiedlichsten Zwecke verwendet werden. Aus den Fasern wird überwiegend Papier hergestellt, eine Methode, die wesentlich älter ist als die Papierherstellung aus Holz: Mit Holzschliff wird seit der Erfindung dieser Methode im Jahr 1843 gearbeitet, die ersten nachweisbaren Papierherstellungsversuche unter Beteiligung von Hanf datieren dagegen bereits auf die Zeit um 100 n. Chr. in China. Aus Blättern und Blüten erhält man Aromen und Öle, die beispielsweise für Waschmittel oder für Kosmetikprodukte verwendet werden, die Samen dienen als Nahrungsmittel, man kann aus ihnen beispielsweise in der Küche verwendbare Speiseöle extrahieren.

Und die Droge? Die berauschende Wirkung von Cannabis hängt im Wesentlichen mit dem Wirkstoff THC zusammen, die Abkürzung steht für den chemischen Stoff »Tetrahydrocannabinol«. THC gilt fachsprachlich als »psychoaktives Cannabinoid«. THC findet sich fast ausschließlich in den weiblichen Cannabispflanzen, in der höchsten Konzentration in den unbefruchteten Blütenständen sowie in den Blättern nahe dieser Blütenstände. Dort beträgt der THC-Gehalt zwischen sechs und 20 Prozent, während die weiteren Pflanzenteile fast kein (Stängel) oder tatsächlich gar kein (Samen) THC enthalten.

Die weitverbreitete Begriffsverwirrung lässt sich einfach klären: *Cannabis* ist die gesamte Pflanze mit den gerade beschriebenen Einzelteilen. Sie an sich ist also eigentlich keine Droge, sondern »drogentauglich« sind nur einzelne kleine Teile der Pflanze, die psychoaktive Wirkungen auslösen.

Haschisch ist eine der zwei Erscheinungsformen von Cannabis als Droge. Als Haschisch bezeichnet man das hauptsächlich aus den Blütenständen der weiblichen Pflanzen extrahierte Harz. Dieses wird zu Platten gepresst, aus denen man wiederum kleinere Stückchen herausbrechen kann. Diese Stückchen sind im Jargon bekannt als *piece*. Haschisch wird geraucht und kann auch als Zutat zu Speisen verwendet werden, bekannt sind beispielsweise Haschkekse.

Als *Marihuana* hingegen bezeichnet man die getrockneten Blüten und blütennahen Blätter der Cannabispflanze. Diese werden nach dem Trocknen zerkrümelt und dann konsumiert. Auf Marihuana bezieht sich auch die volkstümliche Bezeichnung »Gras«. Marihuana taugt fast ausschließlich für den Konsum in Form von Joints.

Was natürlich interessiert ist die Frage: Was kostet das eigentlich? Manche haben die Vorstellung, dass Cannabis unheimlich teuer ist und zu wahnsinnigen finanziellen Aufwendungen führt, die sich kaum jemand leisten kann. Natürlich summiert es sich bei einem Dauerkonsumenten, der zwei bis drei Gramm pro Tag konsumiert, auf eine ziemliche Summe pro Monat. Das sind aber die Wenigsten. Abhängig von der Qualität müssen fünf bis zehn Euro pro Gramm aufgewendet werden; natürlich gibt es aber auch für diese Produkte »branchenüblichen« Mengenrabatt. Der Durchschnittskiffer bevorratet sich in der Regel mit weniger großen Mengen und kann mit einer Menge von einem Gramm, je nachdem, wie er sie gebraucht und wie oft er raucht, auch eine Woche auskommen.

Und die Wirkung? Dafür lässt sich eine Beschreibung des Mediziners Professor Michael Binder zitieren, die auch der Richter Wolfgang Nešković 1992 in seiner Vorlage beim Bundesverfassungsgericht nutzte, in der es bereits um die Legalisierung von Cannabis ging. Dort heißt es:

Nach dem Rauchen von einem Gramm Marihuana entsteht ein etwa drei Stunden dauernder Rauschzustand, der durch ein Gefühl von Losgelöstheit charakterisiert ist, das eine meditative Versenkung oder eine Hingabe an sensorische Stimuli erlaubt. Der Zustand ist im allgemeinen frei von optischen und akustischen Halluzinationen, die beim Vier- bis Fünffachen dieser Dosis auftreten können. Subjektiv gesteigert

wird die Gefühlsintensität beim Hören von Musik, beim Be-
trachten von Bildern, bei Essen und Trinken und bei sexueller
Aktivität. Der Rausch ist zweiphasig und geht nach der An-
regungsphase in eine milde Sedierung über. Bei der genannten
Dosierung dominiert eine passive euphorische Bewußtseins-
lage, bei höherer Dosierung kann es zu paranoiden Vorstel-
lungen und Dysphorie kommen. – Die Droge führt kaum zu
Toleranzbildung, und die Konsumenten kommen über Jahre
ohne Dosissteigerung aus.[2]

In dieser Beschreibung wird von einem Gramm Marihuana
ausgegangen. In aller Regel findet diese Menge aber nicht in
einem Joint Verwendung, sondern kann natürlich auch für
mehrere Joints genutzt werden. Nimmt man also weniger
Marihuana oder Haschisch oder rauchen mehrere Personen
gemeinsam einen Joint, kann der Rauschzustand auch von
weit kürzerer Dauer sein – eben je nach Dosierung.

Aus dieser Beschreibung lässt sich bereits erahnen, warum
die Kriminalisierung von Cannabis eigentlich nur als großes
Missverständnis bezeichnet werden kann. Niemand bestreitet, dass der Konsum von Cannabis, wenn er nicht medizinischen Zwecken dient, dazu da ist, einen angenehmen
Rauschzustand zu erreichen: einen kürzeren oder längeren,
einen starken oder milden. Unabhängig davon, ob man die
oft geführte Diskussion über ein »Recht auf Rausch« für sinnvoll hält oder nicht, muss man die Debatte über die Legalisierung vor diesem Hintergrund sehen. Immerhin werden auch
die legalen Drogen Alkohol und Nikotin eingesetzt, um angenehme Zustände hervorzurufen, sprich für einen Rausch oder
Entspannung zu sorgen.

Fakt ist, dass weltweit bisher kein Todesfall durch Canna-
biseinwirkung nachgewiesen werden konnte. Das ist nicht
weiter verwunderlich, ist doch die Toxizität, also die Giftig-
keit, von Cannabis sehr gering. Das enthaltene THC löst in

der Regel eine leichte Blutdrucksteigerung aus, solange man sich nicht groß bewegt. Der Blutdruck fällt dann stark ab, wenn man aufsteht, ein Phänomen, das auch ohne den Konsum von Cannabis den meisten Menschen bekannt sein dürfte, etwa beim Aufstehen nach einem ausgiebigen Sonnenbad. Passend zu diesen Blutdruckschwankungen gehört auch leichtes Herzrasen zu den häufigen unmittelbaren Symptomen. In niedriger Dosierung wirkt Cannabis beruhigend, leicht euphorisierend und appetitsteigernd. Die meisten Konsumenten berichten von einer erhöhten Gefühlsintensität, ein Grund, warum Sex und Kiffen für viele Kiffer zusammengehört.

Negative Auswirkungen hat der Konsum vor allem auf die Konzentrationsfähigkeit sowie auf die Reaktionsfähigkeit, auch die Gedächtnisleistung sinkt spürbar. Dies allerdings nur in der *unmittelbaren* Zeit nach dem Konsum bzw. bei täglichem Dauerkonsum. Dass ein Dauerkonsum entsprechend negative Folgen hat, ist insofern klar. Die Auswirkungen einer Überdosierung sind ebenfalls klar umrissen und unstrittig. Halluzinationen gehören dazu, Angstzustände können auftreten, dazu verschiedene sehr unangenehme Begleiterscheinungen wie Übelkeit, Erbrechen, Schwindel, Brennen im Hals, Mundtrockenheit, Reizhusten und Gliederschwere bis hin zu leichten paranoiden Zuständen. Auch dies gilt für die unmittelbare Zeit nach der Überdosierung.

Wenn Sie jetzt denken: Das liest sich alles ungefähr so wie der Beipackzettel eines beliebigen Medikamentes, dann liegen Sie damit gar nicht so falsch. Diese Nebenwirkungen sind aber ebenso wenig die Regel, wie es Filmrisse und totale Blackouts für Menschen sind, die ihr Bierchen, ihr Glas Rotwein oder ihren Whisky lieben und genießen. Vor allem bei sehr seltenem Konsum bzw. bei nicht geschulten Personen treten diese Auswirkungen der Droge auf. Bei einer Legalisierung sollte es entsprechend zur Agenda gehören, vernünftige

Präventionsarbeit zu leisten, um versehentliche Überdosierungen bei den Konsumenten zu vermeiden.

Das unter Cannabisgegnern äußerst beliebte Argument einer Gefahr durch Psychosen, die durch den Konsum ausgelöst würden, ist durch die ernstzunehmende Forschungsliteratur nicht belegt. Einzig sogenannte akute Intoxikationspsychosen können auftreten, also Wahrnehmungs- und Verhaltensstörungen, die durch eine Vergiftung entstehen. Diese sind aber nicht cannabisspezifisch, sondern Begleiterscheinung einer Überdosierung jeglichen Giftes. In der Regel sieht man diese Psychose auch bei Alkoholmissbrauch, denken Sie mal darüber nach – sofern Sie sich noch daran erinnern.

Über die langfristigen Auswirkungen von Cannabiskonsum streiten die Gelehrten nach wie vor, wirklich gesicherte wissenschaftliche Erkenntnisse sind eine Seltenheit. Relativ sicher ist, dass eine Beeinträchtigung der Bronchialfunktion möglich ist. Das Risiko, durch Kiffen an Krebs zu erkranken, ist vor allem dadurch erklärbar, dass häufig nicht das reine Marihuana geraucht, sondern Tabak beigemischt wird. Das Krebsrisiko steigt in diesem Fall vor allem durch den Nikotinkonsum, ganz wie beim Rauchen normaler Zigaretten auch.

Es lässt sich also wenig Überraschendes feststellen, wenn man die einschlägige Forschungsliteratur durchsieht: Weder kurz- noch langfristig sind erhebliche gesundheitliche Beeinträchtigungen durch Cannabis nachweisbar. Alle Auswirkungen sind kurzfristiger Natur und entsprechen in etwa dem, was die meisten Menschen nach einer durchzechten Nacht erleben. Die Wahrnehmung verändert sich, die Teilnahme am Straßenverkehr würde den Konsumenten und andere Menschen gefährden, kurzum: Man hat einen veritablen Rausch, von dem nach dem Abklingen nichts mehr übrig bleibt. Wer es nicht darauf anlegt, diesen Rauschzustand in Frequenz und Intensität ständig zu steigern, kann mit der Droge eine lange und friedliche Koexistenz erleben.

Politik in der Pflicht: Mein Vorstoß gegen die Gesetzgebung

Als ich mich im März 2002 entschloss, meinem jahrelangen Ärger über all die unsinnigen Entscheidungen, die ich nach geltender Gesetzeslage treffen musste, nachzugeben, ahnte ich bereits, wie viel Arbeit auf mich zukommen würde. Laut Artikel 100, Absatz 1 des Grundgesetzes (GG) sind Richter in Deutschland dazu verpflichtet, Gesetze, die sie anzuwenden haben und an deren Verfassungsgemäßheit sie zweifeln, dem Bundesverfassungsgericht zur Prüfung vorzulegen. Es kann in einem solchen Fall direkt von jedem deutschen Gericht angerufen werden. Die Richter selbst dürfen die Verfassungswidrigkeit von Gesetzen, die durch die Politik verabschiedet werden, nicht feststellen. Sogenannte Richtervorlagen hat es in allen Rechtsgebieten, als da wären Familienrecht, Arbeitsrecht, Finanzrecht und Strafrecht, immer wieder durch engagierte Kollegen gegeben. Bisweilen führen sie tatsächlich zum Erfolg und bringen verfassungswidrige Gesetze zu Fall. Richter müssen sich streng an das Grundgesetz halten, während es die Gesetzgebung oftmals aus populistischen oder ideologischen Gründen nicht als obersten Prüfungsmaßstab im Auge hatte. Dass nicht mehr Gesetze in der deutschen Rechtsprechung dem Bundesverfassungsgericht vorgelegt wurden, ist durch den enormen Aufwand begründet, den es bedeutet, eine solche Vorlage zu erstellen.

Ich nahm die Herausforderung an, nachdem ich zum wiederholten Male feststellen musste, dass die Anwendung des BtMG mir ernsthafte Bauchschmerzen bereitete. Im konkreten Fall hatte ich einen Angeklagten vor mir, den man mit 3,4 Gramm Haschisch erwischt hatte. Im Jahr 2002 galt in Brandenburg ein Grenzwert, der noch nicht einmal in Gramm angegeben war, sondern »drei Verbrauchseinheiten«

als Richtschnur benannte. Wirklich konkret hätte wohl keiner sagen können, welches Gewicht darunter zu verstehen war, der Einfachheit halber ging man eben von drei Gramm aus. Wie so häufig in Cannabisverfahren hatte ich es auf der Anklageseite mit einem Staatsanwalt zu tun, der streng auf die Verurteilung zu einer Summe von 1650 Mark plädierte. Angesichts der geringen Menge und der harmlosen Tatumstände schien mir diese Forderung absurd hoch, meine Ansicht ging klar in Richtung Einstellung des Verfahrens. Bei etwas über drei Gramm wäre das selbst damals schon in den meisten Bundesländern die Regel gewesen, doch hatte der Angeklagte leider das Pech, dass er in Brandenburg lebte.

Dem Staatsanwalt jedoch passte diese Aussicht überhaupt nicht ins Konzept. Sein Kompromissangebot lautete: Gegen Zahlung einer Geldbuße von 500 Mark würde er sich mit der Einstellung einverstanden erklären. Ganz klar: Die Zahlung wäre als Schuldeingeständnis zu werten gewesen, der Staatsanwalt hätte damit sein Gesicht gewahrt. Selbst ich rechnete damit, dass der Angeklagte diesen Handel annehmen würde, doch er entschied sich anders und brachte damit den Stein ins Rollen. Er lehnte das Angebot der Staatsanwaltschaft ab und plädierte weiterhin auf bedingungslose Einstellung seines Verfahrens.

Für mich war mit dieser weiteren Absurdität in der langen Reihe von unnötigen Verfahren ein Punkt erreicht, an dem ich das sinnlose Spiel nicht mehr länger unkommentiert mitspielen wollte. Meine Geduld war erschöpft und ich nahm besagten Artikel 100, Abs. 1 GG ins Visier. Ich entschied mich schließlich, die »Artikel 100-Karte« zu spielen, machte mich an die Arbeit und begann zu prüfen. Nachdem ich dem Angeklagten angesichts der Schwierigkeit der Rechtslage eine versierte Pflichtverteidigerin bestellt hatte, wurde am 11. März 2002 der Prozess gegen den Brandenburger ausgesetzt und es erging folgender Beschluss:

Das Amtsgericht Bernau hält alle Regelungen des Betäubungs-mittelgesetzes, soweit sie Cannabisprodukte in der Anlage I zu § 1 Abs. 1 BtMG mit der Folge aufführen, dass der unerlaubte Verkehr mit diesen Stoffen den Strafvorschriften des Betäubungsmittelgesetzes unterliegt, für verfassungswidrig.

Hilfsweise hält das Amtsgericht Bernau die Strafvorschrift des § 29 Abs. 1 Nr. 1 BtMG in den Alternativen des Erwerbens oder des sich in sonstiger Weise Verschaffens sowie § 29 Abs. 1 Nr. 3 BtMG jeweils i.V.m. der Anlage zu § 1 Abs. 1 BtMG für verfassungswidrig.

Was auf den ersten Blick nach kryptischer Juristensprache klingt, war ein Riesenschritt. Endlich setzte ich in die Tat um, was im Grunde schon längst fällig gewesen war. Die Arbeit an der Vorlage setzte mir schwer zu, doch verschaffte sie mir die tiefgehenden Einblicke in die Materie, die meinen Einsatz für die Legalisierung bis heute befeuern und letztlich auch der Antrieb für dieses Buch sind. Natürlich hatte ich mich zuvor schon durch die leidvollen Erfahrungen mit meinem Bruder intensiv mit der Thematik befasst. Abgesehen davon war ich in meiner Jugend durch dieses Gesetz persönlich kriminalisiert, wenn auch nicht erwischt worden. Nun allerdings galt es, eine wirklich wasserdichte Argumentation zu finden, bei der persönliche Befindlichkeiten und gefühlte Wahrheiten keine Rolle spielten.

Es gibt eine groß angelegte Studie zum Thema Cannabis aus dem Jahr 1998, durchgeführt von den Professoren Dieter Kleiber und Karl-Artur Kovar, in Auftrag gegeben vom Bundesministerium für Gesundheit. Zu meiner Überraschung war diese Studie mit dem Titel »Auswirkungen des Cannabiskonsums« nie in der offiziellen juristischen Schriftenreihe des Gesundheitsministeriums erschienen.[3] Das war ungewöhnlich und ein deutlicher Hinweis darauf, dass die Ergebnisse der Studie augenscheinlich nicht so einfach mit der offiziellen Linie des Auftraggebers in Einklang zu bringen waren.

Ich beschaffte mir die Studie, stellte eine offizielle Anfrage an das Ministerium, wie dort die aktuelle Sichtweise zum Thema sei, und suchte nach Sachverständigen, deren Kompetenz von niemandem angezweifelt werden konnte. Die drei Experten, die ich schließlich fand, waren: Professor Kleiber, Doktor Cohen sowie Professor Uchternhagen. Kleiber ist Autor der eben erwähnten Studie, Cohen lehrte an der Universität Amsterdam und beriet die niederländische Regierung in Suchtfragen. Uchternhagen war als Leiter des Instituts für Suchtforschung in Zürich ebenfalls ausgewiesener Fachmann. Neben ihrer wissenschaftlichen Reputation einte die drei ihr berufliches Engagement für den Kinder- und Jugendschutz, wir alle spielten also auf dem gleichen Parkett.

Alle Ergebnisse, die die Befragung der Sachverständigen und die genaue Lektüre der Kleiber/Kovar-Studie ergaben, bestätigten mich in meinem Vorhaben, die Vorlage ans BVerfG in die Tat umzusetzen. Grundlage für alle strafrechtlich relevanten Entscheidungen in Cannabisverfahren war immer die Annahme, es handele sich um eine gefährliche Droge mit hohem Abhängigkeitspotenzial, auch die These von der Einstiegsdroge zu härteren Stoffen war zentraler Bestandteil der Argumentation. All dies, so lernte ich, entsprach keinesfalls dem wissenschaftlich belegten Stand der Forschung.

Ich stellte auch fest, dass die länderübergreifenden Unterschiede in den Grenzwerten Ausdruck einer nicht hinnehmbaren Ungleichbehandlung sind, zumal bereits 1994 ein Beschluss des BVerfG ergangen war, der auf eine Vereinheitlichung abzielte. Dieser Beschluss, der die Reaktion auf die erste große Vorlage des Richterkollegen Wolfgang Nešković aus Lübeck gewesen war, hatte quasi keinerlei praktische Auswirkungen gehabt. Nach wie vor (und bis heute!) ist die Praxis bei Einstellung der Verfahren wegen geringen Besitzes von Cannabis von Bundesland zu Bundesland unterschiedlich.

Exkurs: Die erste Cannabisentscheidung des Bundesverfassungsgerichts

Wolfgang Nešković, Zeit seines Lebens ein sehr streitbarer Mann und Freigeist, stand 1991 vor einer ähnlichen Situation wie ich, als er sich weigerte, eine Frau zu verurteilen, die ihrem Mann ein paar Gramm Haschisch in die Haftanstalt mitgebracht hatte. Er rief das Bundesverfassungsgericht an. Nešković argumentierte mit der Ungleichbehandlung der legalen Drogen Alkohol und Nikotin im Vergleich zur illegalen und angeblich weit gefährlicheren Droge Cannabis. Da er im Gegensatz zu mir absoluter Abstinenzler war und ist, war sein Vergleich der Drogen Nikotin und Cannabis nicht ganz stimmig, denn Nikotin erzeugt keinen Rauschzustand. Gleichwohl ist Nikotin als Droge wesentlich gefährlicher, was den Suchtcharakter und die damit einhergehenden Todes- und Krankheitsfälle betrifft.

Peu à peu pulverisierte Nešković im Text ein Vorurteil gegenüber Cannabis nach dem anderen. Die Einstiegsdrogenthese entkräftete er ebenso wie die über Abhängigkeiten und schwere psychotische Wirkungen. Auch war er es, der dem Verfassungsgericht darlegte, dass auch Cannabis eine europäische Kulturdroge ist. Schließlich postulierte Nešković ein verfassungsrechtlich geschütztes Recht auf Rausch. Das war bis zum damaligen Zeitpunkt einmalig und aus der Feder eines Richters eine Sensation. Die Wirkung war enorm, seine Vorlage brachte das Verbot ins Wanken. Andere Gerichte schlossen sich damals der Vorlage an, es war eine regelrechte Aufbruchsstimmung in Richtung Legalisierung spürbar. Das Landgericht Lübeck stand damals, im Gegensatz zum Amtsgericht Bernau fast zehn Jahre später, nicht alleine da, was für den Richter sicherlich eine große Hilfe war.

Doch war das Ergebnis zunächst frustrierend, da die Verfassungsrichter 1994 die Strafvorschriften des BtMG, soweit sie den unerlaubten Umgang mit Cannabisprodukten mit Strafe bedrohten, grundsätzlich für verfassungskonform erachteten. Auch das fast schon revolutionäre Recht auf Rausch fand keine Gnade vor den Augen des BVerfG und wurde abgelehnt. Trotzdem erreichten Nešković und seine Kollegen einen Meilenstein: Das Bundesverfassungsgericht gab dem Gesetzgeber, also den von uns allen gewählten Politikern, auf, die Gesetzgebung entsprechend dem Verhältnismäßigkeitsgrundsatz regelmäßig zu kontrollieren:

Soweit die Strafvorschriften des Betäubungsmittelgesetzes Verhaltensweisen mit Strafe bedrohen, die ausschließlich den gelegentlichen Eigenverbrauch geringer Mengen von Cannabisprodukten vorbereiten und nicht mit einer Fremdgefährdung verbunden sind, verstoßen sie deshalb nicht gegen das Übermaßverbot, weil der Gesetzgeber es den Strafverfolgungsorganen ermöglicht, durch das Absehen von Strafe oder Strafverfolgung einem geringen individuellen Unrechts- und Schuldgehalt der Tat Rechnung zu tragen. In diesen Fällen werden die Strafverfolgungsorgane nach dem Übermaßverbot von der Verfolgung der in § 31a BtMG bezeichneten Straftaten grundsätzlich abzusehen haben.

Obwohl das Bundesverfassungsgericht dem Lübecker Richter in seinem umfassenden Beschluss nicht folgte, forderte es von der Politik zudem eine Angleichung der Grenzwerte auf Länderebene für geringe Mengen beim Konsumenten ein, damit überall in der Bundesrepublik gleich verfahren wird. Dies ist jedoch bis heute nicht umgesetzt worden. Immerhin dürften nach 1994 durch die angemahnte veränderte Rechtspraxis wohl Millionen von Konsumenten nicht so streng verfolgt worden sein, wie es zuvor der Fall war. Hierfür und für die damit zusammenhängenden eingesparten Milliardenbeträge durch nicht durchgeführte Strafverfahren zu Lasten der Justizkassen der Länder, hätte Nešković eigentlich das Bundesverdienstkreuz verdient. Hiermit schlage ich, lieber Herr Bundespräsident Joachim Gauck, Herrn Wolfgang Nešković als verdienten Anwärter vor.

Als fatal erwies sich für so manchen Cannabiskonsumenten die fehlerhafte Berichterstattung der Presse, die den Erfolg der Vorlage suggerierte. Manch einer nahm im ersten Überschwang an, Cannabis sei tatsächlich legalisiert worden; dass Konsum und Besitz weiterhin strafbar blieben, wurde vielfach nicht verstanden. Was insgesamt unterging, war die Tatsache, dass das BVerfG über die Empfehlung der Angleichung der Grenzwerte hinaus eindeutig den Ball an die Politik zurückspielte. So enthielt das Urteil etwa die Anweisung, »die Auswirkung des geltenden Rechts unter Einschluss der Erfahrung des Auslands zu beobachten und zu überprüfen«. Damit ist klar ausgedrückt, dass sich nun nicht alle wieder gemütlich zurücklehnen und weitermachen sollten wie gehabt. Doch leider passierte in der Praxis genau das.

Meine Vorlage und die fehlende Entscheidungsfreude des BVerfG

Nešković' Erkenntnisse und Ausführungen sind seither immer Bestandteil der Legalisierungsdebatte, und ich setzte mich natürlich auch mit den Argumenten meines Vorgängers auseinander, ließ sie in die Arbeit an meiner eigenen Vorlage einfließen. Gleich zu Beginn des Textes formulierte ich den Ausgangspunkt, der bis heute Grundlage meiner Überlegungen zum Thema ist und endlich auch in die Diskussion auf der Ebene der politischen Entscheidungsträger gehört:

Aufgrund der durchgeführten Beweisaufnahme musste das Amtsgericht Bernau feststellen, dass die Wirkungen und

Konsequenzen des Cannabiskonsums nicht die Gefährlich-keit besitzen, wie dies noch 1994 angenommen wurde. Auf-grund der gutachterlichen Stellungnahmen konnte weiter festgestellt werden, dass zwischen Cannabiskriminalisierung und Cannabiskonsum keinerlei Zusammenhang besteht und dass insbesondere eine Kriminalisierung nicht zu einer Ein-dämmung des Cannabiskonsums führt. Unter weiterer Prü-fung rechtswissenschaftlicher Literatur und Judikatur konn-te das Gericht darüber hinaus die rechtliche Überzeugung gewinnen, dass eine Vereinheitlichung der Rechtsanwen-dungspraxis in der Bundesrepublik Deutschland im Zusam-menhang mit dem Eigenkonsum von Cannabisprodukten nicht erfolgt ist.[4]

Im weiteren Verlauf nahm ich die Rechtspraxis auseinander, die durch die Untätigkeit des Gesetzgebers Blüten trieb. So sind die Grenzwerte, die jeweils von den Bundesländern nur durch Richtlinien festgesetzt werden, also keinen Gesetzes-charakter haben, nicht nur nicht einheitlich. Es wird auch unterschieden zwischen Obergrenzen, bis zu denen von einer Verfolgung abgesehen werden *kann,* und Untergrenzen, bis zu denen von einer Verfolgung abgesehen werden *muss.* Darüber hinaus existieren eklatante Unterschiede in der Behandlung von Ersttätern und Wiederholungstätern. Letztere fallen manchmal unter die Grenzregelungen, manchmal auch nicht. Ein ähnliches Chaos wie in der Rechtsprechung gibt es bei den Regelungen der polizeilichen Ermittlungspraxis. In eini-gen Bundesländern sind Hausdurchsuchungen mit dem da-mit einhergehenden Personal- und Ermittlungsaufwand selbst bei geringen Mengen an der Tagesordnung, in anderen Ländern wird fast komplett darauf verzichtet. Letztlich sorgen die schwammigen Vorschriften – abgesehen davon, dass sie auf falschen Annahmen beruhen – für totales Ermittlungs- und Rechtsprechungschaos.

Insgesamt bezog sich meine Vorgehensweise auf zwei große Hauptbereiche: Zum einen kritisierte ich die uneinheitlichen gesetzlichen Vorgaben, die es Polizei und Gerichten unmöglich machten, ihre Arbeit effektiv und ökonomisch zu verrichten. Zum anderen ging ich ans Eingemachte und stellte die komplette Prohibitionspolitik in Frage:

Unter Berücksichtigung der durchgeführten Beweisaufnahme (…) ist das Amtsgericht Bernau der festen Überzeugung, dass dem Gesetzgeber ein legitimer Zweck zur Pönalisierung des Rauschmittels Cannabis heute nicht mehr zur Seite steht.

Das war für manch einen heftig. Allen voran galt das natürlich für den politischen Bereich. Meine Vorlage sorgte dort bereits vor ihrer Fertigstellung für hektische Betriebsamkeit, augenscheinlich wollte man verhindern, dass ich überhaupt ein wirksames Schriftstück nach Karlsruhe schicken konnte. Dies versuchte man vor allem durch einen Schnellschuss, wie ich ihn in etlichen Jahren Cannabispolitik noch nie erlebt habe. Innerhalb kurzer Zeit war es plötzlich möglich geworden, die ominöse Formulierung von »drei Verbrauchseinheiten« aus den Richtlinien des Landes Brandenburg zu streichen und den Grenzwert auf sechs Gramm zu erhöhen. Der Zweck dieses Vorgehens wurde mir schnell klar, als die Staatsanwaltschaft plötzlich anbot, das aktuelle Verfahren gegen den Angeklagten nun komplett einzustellen. Zu meiner Zufriedenheit ließ sich seine Anwältin nicht darauf ein, man beharrte auf der grundsätzlichen Klärung des Sachverhaltes durch meine Vorlage. Beim Angeklagten bestand auch weiterhin die Überzeugung, nichts Strafbares getan zu haben, und die zu erwartende Strafe würde vermutlich nicht wirklich wehtun. Man ließ es also darauf ankommen. Die *BILD*-Zeitung nannte das einen »Punktsieg für Richter Müller«, was mir natürlich ein Grinsen entlockte. Alleine die Erhöhung der Richtwerte in Brandenburg dürfte dem

Land in den letzten 13 Jahren Einsparungen in Millionen-höhe beschert haben.

Ich arbeitete die Vorlage aus und niemand konnte mehr verhindern, dass ich sie verschickte. Ich nutzte sie, um in ganz konzentrierter Form mit allen Mythen zum Thema Cannabis aufzuräumen. Ich wies dezidiert nach, dass die These von der Einstiegsdroge Unsinn ist. Intensiv ging ich auch auf die Verwendung von Cannabis in der Medizin ein und sprach mit Rheumatikern, Krebspatienten, AIDS-Er-krankten, Patienten mit chronischen Schmerzen und sol-chen mit Parkinson und Multipler Sklerose. Im Kapitel »Cannabis als Medizin« gehe ich genauer auf diesen Kom-plex ein. Natürlich ging ich auch noch einmal auf die nicht erfolgte Angleichung der Grenzwerte ein und forderte einen erneuten Vorstoß in diese Richtung. Um deutlich zu ma-chen, wozu die Praxis mit den unterschiedlichen Werten führt, brachte ich ein konstruiertes Beispiel in die Vorlage ein. Es hätte sich genauso zutragen können – und kann auch heute noch passieren – und wird bisweilen gerne von anderen zitiert:

Sieben Zwanzigjährige treffen sich in Berlin zu einem bundes-weiten Schachturnier. Sie freunden sich an und kaufen jeweils zum eigenen Bedarf von einem unbekannten Dritten folgende Mengen an Cannabis: Der Schleswig-Holsteiner 25 Gramm, der Niedersachse sechs Gramm, der Rheinland-Pfälzer zehn Gramm, der Bayer drei Gramm, der Baden-Württemberger sieben Gramm, der aus Nordrhein-Westfalen kommende acht Gramm und der Brandenburger zwei Gramm. (…) Alle wer-den mit den genannten Mengen erwischt und lassen sich noch bei der Polizei geständig ein. Die Akte wird dem zuständigen Berliner Staatsanwalt nach Abschluss der Ermittlungen vor-gelegt. Dieser verfügt gemäß §§ 108 Abs. 1, 42 Abs. 3 JGG (Jugendschutzgesetz) die Trennung des Verfahrens in sieben selbständige Verfahren und übersendet die Akten an die jeweiligen Staatsanwaltschaften der sieben Länder. Nach einem Jahr treffen sich die Heranwachsenden erneut in Berlin und berichten von ihren Erfahrungen mit den jeweiligen Strafverfolgungsbehörden ihrer Heimatbundesländer. Die Heranwachsenden aus Schleswig-Holstein, Niedersachsen und Rheinland-Pfalz berichten, dass ihre Verfahren eingestellt worden seien. Die Heranwachsenden aus Bayern, Baden-Württemberg und Brandenburg dagegen erklären, dass sie sich – obwohl ihre Mengen zum Teil wesentlich geringer waren – einem umfassenden Strafverfahren hatten unterziehen müssen. Zwei berichteten von Verurteilungen, einer von einer Einstellung gegen Geldauflage in der Hauptverhandlung. Der aus Nordrhein-Westfalen erklärt schließlich, dass er in seinem Bundesland Pech gehabt habe und ein Staatsanwalt entgegen den Richtlinien auch bei ihm Anklage erhoben habe und er schließlich mit einer recht hohen Geldstrafe abgeurteilt worden sei. Die Heranwachsenden aus Bayern, Baden-Württemberg und Brandenburg erklärten schließlich, dass ihre Heimatstaatsanwaltschaften Hausdurchsuchungsbefehle erlangt und ihre Wohnungen hatten durchsuchen lassen. In der Folge hätten die Nachbarn monatelang nicht mit ihnen gesprochen …

Im Mai 2002 sandte ich die Vorlage ab. Der Prozess gegen den Mann mit seinen 3,4 Gramm wurde bis zur Entscheidung ausgesetzt. In der Folgezeit passierte erst einmal gar nichts. Als Laie stellt man sich vielleicht vor, dass einige Zeit nach dem Übersenden eines solch wichtigen Schriftstückes eine Reaktion erfolgen müsste. Tatsächlich hörte ich erst etwa zwei Jahre (!) später wieder von der Sache. Zwischenzeitlich hatte das Gesundheitsministerium meine Vorlage zum Anlass genommen, durch das Max-Planck-Institut eine Studie bezüglich der Rechtsanwendungspraxis des § 31a BtMG in Auftrag zu geben. Darin wurde festgestellt, dass ich insofern recht gehabt hätte, als dass tatsächlich von einer gravierenden Ungleichbehandlung der Cannabiskonsumenten auf Länderebene auszugehen sei.

Von viel größerer Bedeutung für mich war allerdings das, was mir im März 2004 inoffiziell von anderer Seite mitgeteilt worden war (damals hatte ich eine Sachstandsanfrage an das BVerfG gestellt, die nicht beantwortet worden war): Man habe, hieß es, den Verfassungsrichter Hassemer befragt, wann mit einer Entscheidung zur Bernauer Vorlage zu rechnen sei. Dieser habe sich entlocken lassen, dass das Verfahren nicht auf der Erledigungsliste für das Jahr 2004 stünde, weswegen wohl erst Mitte 2005 mit einer Verhandlung oder Entscheidung zu rechnen sei.

Mittlerweile hatte ich ein großes Cannabisverfahren auf den Tisch bekommen, bei dem es nicht um drei, sondern immerhin um fast 500 Gramm Cannabis ging. Eine nicht geringe Menge also, die für den Angeklagten die Gefahr einer Haftstrafe mit sich brachte. Bei einer positiven Entscheidung des BVerfG hinsichtlich meiner Vorlage hätte sich seine Position wesentlich gebessert.

Der Fall wurde vor dem Jugendschöffengericht verhandelt, der nächsthöheren Instanz nach dem Jugendgericht. Während ich beim Jugendgericht als Richter alleine die Entscheidung treffe, habe ich beim Schöffengericht zwei Laienrichter an meiner Seite, mit denen ich gemeinsam zu einem Urteil kommen muss. Die Schöffen haben dabei das gleiche Stimmrecht wie ich als professioneller Richter.

Der Anwalt des Angeklagten beantragte die Anhörung von Gutachtern. Sein Ziel war es zudem, eine weitere Vorlage beim BVerfG zu erreichen, dieses Mal durch ein höherrangiges Gericht. Wir hörten also erneut Gutachter, andere als beim 3,4-Gramm-Prozess. Geladen waren als Gutachter Dr. Raphael Gaßmann, Geschäftsführer der Deutschen Hauptstelle für Suchtfragen e. V., Professor Stephan Quensel, anerkannter Strafrechtler, Professorin Renate Soellner, Psychologin, unter anderem mit Schwerpunkt Gesundheitskompetenz. Ich merkte, wie das öffentliche Interesse an der Sache wuchs. Auf Vorschlag des Bundesgesundheitsministeriums habe ich dann auch den Universitätsprofessor für Psychiatrie und Leiter einer Drogenambulanz in Hamburg-Eppendorf, Professor Rainer Thomasius, als Sachverständigen hinzugezogen. Er war und ist ein absoluter Legalisierungsgegner – dazu an anderer Stelle ausführlicher.

Noch während des Verfahrens erschien im *SPIEGEL* eine Titelgeschichte unter der Überschrift »Die Seuche Cannabis«. Den Artikel durchwehte der Geist der Prohibitionslobby. Die Argumente der Legalisierungsseite wurden entweder gar nicht erwähnt oder in Nebensätzen vom Tisch gewischt. Dafür wurde alles aufgefahren, was an falschen oder aus dem Zusammenhang gerissenen Argumenten zur Verfügung stand: Die Einstiegsdrogenthese, die Behauptung, dass die Kriminalisierung die Verbreitung der Droge einschränken würde. Obendrein führten die Journalisten die These in die Debatte ein, die Suchtwirkung von Cannabis sei durch wesentlich höhere Wirkstoffgehalte als früher stark angestiegen. Letzteres ist ein so alter Hut, dass ich wirklich fassungslos war, dass wieder mit dem Wirkstoffgehalt argumentiert wurde. Er ist schon immer unterschiedlich gewesen, und auch in den Siebziger- und Achtzigerjahren hatte es leichteres und stärkeres Haschisch gegeben.

Zeitgleich mit der Kampagne im *SPIEGEL* wurden auch im politischen Lager schwere Geschütze aufgefahren. Eine Gesundheitspolitikerin der SPD rief mich sogar an, um mir zu erklären, ich würde mit meinen Prüfungen der Verfassungsgemäßheit des Gesetzes unsere Jugend gefährden. Aus den Reihen der CDU taten sich besonders zwei hochrangige Brandenburger Politiker hervor, die in der Presse öffentlich meinen Kopf forderten. Einer nannte mich »eine Gefahr für unsere Kinder«, der andere ging noch einen Schritt weiter und warf dem Gericht quasi öffentlich Rechtsbeugung vor. Er war der Ansicht, das Gericht sei nur verpflichtet, die Gesetze, einmal von der Politik verabschiedet, anzuwenden. Von der Pflicht, Gesetze prüfen zu lassen, die man für falsch hält, hatte er als hauptberuflicher Politiker anscheinend noch nie etwas gehört.

Das Jugendschöffengericht – und ich natürlich auch – standen von mehreren Seiten im Kreuzfeuer und schafften es unter diesem immensen Druck nicht, eine erneute Vorlage zu erarbeiten. Darüber hinaus bewegte sich plötzlich etwas in Karlsruhe. Obwohl ich hinter den Kulissen die oben zitierte Nachricht erhalten hatte, erst 2005 würde voraussichtlich eine Entscheidung fallen, hatten sich die Richter entschlossen, sie kurzfristig vorzuziehen und noch während meines laufenden Verfahrens zu verkünden. Es war offensichtlich, dass man nunmehr wirklich auf allen Positionen bestrebt war, mir persönlich, dem Gericht und auch der Legalisierungsbewegung den Wind aus den Segeln zu nehmen.

Man teilte mir noch vor der offiziellen Verkündung mit, dass meine Vorlage gescheitert sei und für unzulässig erklärt werden würde. Man sehe von Seiten des BVerfG keine wesentlichen neuen Erkenntnisse. Für die Begründung dieser lapidaren Botschaft brauchte man allerdings immerhin 16 Seiten, während die Ablehnung anderer Vorlagen meistens auf sehr viel weniger Raum abgehandelt wird. Doch der Beschluss des BVerfG vom 29. Juni 2004 war eindeutig:

Die Vorlage des Amtsgerichts (AG) Bernau zu der Frage, ob die Strafvorschriften des Betäubungsmittelgesetzes, soweit sie die verschiedenen Formen des unerlaubten Umgangs mit Cannabisprodukten verbieten und mit Strafe bedrohen, mit

dem Grundgesetz vereinbar sind, ist unzulässig. Dies hat die
3. Kammer des Zweiten Senats des Bundesverfassungsgerichts
entschieden.

Die Karlsruher Richter griffen nicht einmal die einheitliche Regelung der Grenzwerte erneut auf, obwohl sie selbst diese ja nach der Nešković-Vorlage eingefordert hatten. Für mich war klar, dass hier lediglich versucht wurde, die ganze Sache halbwegs elegant vom Tisch zu bekommen. Das klappte auch insofern, als dass ich nun gezwungen war, den Prozess gegen den Mann mit seinen knapp 500 Gramm Cannabis auf alter rechtlicher Grundlage zu Ende zu führen. Das Jugendschöffengericht verurteilte ihn schließlich zu einer Geldstrafe von 100 Euro und entschied sich damit demonstrativ für die geringstmögliche Strafe nach geltender Gesetzeslage. Das Urteil wurde rechtskräftig.

Die beiden CDU-Politiker erhielten sowohl durch mich als auch durch die Schöffen sowie meinen Dienstherren Strafanzeigen, um sie mit ihren öffentlichen Beschädigungen eines Richters durch falsche Anschuldigungen nicht durchkommen zu lassen. Alles endete schließlich mit einem Vergleich. Wir zogen die Anzeigen zurück, beide Politiker zahlten je 600 Euro an ein Kinderheim. Und vielleicht haben sie auch verstanden, dass sie weit übers Ziel hinausgeschossen waren.

Ich ärgere mich bis heute über die Langsamkeit und die fehlende Entscheidungsfreude des Bundesverfassungsgerichts beim Thema Cannabis. Es hat bei so vielen gesellschaftlich brennenden Themen Hilfestellung geleistet, um Fortschritte zu ermöglichen. Man denke an die Prügelstrafe, die Diskriminierung Homosexueller oder an die Ungleichberechtigung von Frauen. Dieses Gericht kann sehr wohl schnell und unkompliziert helfen und Missstände aus der Welt schaffen. Aber wenn es um Cannabis geht, kommt es seit über 20 Jahren nicht aus dem Quark. Augenscheinlich ist das immer noch ein politisch so brisantes Thema, dass man sich nicht die Finger verbrennen möchte. Ich finde das skandalös.

Strafverfolgung und die ungleichen Grenzwerte der Bundesländer

Stellen Sie sich folgende Situation vor: Vor Ihnen auf dem Tisch liegt ein Joint. Ein Freund von Ihnen nimmt ihn in die Hand, zückt das Feuerzeug, macht ihn an und hält Ihnen dann den Joint hin, damit Sie daran ziehen können. Machen Sie sich hiermit strafbar? Schließlich haben Sie gerade gekifft, und kiffen ist strafbar. Oder?

Nun, juristisch zu belangen wäre in diesem Fall ausschließlich Ihr Freund. Denn dieser befand sich – juristisch gesehen – im Besitz des Cannabis. Obwohl Sie derjenige sind, der die Droge konsumiert hat, gehen Sie straffrei aus, das reine Ziehen am Joint gilt nämlich nicht als Besitz. Dieser Fall ist allerdings auch schon so ziemlich die einzige Möglichkeit, vollkommen straffrei Cannabis zu konsumieren.

Das Betäubungsmittelgesetz regelt auf recht begrenztem Raum die Strafbarkeit mit sämtlichen illegalen Stoffen. Letztlich geht es um genau vier Paragrafen des Gesetzes, nämlich §§ 29, 29a, 30, 30a. Diese legen zum einen fest, was als strafbare Handlung anzusehen ist, und zum anderen, mit welchen Strafen zu rechnen ist. In der Anlage 1 zum BtMG ist aufgeführt, welche Stoffe als Betäubungsmittel angesehen werden und somit unter das Gesetz fallen. Die Anlage führt also die sogenannten »nicht verkehrsfähigen Betäubungsmittel« auf, was beispielsweise bedeutet, dass das vergleichsweise gefährliche Betäubungsmittel Alkohol nicht auftaucht. Dafür sind Stoffe wie Heroin, Kokain, Meskalin und diverse andere enthalten. In der gleichen Liste findet sich auch Cannabis mit folgender Definition:

Marihuana, Pflanzen und Pflanzenteile der zur Gattung Cannabis gehörenden Pflanzen (...) Cannabisharz (Haschisch, das abgesonderte Harz der zur Gattung Cannabis gehörenden Pflanzen).

Diese Anlage ist auch deshalb so interessant und wichtig für unser Thema, weil mit einer Streichung von Cannabis aus derselben eine Legalisierung im Grunde vollzogen wäre. Man könnte dann, analog zum Alkohol, Jugendschutzbestimmungen erlassen, würde aber nicht mehr Cannabis gemeinsam mit Heroin und anderen Drogen als illegales Betäubungsmittel deklarieren.

Die Grundstrafbarkeit des Umgangs mit Cannabis folgt aus § 29 BtMG, der nichts anderes besagt, als dass im Grunde jeder nur denkbare Umgang mit einem der in der Anlage 1 aufgeführten Betäubungsmittel unter Strafe steht:

Mit Freiheitsstrafe bis zu fünf Jahren oder mit Geldstrafe wird bestraft, wer Betäubungsmittel unerlaubt anbaut, herstellt, mit ihnen Handel treibt, sie, ohne Handel zu treiben, einführt, ausführt, veräußert, abgibt, sonst in den Verkehr bringt, erwirbt oder sich in sonstiger Weise verschafft, (...) besitzt, ohne zugleich im Besitz einer schriftlichen Erlaubnis für den Erwerb zu sein (...).[5]

Das bedeutet, dass so gut wie jeder Mythos darüber, welcher Umgang mit Cannabis rechtlich einwandfrei sein könnte, in Wirklichkeit falsch ist. Fährt also jemand in die Niederlande, kauft dort Cannabissamen, um aus diesen daheim Pflanzen zu ziehen und die Ernte konsumieren zu können, ist das strafbar. Zu den immer wieder kolportieren Mythen gehören auch beispielsweise: Der Konsum kleinerer Mengen, der reine Besitz oder etwa das einmal am Joint ziehen seien durchweg straffrei. All das stimmt schlicht und ergreifend nicht.

Es gibt tatsächlich nur die eingangs geschilderte Situation, in der der Umgang mit Cannabis für denjenigen, der den Joint bloß entgegennimmt und raucht, nicht illegal ist. Doch bereits in dem Moment, in dem eine dritte Person zu dieser Runde stößt und den Joint von demjenigen, der nur gezogen hat, weitergereicht bekommt, ändert sich die Lage. Vorher noch straffrei konsumierend, bringt er mit der Weitergabe an einen Dritten Cannabis in den Verkehr und macht sich in diesem Moment strafbar.

Die Erkenntnis, dass bis auf die geschilderte Ausnahme wirklich fast jeder Umgang mit Cannabis strafbar ist, ist durchaus entscheidend. Der § 29 BtMG unterscheidet nicht zwischen Cannabis und anderen Drogen. Es gibt keine Abstufung in der Beurteilung zwischen weichen und harten Drogen. Alle Stoffe aus der Anlage 1 zum BtMG werden, auch hinsichtlich des möglichen Strafmaßes, absolut gleich behandelt.

Damit sind wir bei einem der Kernpunkte angelangt, die für mich den nicht länger tragbaren Umgang mit Cannabis auf juristischer Ebene ausmachen. Denn die Beurteilung der Sachlage liegt voll und ganz in der Hand des zuständigen Staatsanwaltes, der über eine Anklage entscheidet, und danach in der des jeweiligen Richters. Sie ist reine Auslegungssache und hängt gegebenenfalls davon ab, für wie gefährlich die zuständigen Personen oder Gerichte das Betäubungsmittel Cannabis halten. Sie werden dabei vom Gesetzgeber in keiner Weise an die Hand genommen und es liegt alleine an der Auslegung des Gesetzes, der Einschätzung der Gefährlichkeit und der Festsetzung der Mengen, die als verfolgungsnotwenig eingeschätzt werden, ob milde oder streng entschieden wird.

Zurück zum rechtlichen Umgang mit Cannabis: Strafbar ist es beispielsweise, wenn jemand einen Joint findet und diesen dann konsumiert. Dies gilt bereits als Verschaffen: Der

Finder eignet sich den Joint an, nutzt ihn und es gibt keinen anderen, der ihn im strafrechtlichen Sinne besitzt und weitergibt, anders als in unserem obigen Beispiel.

Häufig ist zu hören, man könne der Strafbarkeit entgehen, indem man in die Niederlande fährt, ein paar Gramm Haschisch kauft und diese dort direkt vor Ort konsumiert. Auch diese Annahme ist falsch. Gemäß § 7 Abs. 2 des Strafgesetzbuches gilt ganz klar, dass eine Handlung, die nach deutschem Recht strafbar ist, verfolgt werden kann, wenn ein deutscher Staatsbürger sie im Ausland begeht und diese auch dort grundsätzlich strafbar ist. Auch innerhalb der liberalen Vorschriften in den Niederlanden ist eine solche Tat unter Strafrecht gestellt, sie wird nur nicht verfolgt.

Zusammengefasst bedeutet das: Fast jeder Umgang mit Cannabisprodukten ist strafbar – weswegen auch Verurteilungen wegen absoluten Kleinstmengen, zum Beispiel wegen eines Joints, erfolgen können und tatsächlich erfolgen.

»Geringe Menge« und die unterschiedlichen Grenzwerte der Bundesländer

Aber wie kommt es nun zu dem Irrglauben, dem selbst Lehrer oder zum Thema öffentlich gehörte Politiker aufsitzen, kleine Mengen Cannabis seien in Deutschland straffrei zu konsumieren? Unabsichtlich wirken sie damit gegen den Jugendschutz und erwecken bei Jugendlichen den Irrglauben, ohne größere Folgen kiffen zu können.

Hierzu muss man wissen, dass Strafbarkeit eines Verhaltens und tatsächliche Strafverfolgung juristisch gesehen zwei Paar Schuhe sind. Alles, was strafbar ist, muss zwar durch die Polizei ermittelt werden (das sogenannte Legalitätsprinzip), führt aber nicht unbedingt zur Strafverfolgung durch die Staatsanwaltschaft (das sogenannte Opportunitätsprinzip). Denn diese kann teilweise ohne und teilweise mit Zustimmung der Gerichte bei vielen Bagatelldelikten von der

Verfolgung absehen. So zum Beispiel, wenn die Schuld bei einem kleinen Diebstahl gering ist, eine Wiedergutmachung nach einer Körperverletzung erfolgte oder die Tat bereits Jahre zurückliegt. Die entsprechenden allgemeinen Regelungen enthalten die §§ 153 ff. der Strafprozessordnung. Nach diesen Einstellungsnormen werden viele Verfahren eingestellt. Das ist auch bei leichteren Vergehen im Umgang mit Cannabis der Fall. Aber hier gibt es eine Spezialnorm, nämlich § 31a BtMG. Dieser, der letztlich dazu dient, die Verhältnismäßigkeit zu wahren, enthält folgende Regelung:

Hat das Verfahren ein Vergehen nach § 29 Abs. 1, 2 oder 4 zum Gegenstand, so kann *die Staatsanwaltschaft von der Verfolgung absehen, wenn die Schuld des Täters als gering anzusehen wäre, kein öffentliches Interesse an der Strafverfolgung besteht und der Täter die Betäubungsmittel lediglich zum Eigenverbrauch in* geringer Menge *anbaut, herstellt, einführt, ausführt, durchführt, erwirbt, sich in sonstiger Weise verschafft oder besitzt. (…)*

Zwei gravierende Lücken hat der Bundesgesetzgeber hier hinterlassen: Zum einen hat er nicht festgelegt, was eine geringe Menge ist, und zum anderen erlaubt er der Strafverfolgungsbehörde Staatsanwaltschaft, mit dem Wort »kann« nach Gutdünken zu verfahren.

Die Rede von der geringen Menge ist ganz entscheidend für den Konsumenten. Denn diese Menge kann ausschlaggebend sein für die Frage, ob er verurteilt wird oder nicht. Für die Praxis ist die Definition der geringen Menge unabdingbar. Da der Bundesgesetzgeber aber diesen unbestimmten Rechtsbegriff nicht konkretisiert hat, haben die Bundesländer ihn über ihre Justizministerien oder Generalstaatsanwaltschaften definieren lassen. Sie haben somit trotz des Umstandes, dass Strafrecht Bundesrecht ist und nicht Ländersache, jeweils ihre eigenen Richtlinien für das Absehen von der Verfolgung festgesetzt

und trotz der Aufforderung durch das Bundesverfassungsgericht im Jahr 1994 nie vereinheitlicht.

Diese konfuse Rechtslage, die auf Länderebene immer wieder neu diskutiert wird, führt auch dazu, dass weite Teile der
Bevölkerung und insbesondere auch Jugendliche oft davon
ausgehen, dass die jeweiligen Richtlinien die geringe Menge
bestimmen würden, bis zu denen Cannabis straflos in Besitz
genommen werden dürfe. De facto aber bleibt der Besitz
strafbar und wird insbesondere bei Jugendlichen auch unterhalb der Richtlinien verfolgt. Diese Konfusion, hervorgerufen
durch die ausbleibende Regelung durch den Bundesgesetzgeber, und Fehlinformationen können im Einzelfall gravierende Folgen für den jugendlichen Konsumenten haben.

Den Richtlinien der Bundesländer liegt das reine Bruttoge-
wicht zugrunde, also beispielsweise die Menge in Gramm, die
beim Besitzer, der ertappt wurde, beschlagnahmt wurde. Auf
eine THC-Konzentration kommt es nicht an. Aktuell gelten
folgende Grenzwerte als geringe Menge innerhalb der Bundesländer:

Bundesland	Grenzwert
Baden-Württemberg, Bayern, Brandenburg, Bremen, Hamburg, Hessen, Mecklenburg-Vor-pommern, Niedersachsen, Saarland, Sachsen, Sachsen-Anhalt, Schleswig-Holstein, Thüringen	Bis 6 g
Rheinland-Pfalz, Nordrhein-Westfalen	Bis 10 g
Berlin	Bis 15 g

Wie unschwer zu erkennen ist, herrschen nach wie vor deut-
liche Unterschiede, wenngleich sie auch nicht mehr ganz so
eklatant sind wie vor zehn Jahren. Ein entscheidender Kritik-
punkt an der derzeitigen Handhabung ist zudem, dass sich
die Grenzwerte in jedem Bundesland jederzeit wieder ändern
können. Meist reicht dazu ein Regierungswechsel. Regiert

Rot-Grün, steigen die Grenzwerte, wechselt die Regierung auf die konservative Seite, sinken sie wieder.

Völlig ausgehebelt sind sie deutschlandweit, wenn jemand an Orten wie Kinderspielplätzen oder Schulen aufgegriffen wird – hier gilt strikte Verfolgung! Und Personen, die Kinder oder Jugendliche betreuen, werden in jedem Fall auch unterhalb der Grenzwerte vor den Strafrichter zitiert. Wird jemand zum zweiten Mal erwischt, gilt er als Wiederholungstäter und wird auch hier von Bundesland zu Bundesland unterschiedlich verfolgt. Dies gilt auch für Jugendliche, die mit wenig Cannabis erwischt werden. Auch die häufige Einstellung der Verfahren sollte nicht mit ausbleibenden Konsequenzen verwechselt werden; tatsächlich zieht die Anzeige eines Cannabisverfahrens bis zur Einstellung umfangreiche Ermittlungen nach sich – unter Umständen inklusive Hausdurchsuchungen, den damit einhergehenden Stigmatisierungen und nicht zuletzt den Rechtsanwaltskosten.

Ein schwer durchschaubares Feld also, in dem, zumal für den Laien, ein klarer Durchblick schwerfällt und infolgedessen die Annahme entstanden ist, Cannabis sei bis zur Grenze der geringen Menge erlaubt. Um das noch einmal klar zu machen: Die von den Ländern geschaffenen Grenzwerte legen lediglich fest, dass unterhalb dieser Grenze von einer Verfolgung durch die Staatsanwaltschaft abgesehen werden *kann*. Maßgeblich dafür ist der oben erwähnte und im Anhang dieses Buches zitierte § 31a BtMG. Der bedeutet jedoch keine Straffreiheit, denn es kann sehr wohl verfolgt werden, und es wird sehr häufig unterhalb der Grenzwerte ein Verfahren eingeleitet und auch verurteilt; die Handhabung ist darüber hinaus von Bundesland zu Bundesland unterschiedlich. Dass überhaupt die Einleitung von Strafverfahren bei geringen Mengen befürwortet wird, hat seinen Grund darin, dass man hofft, auf diese Weise an die Hintermänner, also die großen Dealer, heranzukommen. In der

Praxis funktioniert das selten, weil die Angeklagten in der Regel etwa behaupten, ihren Dealer nicht namentlich zu kennen.

Anhand eines erdachten, aber typischen Falles wird die Ungleichbehandlung aufgrund unterschiedlicher Richtlinien in den Bundesländern gut deutlich:

Ein junger Mensch, der in Brandenburg wohnt, kann quer durch die Republik fahren und dort zum Eigenkonsum Cannabis in einer Menge erwerben, die am Ort des Kaufes unter der dortigen Geringfügigkeitsgrenze liegt. Wird er am Ort des Kaufes erwischt, hat er in der Regel Glück, soweit er nicht gerade Sozialarbeiter ist, auf einem Kinderspielplatz gekauft hat oder vielleicht schon einschlägig aufgefallen ist.

Sagen wir, er fährt mit der S-Bahn über die Grenze nach Berlin und erwirbt dort sieben Gramm Cannabis. Sobald er zurück in seinem Bundesland ist, wird er mit dem Cannabis erwischt, es kommt zur Anklage. Wäre er dagegen in Berlin erwischt worden, hätte die Staatsanwaltschaft nach dortigen Richtlinien das Verfahren eingestellt, insofern der junge Mann bereits 21 Jahre alt ist. Ist er allerdings noch Jugendlicher oder Heranwachsender, also 14 bis 20 Jahre alt, dann gilt nicht das Tatortprinzip, sondern das Wohnortprinzip. Das Verfahren würde abgegeben und der Konsument nach Rechtslage des Bundeslandes Brandenburg beurteilt, da er hier seinen Wohnsitz hat. Brandenburg hat derzeit einen Grenzwert von sechs Gramm, bis zu dem die Einstellung des Verfahrens möglich ist, während die Grenze in Berlin bei immerhin 15 Gramm liegt. Die damals noch viel gravierenderen Unterschiede bei den Grenzwerten waren 2002 ein Grund für meine Vorlage beim Bundesverfassungsgericht.

Wie fatal die Unkenntnis dieser Unterschiede ist, wurde mir bewusst, als ich im Rahmen des Rechtskundeunterrichts, den ich an Schulen ab und zu gebe, mit der Aktion einer neunten Klasse konfrontiert war. Dort hatte man das Thema

Cannabis im Unterricht behandelt. Das ist zunächst einmal löblich. Die Schüler hatten Schautafeln gestaltet, auf denen auch auf die Grenzwerte eingegangen wurde. Auf einer dieser Schautafeln war zu lesen, dass man in Berlin bis zu 15 Gramm in jedem Fall straffrei ausgeht! Ich war fassungslos. Diese Geschichte verdeutlichte mir einmal mehr die Unkenntnis, die in der Gesellschaft bei diesem Thema herrscht. Auch den zuständigen Lehrern war dieser entscheidende Fehler nicht aufgefallen. Den Schülern wurde also suggeriert, dass man bis zu 15 Gramm Cannabis besitzen dürfe, ohne sich strafbar zu machen. Anstatt ihnen zu erklären, dass Cannabis nicht in ihre jugendlichen Köpfe gehört und sie sehr wohl bestraft werden könnten.

In wenigen anderen juristischen Bereichen gibt es so viel Auslegungsbedarf wie im Betäubungsmittelrecht. Trotz der BVerfG-Entscheidung von vor über zwanzig Jahren, die besagte, dass die Politik eine Angleichung der Grenzwerte beim Konsumenten auf Länderebene festlegen solle, besteht bundesweit noch keine Einheitlichkeit. Begriffe wie Besitz und Konsum sind zwar juristisch fassbar, für den Laien jedoch kaum nachvollziehbar.

Im Grunde wäre es ganz einfach: Es bedürfte nur einer Initiative des Gesetzgebers, der festlegt, dass bundesweit bis zu einer Grenze von sechs Gramm generell keine Straffverfolgung erfolgt bzw. erfolgen muss. Damit müssten Polizei, Staatsanwaltschaft und Gerichte in diesen Fällen nicht zum Einsatz kommen. Das wäre eine erste Form der Legalisierung.

»Normale Menge«, »nicht geringe Menge« und die Vorgabe des Bundesgerichtshofes

Neben der zuvor dargelegten geringen Menge, die zur Verfahrenseinstellung führen kann, aber nicht muss, gibt es noch »normale Mengen«, die in aller Regel nicht zur Einstellung führen. Was eine normale Menge Cannabis ist, hat der Gesetzgeber allerdings ebenfalls nicht geregelt. Auch hier sind die Richter am Zuge zu entscheiden, und dies geschieht in Abgrenzung des § 29 BtMG zu § 29a BtMG.

Während nach § 29 BtMG noch mit Geldstrafe oder Freiheitsstrafe bis zu fünf Jahren reagiert werden kann, verschärft § 29a BtMG das Strafmaß beim Umgang mit Cannabis erheblich und legt fest, dass die in ihm zur Debatte stehenden Handlungen mit einer Mindeststrafe von einem Jahr Freiheitsstrafe bis hin zu 15 Jahren zu ahnden sind:

> *Mit Freiheitsstrafe nicht unter einem Jahr wird bestraft, wer (…) mit Betäubungsmitteln in nicht geringer Menge unerlaubt Handel treibt, sie in nicht geringer Menge herstellt oder abgibt oder sie besitzt (…).*[6]

Darüber hinaus regelt der Paragraf unter anderem den Besitz und das Handeltreiben mit Cannabis bei nicht geringen Mengen. Er ist von wesentlicher Bedeutung, gerade im Hinblick auf eventuelle Vorstrafen im Führungszeugnis. Denn das deutsche Strafrecht unterscheidet zwischen »Vergehen« und »Verbrechern«. Kleinkriminalität, die im Mindestmaß mit unter einem Jahr Freiheitsentzug bzw. Geldstrafe bestraft wird, macht den Verurteilten zum Vergeher, die Strafen werden in aller Regel nicht als Vorstrafe geführt. Die Mindeststrafe nach § 29a BtMG von mindestens einem Jahr macht hingegen Menschen, die abgeurteilt werden, zum Verbrecher – mit den entsprechenden Folgen.

Der Umgang mit der Definition einer »nicht geringen Menge« ist in Bezug auf Cannabis seit jeher ein einziges Trauerspiel. Und die juristischen Begriffe und ihre Definition – geringe Menge, normale Menge, nicht geringe Menge – sind ein schwieriges Feld. Ich will versuchen, es allgemeinverständlich zu erklären: Eine nicht geringe Menge Cannabis ist alles, was Sie sich vorstellen können, meinetwegen 18 Lastwagen voll. Von einer normalen Menge spricht man bis zum Beginn der nicht geringen Menge, und diese beginnt je nach Bundesland an der Grenze zur geringen Menge. Was eine nicht geringe Menge Cannabis ist (siehe § 29a BtMG) und was dagegen eine normale Menge (siehe § 29) – die geringe Menge ist eine Teilmenge, die zur Einstellung führen *kann* –, hat der Gesetzgeber nicht definiert. Diese Definition wäre eigentlich etwas Wesentliches, das in eindeutiger Form durch den Gesetzgeber geregelt sein müsste, denn sie legt fest, von welchem Strafrahmen die Gerichte auszugehen haben. Doch auch dies hat der Gesetzgeber den Richtern überlassen.

De facto wird die Überschreitung der Grenze von der normalen Menge zur nicht geringen Menge des Betäubungsmittels nämlich durch den Bundesgerichtshof festgelegt. 1984 hat er sich mit der Frage bezüglich Cannabis beschäftigt und eine Regelung getroffen, die bis heute maßgeblich ist. An diese Regelung haben sich Gerichte nicht zwangsläufig zu halten, allerdings würde jedes Urteil sofort in der nächsten Instanz kassiert werden, das sich nicht an die Vorgaben hält. Der BGH also ließ Gutachter kommen, die den Richtern erklären sollten, was eine »nicht geringe Menge« sein könnte. Und da die Richter 1984 am BGH aufgrund ihres Jahrgangs, für den Cannabis als Droge eine eher geringe Bedeutung hatte, wenig Ahnung von der Materie gehabt haben dürften, verließen sie sich natürlich auf die Gutachter und legten anschließend Grenzwerte fest.

Dieser Vorgang ist meines Erachtens sogar verfassungswidrig, da es eigentlich niemals Aufgabe von Richtern ist, solche wesentlichen Umstände für die gesamte Rechtsprechung festzulegen. Das ist nicht Aufgabe der Judikative, sondern Aufgabe der Legislative. Hier wird die Gewaltenteilung eindeutig unterlaufen. Die Entscheidung des BGH sah nun vor, dass der Grenzwert ab einem reinen Wirkstoffgehalt von 7,5 Gramm THC in der sichergestellten Menge Cannabis überschritten ist. Hierfür ist davon ausgegangen worden, dass ab 500 Konsumeinheiten – 500 Joints – die geringe Menge überschritten sein müsste. Dies wurde korreliert mit dem durchschnittlichen THC-Anteil von Cannabis. Herausgekommen ist der Wert von 7,5 Gramm reinen THCs. Man muss sich den Umstand vergegenwärtigen, dass zur Definition der nicht mehr geringen Menge nicht allein eine Waage den entscheidenden Wert messen kann. Es funktioniert nicht ohne chemische Untersuchungen des zu ermittelnden Wirkstoffgehalts. Oftmals wird der THC-Anteil der festgestellten Mengen auch lediglich geschätzt; dann eben, wenn es nicht zur Sicherstellung gekommen ist. Als anschauliches Beispiel stelle man sich eine 200-Gramm-Tafel Bitterschokolade vor, deren Kakaogehalt 50 Prozent ist. Die Zusammensetzung kann man aber mit der Waage schwerlich ermitteln. Ersetzen wir beispielhaft Kakao durch THC, würde das 100 Gramm reines THC für unsere Tafel bedeuten und man wäre mit einer Mindeststrafe von einem Jahr dabei. Ist Ihr Marihuana oder Haschisch also von besonders guter Qualität und der Wirkstoff-, sprich THC-Gehalt, entsprechend hoch, werden Sie unversehens zum Verbrecher.

Ich will das an einem etwas kuriosen Fall illustrieren, der sich tatsächlich so zugetragen hat: Ein junges Paar möchte gerne gelegentlich kiffen. Da sie nicht besonders gut bei Kasse sind, kommen sie auf die Idee, ein paar Pflanzen zu besorgen und diese im Garten der Großmutter der Frau anzupflanzen. Die beiden besorgen sich also sechs Stecklinge aus den Niederlanden, schmuggeln diese über die Grenze und erzählen der Oma, dass sie da ein paar kleine Pflanzen haben, die sie gerne bei ihr im Garten einpflanzen würden. Die Oma hat nichts dagegen und fragt auch nicht weiter nach, schließlich vertraut sie ihrer Enkelin. Wie Omas nun mal so sind, wenn sie ihre Enkel lieben, kümmert die Großmutter der jungen Frau sich intensiv um die sechs Pflanzen, hegt und pflegt sie, so dass sie prächtig gedeihen und ordentlich blühen. Eines Tages gibt die Großmutter eine Party mit vielen Gästen, auf der es zu später Stunde ein wenig lauter wird, so dass ein Nachbar wegen Ruhestörung die Polizei ruft. Als die Beamten anrücken, nehmen sie Cannabisgeruch wahr und sind aufgrund dieses Anfangsverdachtes gezwungen, zu ermitteln.

Es kommt, wie es kommen musste: Die Polizei beschlagnahmt die mittlerweile großen und kräftigen Pflanzen und im Labor wird der Wirkstoffgehalt der insgesamt beschlagnahmten 200 Gramm bestimmt. Durch die intensive und liebevolle Pflege sind aus den sechs kleinen Stecklingen ertragreiche Cannabispflanzen geworden und der Wirkstoffgehalt beläuft sich auf umgerechnet sechs Gramm THC pro 100 Gramm. Mit den insgesamt zwölf Gramm reinen THCs ist also eindeutig eine nicht geringe Menge beschlagnahmt worden. Aus dem jungen Paar, das lediglich aus Geldnot sechs kleine Pflanzen zum Eigenverbrauch anbauen wollte, war ein lupenreines Verbrecherpärchen geworden.

In diesem Fall hatte die Pflege der Pflanzen und damit auch die Pflanze selbst über den Unterschied zwischen Vergeher und Verbrecher entschieden, mit allen weitreichenden Konsequenzen für die beiden jungen Menschen. Es ist der einzige Fall in der deutschen Gesetzgebung, in dem Pflanzen darüber entscheiden, welches Strafmaß die Richterschaft zugrunde zu legen hat. Die Oma ging übrigens straffrei aus, da sie nicht wusste, was sie da im Besitz hatte; es fehlte an einem Vorsatz.

Weitergabe von Cannabis an unter Achtzehnjährige

Neben der Regelung beim Umgang mit einer nicht geringen Menge bezieht sich § 29a BtMG auch auf den Fall der Weiter- oder Abgabe von Cannabis von über Einundzwanzigjährigen an unter Achtzehnjährige. Hierbei kommt es nicht auf die

Menge des Betäubungsmittels an, schon ein einziger Joint reicht.

Mir ist ein Fall bekannt, bei dem die aberwitzigen Folgen des Umgangs mit Cannabis deutlich werden: Eine Mutter fuhr mit ihrer siebzehnjährigen magersüchtigen Tochter in die Niederlande, kaufte dort fünf Gramm Cannabis, konsumierte diese aber nicht komplett, sondern gab ein halbes Gramm davon an ihre minderjährige Tochter ab. Durch den Konsum von ein wenig Cannabis, so die Hoffnung, würde die Tochter durch die appetitsteigernde (Neben-)Wirkung des Stoffes zum Essen angeregt werden. Nach deutschem Recht hat sich die Mutter damit strafbar gemacht, und nicht nur nach § 29 BtMG, sondern auch nach § 29a BtMG, da sie Cannabis an Minderjährige weitergegeben hat.

Die Mutter hat sich so zur Verbrecherin gemacht und hat eine Mindeststrafe von einem Jahr Freiheitsentzug zu erwarten, sofern das Gericht nicht einen minder schweren Fall aufgrund von mildernden Umständen bejahen würde. Mir geht es bei diesem Beispiel vor allem um den sogenannten Strafrahmen. Es ist richtig, dass die Mutter, die ihrer minderjährigen Tochter ohne ärztliches Rezept Cannabis weitergibt, im Sinne des Jugendschutzes eine Strafe zu erwarten hat. Sie jedoch unabhängig von der Menge zu einer vorbestraften Verbrecherin zu machen, ist maßlos überzogen. Gleiches gilt für Runden von Jugendlichen, bei denen manche über 21 und andere noch unter 18 sind, eine nicht seltene Konstellation. Auch hier wird der Einundzwanzigjährige, der seinem siebzehnjährigen Freund oder seiner Freundin einen Joint überlässt, zum Verbrecher, der nach § 29a BtMG eine Freiheitsstrafe von mindestens einem Jahr zu erwarten hat, es sei denn, es liegt bei Berücksichtigung aller strafrechtlich relevanten Umstände ein minder schwerer Fall vor. Dann könnte mit der Mindeststrafe von drei Monaten oder 90 Tagessätzen verurteilt werden, die nicht ins Führungszeugnis eingetragen wird. Alles darüber führt zu einem Eintrag. In aller Regel kommt es zu solchen Mindestverurteilungen nicht.

Damit mein Standpunkt ganz klar ist: Auch nach einer Legalisierung sollte eine Abgabe von Cannabis an Minderjährige strafbar bleiben. Absurd hohe Strafen, wie sie derzeit durch die Gesetzeslage gefordert werden, müssen jedoch abgeschafft werden.

Strafe bei Anbau und Handel

Schließlich kommen wir zu den letzten für uns interessanten Paragrafen, §§ 30 BtMG und 30a BtMG. In diesen geht es um gewerbsmäßigen Anbau und Handel von Cannabis.[7] Um den Umgang mit Tätern also, die ihren Lebensunterhalt überwiegend und auf Dauer durch illegalen Cannabishandel bestreiten. Bei der Strafbemessung, die in diesen Paragrafen festgesetzt wird, handelt es sich um zwei oder sogar fünf Jahre Freiheitsstrafe im Mindestmaß. Außerdem enthalten diese Paragrafen die kuriose Regelung, der zufolge es schlimmer ist, Cannabis in nicht geringer Menge aus dem Ausland zu importieren, als es selbst anzubauen. Diese Regelungen sollen verhindern, dass aus dem Ausland Drogen eingeführt werden.

Die tatsächliche Anwendung dieser Paragrafen wird durch die Möglichkeiten, Cannabis auf deutschem Boden mit leicht zu beschaffendem Equipment selbst anzubauen, immer seltener. Dealer wie auch *Homegrower* wissen, dass die Einfuhr von Cannabis doppelt so hart bestraft wird, und züchten lieber vor Ort. Auch sozial schwächer gestellte Menschen bevorzugen oft den Anbau, da er wesentlich kostengünstiger ist als der Kauf von Cannabis. Alles, was sie für Anbau und Pflege brauchen, lässt sich in sogenannten *Growshops* (für eine einfache Ausstattung genügt auch ein Baumarkt) erwerben. In Deutschland gibt es mittlerweile um die 500 solcher Shops, die legal sämtliches Equipment anbieten und über gelingende

Hobbygärtnerei aller Art informieren. Sie zahlen Steuern und beschäftigen darüber hinaus Tausende von Arbeitnehmern; auch dies zeigt, dass man den Cannabismarkt legalisieren sollte.

Deshalb, liebe Leserinnen und Leser, können Sie sicher bald allwöchentlich in der Zeitung von neuen »Erfolgsmeldungen« der örtlichen Polizei lesen, die wieder mal eine kleine, große oder sehr große Cannanbisplantage auf deutschem Boden ausgehoben hat. Raffinierte Fahndungsmethoden wie der Einsatz von Wärmebildkameras oder gezieltes Nachfragen bei hohen Strom- oder Heizkostenrechnungen – beides Indizien dafür, dass sich etwa auf dem Dachboden der Wohnung eine Aufzuchtstation von Pflanzen befinden könnte – liefern den Beamten neben einer aufmerksamen Nachbarschaft die sachdienlichen Hinweise.

Die Regelung § 30a BtMG verschärft den Umgang mit Anbauern und Händlern unter Zuhilfenahme der nicht geringen Menge sowie den Parametern des gewerbsmäßigen Handels bzw. »bandenmäßiger Begehung«. Die sogenannten Cannabis-GmbHs, von denen insbesondere in den letzten Jahren immer wieder neue gegründet worden sind und die den Anbau und Vertrieb der Ware gut durchorganisiert haben, fallen unter diesen Paragrafen. Wenn eine solche Großplantage ausgehoben wird, entstehen regelmäßig Riesenverfahren, die mit enormen Verfahrensdauern ganze Strafkammern wochen- und monatelang blockieren. Mit einer Legalisierung würden hier enorme Ressourcen in der deutschen Gerichtsbarkeit frei werden.

Gravierende Folgen: Berufsverbote und Führerscheinentzug

Der Konsum von Cannabis kann neben den strafrechtlichen Konsequenzen zu erheblichen Eingriffen in das eigene Leben führen. Auf die wesentlichen strafrechtlichen Folgen bin ich bisher auf Ebene der gesetzlichen und rechtlichen Regelungen eingegangen. Wie viele Menschen die strafrechtliche Verfolgung direkt betrifft, zeigt ein Blick in die polizeilichen Statistiken über Ermittlungsverfahren, Strafverfahren und Verurteilungen zu Geld- oder Gefängnisstrafen, wie im Falle meines Bruders. Allein die Zahl der Cannabisdelikte ist beispielsweise im Zeitraum zwischen 1994 und 2014 um etwa das Doppelte angestiegen. Jährlich werden heute etwa 150.000 Verfahren durch die Strafverfolgungsbehörden geführt, überwiegend gegen Konsumenten. Nachdem viele Verfahren im Bereich der geringen Mengen eingestellt wurden, Polizei und Staatsanwaltschaft entsprechend für den Papierkorb gearbeitet haben, kommt es dann noch in etwa 50.000 Fällen zu strafrechtlichen Verurteilungen durch die Gerichte. Aber auch diese betreffen überwiegend die Konsumenten, nicht etwa die Dealer.

Abgesehen von diesen strafrechtlichen Konsequenzen, die es allein bereits in sich haben, hat das Cannabisverbot weitere gravierende Folgen. Das beginnt beim Verkehrsrecht. Es ist verboten, unter Einfluss von Betäubungsmitteln Auto zu fahren, und das ist natürlich auch gut so. Die Verkehrsrechtsprechung unterscheidet bei der Beurteilung der juristischen Folgen eines Vergehens verschiedene Stufen des Konsums. Ein entscheidender Fakt ist hierbei, dass der Entzug der Fahrerlaubnis unabhängig davon geschehen kann, ob unter Drogeneinfluss gefahren wurde. Wir reden also hier nicht (nur) darüber, was passiert, wenn ich einen Joint rauche und mich dann ans Steuer setze, sondern auch über die

Möglichkeit des Führerscheinentzugs aufgrund von Cannabiskonsum – auf welche Art und Weise auch immer. In der Fahrerlaubnisverordnung (FeV) werden zwei Stufen des Konsums genannt, die zu unterschiedlichen Konsequenzen führen. Der einmalige Konsum von Cannabis wird nicht extra erwähnt, da er nicht zum Führerscheinentzug führen kann. Man fasst diesen unter dem Stichwort »Probierkonsum« und geht davon aus, dass keine Gefahr durch Regelmäßigkeit besteht.

Anders bei der »gelegentlichen« oder der »regelmäßigen Einnahme« von Cannabis. Erstere kann zum Führerscheinentzug führen, letztere sorgt in jedem Fall dafür. Bei einem gelegentlichen Konsum, und der fängt beim wiederholten, also zweimaligen, Konsum an, ist für einen gänzlichen Führerscheinentzug die strikte »Trennung von Konsum und Fahren« entscheidend, sowie der Nachweis, dass zusätzlich kein »Gebrauch von Alkohol und anderen psychoaktiv wirkenden Stoffen, keine Störung der Persönlichkeit, kein Kontrollverlust« vorliegt.

Konsumiert jemand an der überwiegenden Zahl der Wochentage Cannabis, gilt er, unabhängig von der Frage, ob er bekifft am Steuer gesessen hat oder nicht, als generell ungeeignet zum Führen von Kraftfahrzeugen, und man entzieht ihm die Fahrerlaubnis. Zur Wiedererlangung muss anschließend nicht nur eine einjährige Abstinenz von Cannabis nachgewiesen werden, sondern es muss ein dauerhafter Drogenverzicht glaubhaft gemacht werden.

Unschwer zu erkennen, wie hier mit zweierlei Maß gemessen wird. Es käme wohl niemand auf die Idee, Autofahrern vorsorglich Fahruntüchtigkeit zu attestieren, weil sie gelegentlich einen über den Durst trinken. Selbst hartgesottene Trinker dürfen saufen, so viel sie wollen, der Führerschein bleibt ihnen in der Regel erhalten, bis sie sich mit Alkohol am Steuer erwischen lassen.

Die Rechtsprechung in Bezug auf Cannabis im Straßenverkehr ist allerdings noch viel wahnwitziger; sie kippt via Verwaltungsrecht die Unschuldsvermutung, die landläufig jeder aus dem Strafrecht kennt, ins Gegenteil. Konkret: Wird ein Verkehrsteilnehmer mit einer geringen Menge Cannabis, die er im Auto mit sich führt, erwischt, heißt diese Tatsache für den Staat, dass er es mit einem Drogenkonsumenten und damit potenziell fahruntüchtigen Menschen zu tun hat. Die Beweislast, ob tatsächlich regelmäßig konsumiert wird oder nicht, liegt beim erwischten Autofahrer. Was hier passiert, können Sie sich so vergegenwärtigen: Sie kommen gerade aus dem Supermarkt und haben alkoholische Getränke für die Party am Wochenende eingekauft. Sie werden von der Polizei angehalten, der Beamte fordert Sie auf, den Kofferraum zu öffnen und findet dort drei Kisten Bier sowie einige Flaschen Spirituosen und noch zehn Flaschen von dem vorzüglichen Rotwein, den Sie kürzlich entdeckt haben. Sie selbst sind im Moment der Kontrolle natürlich komplett nüchtern, denn Sie kämen gar nicht auf die Idee, angetrunken Auto zu fahren, müssen aber irgendwie die Vorräte für Ihre Party nach Hause schaffen. Wäre die Rechtsprechung vergleichbar mit der Vorgehensweise bei Cannabis, würde der Staat aus diesem Fund erheblicher Mengen an Alkohol schließen, dass Sie ein massives Alkoholproblem haben und wohl kaum geeignet sind, ein Fahrzeug zu führen. Auch wenn Sie im Moment der Kontrolle nachweisbar 0,0 Promille haben. Und nicht nur das: Sie müssen beweisen, dass Sie kein harter Säufer sind, und bis Ihnen das gelungen ist, geht der Staat erst mal genau hiervon aus.

Das ist absurd? Stimmt. Aber es ist die gängige Praxis bei Cannabisfunden in Fahrzeugen oder auch bei Verurteilungen wegen Straftaten oder Ordnungswidrigkeiten unter Cannabiseinfluss. Die Führerscheinstelle erhält in aller Regel Nachricht von der zuständigen Polizei und nimmt dann deutschbürokratisch ihre Arbeit auf. Nach Kenntnisnahme solcher Informationen schreibt die Führerscheinstelle einen netten Brief, in dem unmissverständlich ein Gutachten eingefordert wird, das Ihre Fahrtüchtigkeit bescheinigt. Kommt dieses Gutachten nicht in der festgesetzten Frist, besteht die Berechtigung, Ihnen den Führerschein zu entziehen.

Wenn im Zuge einer Verkehrskontrolle ein THC-Wert von 1,0 Nanogramm pro Milliliter im Blut festgestellt wird, kann die Behörde den Führerschein direkt entziehen, wie erst kürzlich das Bundesverwaltungsgericht entschieden hat. Verglichen mit dem Alkohol-Beispiel müsste also demjenigen dauerhaft die Fahrerlaubnis entzogen werden, der erstmalig mit über 0,5 Promille im Straßenverkehr auffällt, oder der ein Sixpack seines Lieblingsbieres mit dem Auto nach Hause transportiert. Denn beim Cannabisfund ist die Menge vollkommen unerheblich.

Was man sich klarmachen muss, sind zum einen die Fortschritte der letzten Jahre bei der Entwicklung von toxikologischen Messverfahren und die Tatsache, dass es für die Polizei in Deutschland ein spezielles Schulungsprogramm gibt, mit dem den Polizisten beigebracht wird, wie unter Einfluss anderer Drogen als Alkohol stehende Autofahrer zu erkennen sind. Dieses Programm gibt es, weil man festgestellt hat, dass es im Gegensatz zu den allen bekannten Ausfallerscheinungen von Alkoholfahrten zunächst nicht zu auffälligen Verhaltensweisen kommt. Daraus hat man geschlossen, eine Reihe von Merkmalen zu etablieren, anhand derer sich angeblich herausfinden lässt, ob ein Fahrer bekifft sein könnte. Das klingt zunächst mal gar nicht so unsinnig, bei näherer Betrachtung können einem da jedoch Zweifel kommen. Im Schulungsprogramm klingt das nämlich dann beispielsweise so:

Häufig befinden sich die Fahrzeuge von Drogenabhängigen in sehr schlechtem Pflegezustand. (…) Beispiele: Fehlerhafte

Beleuchtung, lautes Auspuffgeräusch, sehr ungepflegter All-
gemeinzustand, Beulen an Kotflügel, Front- und Heckstoß-
fänger, alte, reparierte Unfallschäden etc. Allgemein kann
festgestellt werden, dass sich aus dem Fahrzeugzustand eine
Analogie zur Lebensphilosophie des Fahrers herleiten lässt.
Zweideutige oder auch eindeutige Bemalung, Beschriftung
oder Aufkleber (»Keine Nacht ohne Drogen«) etc. lassen un-
ter Umständen bereits auf Lebenswandel und -einstellung
schließen.[8]

Sollten Sie also nicht so viel Wert darauf legen, ein ordentli-
ches Auto zu fahren, das mindestens ein Mal in der Woche
gewaschen wird und keinerlei Kratzer und Beulen aufweist,
könnten Sie durchaus ins Visier der Polizei geraten, die in Ihnen einen Drogenkonsumenten vermutet und Sie bei Gelegenheit an den Straßenrand winkt. Insbesondere die Analogie
zwischen Fahrzeugzustand und Lebensphilosophie wirkt unfreiwillig komisch. Man versuche nur einmal, diese Analogie
auf andere Lebensbereiche zu übertragen, dann merkt man
schnell, mit welch absurden Zuschreibungen hier gearbeitet
wird, nur um eine Handhabe im »Kampf gegen Drogen« zu
haben. Letztlich spiegeln solche Texte das allgemeine Unwissen und auch den Unwillen, sich ernsthaft mit dem Thema
auseinanderzusetzen, wider.

Ich plädiere keineswegs für den legalen Cannabisgebrauch
im Straßenverkehr. Auch ich nehme Angeklagten den Führerschein ab, die unter aktuellem Cannabiseinfluss mit ihren
Fahrzeugen gefahren sind. Doch müssen Alkohol und Cannabis gleich behandelt werden, es gibt objektiv keinen einsichti-
gen Grund für das Gegenteil. Das erkläre ich regelmäßig auch
jungen Leuten, die mich zu Schulungszwecken in meinem
Gerichtssaal aufsuchen.

Denn leider muss man feststellen, dass auch im Straßen-
verkehrsrecht mit Kanonen auf Spatzen geschossen wird.

Laut einer Antwort der Landesregierung in Nordrhein-Westfalen von Anfang 2015 wurden hier im Jahr 2013 2.407 Unfälle mit Personenschäden durch Alkohol am Steuer verursacht. Dabei kamen 52 Menschen ums Leben. Für den Bereich anderer berauschender Mittel, wovon etwa 70 Prozent Cannabis betreffen dürfte, wurden in dem gleichen Zeitraum 354 Unfälle registriert, bei denen acht Menschen ums Leben kamen. Allerdings ist nicht geklärt, ob reiner Cannabiskonsum oder Mischkonsum ursächlich war.

Im selben Zeitraum wurden durch die Polizei in diesem Bundesland 6.385 Alkoholfahrten mit über 0,5 Promille zur Anzeige gebracht. Demnach kamen auf jeden Alkoholunfall mit Personenschaden 2,65 Ordnungswidrigkeit-Anzeigen wegen Verstoßes gegen das Nüchternheitsgebot. Demgegenüber wurden 2013 10.159 Anzeigen geschrieben, da bei den Fahrzeugführern Drogenkonsum, bei dem es sich nicht um Alkohol handelte, nachgewiesen werden konnte. Das wiederum entspricht 28,69 Anzeigen pro registriertem Unfall mit Personenschaden. Dies alles verlockt zu der These, dass Alkoholeinfluss beim Fahren gefährlicher ist.

Die sehr restriktive Praxis der Strafverfolgungsbehörden kann unterschiedlichste Verhaltensweisen provozieren. So sagen sich insbesondere junge Leute: »Dann trinke ich lieber, greife zur legalen Droge Alkohol und kann ja in etwa abschätzen, bis zu welcher Menge ich meinen Führerschein noch nicht aufs Spiel setze.« Ein für den Straßenverkehr problematischer und gefährlicher Gedanke.

Informierte Kiffer, die in einer gewissen Regelmäßigkeit Cannabis konsumieren, wissen, dass der Führerschein so oder so weg sein kann, wenn Cannabis gefunden oder im Urin nachgewiesen wird. Nach den momentanen, rein analytischen Grenzwerten für Cannabis im Blut reicht es häufig bereits, wenn am Vorabend ein kleiner Joint geraucht wurde. Die Zeitspanne für einen Abbau der Werte unterhalb der

Nachweisgrenze ist nicht klar zu definieren, da sie auch vom Stoffwechsel des jeweiligen Konsumenten abhängig ist. Manch einer lässt daher jede Vorsicht sein, konsumiert gegebenenfalls im Übermaß, und fährt dann Auto. Auch dieses unverantwortliche Verhalten ließe sich durch eine bessere Aufklärung erheblich eindämmen.

Die Grünen-Bundestagsfraktion hat in diesem Kontext einen wichtigen Vorstoß geleistet. Im Rahmen des von ihr im März 2015 eingebrachten und zur Debatte stehenden Cannabiskontrollgesetzes wurde der Grenzwert, der zu Sanktionen führen kann, wesentlich nach oben auf fünf Nanogramm pro Milliliter Serum korrigiert. Auch der US-amerikanische Bundesstaat Colorado, in dem die Cannabislegalisierung kürzlich umgesetzt wurde, hat diesen Grenzwert eingeführt. Zudem berücksichtigt der Gesetzesentwurf der Grünen die notwendigen verwaltungsrechtlichen Änderungen, damit der Führerschein nicht schon beim ersten Verstoß gänzlich entzogen werden kann. Erst nach dem zweiten Verstoß gegen das Nüchternheitsgebot wären dann Zweifel an der Trennungsbereitschaft zwischen aktuellem Konsum und Fahren begründbar, die die sogenannte Medizinisch-Psychologische Untersuchung (MPU) zur Folge hat. Damit wäre eine Gleichbehandlung von Cannabis- mit Alkoholkonsumenten gegeben. Würde das Gesetz tatsächlich verabschiedet, entsprächen die deutschen damit internationalen Standards und Kenntnissen. Zudem würde es zu einer fairen Behandlung der Millionen Cannabikonsumenten führen.

Am 2. Dezember 2014 berichtete die Wissenschaftssendung »Quarks & Co« des WDR[9] über einen interessanten Fahr-Test, der in den Niederlanden durchgeführt wurde und die unterschiedlichen Auswirkungen von Cannabis- und Alkoholkonsum auf die Fahrtüchtigkeit demonstrierte. Dieser Test machte mir noch einmal deutlich, dass die unterschiedliche Behandlung dieser beiden Rauschmittel kompletter Unsinn ist. Zwei Niederländerinnen, eineiige Zwillinge, konsumierten für diesen Test in drei Schritten eine immer größere Menge Cannabis bzw. Alkohol. Anschließend mussten sie sowohl einen Slalomparcours durchfahren als auch eine plötzliche Vollbremsung nach dem Auftauchen eines Hindernisses hinlegen. Das Ergebnis zeigte, dass beide Fahrerinnen schon nach dem Konsum geringer Mengen nur noch eingeschränkt und später schließlich gar nicht mehr fahrtüchtig waren. Ebenfalls eindeutig war zu erkennen, dass die unter Alkoholeinfluss fahrende Frau wesentlich schneller und in wesentlich stärkerem Ausmaß ihre Fähigkeit verlor, sicher zu fahren. Sicher nur ein populäres, kleines Beispiel, aber doch eines mit hoher Aussagekraft.

Ich habe mich in meiner zwanzigjährigen Dienstzeit regelmäßig mit Studien zur Fahrtüchtigkeit von Cannabiskonsumenten beschäftigt. So erstmals im Zusammenhang mit meiner Vorlage beim Bundesverfassungsgericht mit der genannten Kleiber/Kovar-Studie. Was ich aus allen Studien entnehmen kann, die ich seitdem gelesen habe, ist, dass der aktuelle Konsum in aller Regel bereits nach spätestens drei bis vier Stunden keine relevanten Auswirkungen mehr auf die Fahrtüchtigkeit hat. Die Diskrepanz zwischen den tatsächlichen negativen Auswirkungen auf die Verkehrssicherheit auf der einen Seite und der unangemessenen Diskriminierung von Cannabiskonsumenten auf der anderen beschreibt der Suchtberater Theo Pütz ausführlich in seinem Buch »Cannabis und Führerschein«.

Doch nicht nur im Verkehrsrecht spielt Cannabis eine Rolle. Genauso wie kiffenden Menschen das Autofahren verboten werden kann, kann ihnen auch die Ausübung ihres Berufes verboten werden. Das beginnt bei Lehrlingen, die gefeuert werden, weil sie in ihrem Wohnheim gekifft haben oder mit Cannabis aufgegriffen wurden. Wenn ein Lehrling sich am Wochenende betrinkt und während der Woche hervorragende Leistungen bringt, wird ihn kein Meister tadeln oder verwarnen. Ganz anders sieht das beim Kiffen aus; hier droht ernstlich die Gefahr, den Ausbildungsvertrag zu gefährden. Ich habe etliche solcher Fälle erlebt. Und dieses Eingreifen in die berufliche Sphäre reicht bis hin zu Disziplinarmaßnahmen gegen Menschen, die im öffentlichen Dienst tätig sind.

Generell gilt: Erhalten Menschen eine Geldstrafe von über 90 Tagessätzen oder eine Freiheitsstrafe von über drei Monaten, gelten sie als vorbestraft. (Ein Tagessatz berechnet sich aus dem Nettomonatslohn geteilt durch 30 Tage. Sofern die Strafe nicht bezahlt wird, ist für jeden Tagessatz ein Tag Freiheitsentzug die Folge.) Sie erhalten dann einen Eintrag im Führungszeugnis mit der Folge, dass sie vor allem im Rahmen der Arbeitssuche regelmäßig schlechte Karten haben. Wenn jemand wegen kleinerer Vergehen in Folge von Alkohol, etwa wegen Trunkenheit im Verkehr, Sachbeschädigung oder Körperverletzung, als Ersttäter verurteilt wird, führt das in aller Regel nicht zu einem Eintrag. Das ist auch gut und richtig so; man möchte Leuten ja nicht durch kleine Aussetzer ihre beruflichen oder auch gesellschaftlichen Perspektiven verbauen. Es wird Sie nach meinen bisherigen Ausführungen nicht mehr verwundern: Anders ist das bei BtMG-Verurteilungen. Selbst bei kleineren Vergehen und einer Verurteilung weit unterhalb einer Strafe von 90 Tagessätzen kommt es meistens zu weitreichenden Konsequenzen. Cannabiskonsumenten, die im Verhältnis zu denen des »ganz normalen Säufers« geringere Vergehen begangen haben, werden anders – strenger – beurteilt.

Im Krieg gegen unerlaubte Betäubungsmittel, vorrangig gegen Cannabis, und unter Verwendung seiner Definitionshoheit, schuf unser Gesetzgeber einen Paragrafen, den sogar die wenigsten Juristen kennen. Die Rede ist von § 25, Absatz 4 des Jugendarbeitsschutzgesetzes (JArbSchG). Er kommt etwa zur Anwendung, wenn Personen, die im pädagogischen Bereich mit Kindern und Jugendlichen zu tun haben, wegen eines Vergehens verurteilt wurden:

> *Personen, die (...) wegen einer Straftat nach dem Betäubungsmittelgesetz (...) rechtskräftig verurteilt worden sind, dürfen Jugendliche nicht beschäftigen sowie im Rahmen eines Rechtsverhältnisses (...) nicht beaufsichtigen, nicht anweisen, nicht ausbilden und nicht mit der Beaufsichtigung, Anweisung oder Ausbildung von Jugendlichen beauftragt werden.*

Für Erzieher, Lehrer, Ausbilder in Betrieben oder in sonstigen pädagogischen Berufen tätige Menschen kommt diese Regelung also faktisch einem Berufsverbot gleich. Die Beschränkung gilt für einen Zeitraum von fünf Jahren nach der rechtskräftigen Verurteilung. Danach kann die betreffende Person theoretisch wieder in ihrem Beruf arbeiten. Wie die Reaktion des potenziellen Arbeitgebers aussieht, wenn sich so jemand bewirbt, dürfte jedoch klar sein. Der § 25 JArbSchG differenziert, analog zu den Regelungen im BtMG, nicht nach den Drogen, die zur Verurteilung geführt haben. Auch hier wird nicht miteinbezogen, ob wegen harter oder weicher Drogen verurteilt wurde, ob weiterhin Drogen genommen werden oder ein echtes Suchtverhalten vorliegt. Während dieser Paragraf früher de facto erst bei wirklich schweren Verurteilungen zur Anwendung kam, hat sich dies durch Einführung des sogenannten erweiterten Führungszeugnisses verändert.

Seit Mai 2010 müssen laut Gesetzgeber sämtliche Verurteilungen, also eben auch die wegen leichterer Betäubungsmitteldelikte, in diesem erweiterten Zeugnis aufgeführt werden. Eigentlich ging es darum, Lehrer, Bademeister, Schulbusfahrer, Mitarbeiter des Jugendamtes, Kindergärtner etc., also alle, die mit der Erziehung von Kindern und Jugendlichen zu tun haben, zum Schutz eben dieser frühzeitig überprüfen zu können. Man wollte sicherstellen, dass Sexualstraftäter oder solche, die auf andere Art bereits Kinder und Jugendliche geschädigt hatten, auch dann erkennbar sind, wenn sie unterhalb von 90 Tagessätzen oder zu einer Freiheitsstrafe unter drei Monaten verurteilt worden waren. 2012 wurde dieser positive Kinderschutz mit der Einführung des Bundeskinderschutzgesetzes ergänzt. Hiermit wird nun auch den Vereinen und Verbänden auferlegt, ehrenamtliche Betreuer, Trainer und Ausbilder durch Einholung eines erweiterten Führungszeugnisses zu überprüfen.

Auch ich selbst, der ich zu diesem Zeitpunkt bereits fast 20 Jahre Jugendrichter war, wurde 2012 durch die neuen Regelungen erstmals aufgefordert, ein solches Zeugnis vorzulegen. Zwar staunte ich, legte es aber natürlich vor und machte mir zunächst keine weiteren Gedanken. Ich leitete damals wieder einen Rechtskundekurs, und da mein Zeugnis keine Einträge aufwies, durfte ich das auch weiterhin tun. Heute ist mir klar: Hätte ich einen Eintrag wegen eines Cannabisverstoßes gehabt, so hätte ich zwar Richter, vermutlich jedoch nicht *Jugend*richter bleiben können. Und Rechtskunde an Schulen hätte ich sicher auch nicht mehr unterrichten dürfen.

Andere, die irgendwann einmal Einträge wegen geringer Verstöße gegen das Cannabisverbot bekommen haben, dürften ihre Jobs verloren haben. Mitte 2014 wurde ich vollends auf diese Tatsache aufmerksam gemacht, als der Hanfverband mir von einer ersten Anfrage wegen eines solchen Falles berichtete. Mein Interesse war geweckt und ich nahm mit der alleinerziehenden Mutter von zwei Kindern aus Rheinland-Pfalz Kontakt auf.

Was war geschehen? Die Mutter hatte einen sogenannten Strafbefehl erhalten. Das ist ein typisches juristisches Mittel ohne mündliche Verhandlung, das bei kleineren Vergehen, so auch bei kleinen Mengen von Cannabisfunden, verhängt wird. Ihr Strafbefehl lautete 40 Tagessätze zu je 30 Euro. In ihrem Auto waren bei einer polizeilichen Kontrolle auf dem

Weg zu einer Party drei Gramm Cannabis gefunden worden. Obwohl sich in ihrem Fahrzeug vier Personen befanden, wurde ihr der Besitz zugeschrieben. Das hatte zur Folge, dass auf Antrag der Staatsanwaltschaft der Strafbefehl vom Gericht erlassen wurde, der im Übrigen angesichts der verfassungsrichterlichen Rechtsprechung bei drei Gramm nie hätte ergehen dürfen. Um einen der Mitfahrer, der im öffentlichen Dienst tätig war, nicht zu belasten und sich in der Folge nicht einer öffentlichen Sitzung aussetzen zu müssen, akzeptierte die Frau diesen Strafbefehl, frei nach dem Motto: »Wird ja keiner merken.« Der Strafbefehl wurde rechtskräftig, und die Betroffene ging davon aus, die Sache sei damit erledigt. Das jedoch war ein fataler Irrtum.

Um ihre kleine Familie zu ernähren, war sie freiberuflich als Musiklehrerin für Kinder und Jugendliche tätig. Mit der neuen Gesetzeslage musste auch sie, wie viele andere, ein erweitertes Führungszeugnis vorlegen. Hier nun tauchte ihr Eintrag wegen des Strafbefehls auf. Die logische Folge: Sie verlor ihren Job und damit eine wesentliche Existenzgrundlage. Seit Mitte 2014 lebt sie von Hartz IV. Ein Wiederaufnahmeverfahren wurde mittlerweile in die Wege geleitet, damit der Eintrag gelöscht werden kann. Zum Zeitpunkt der Drucklegung dieses Buches ist der Fall noch nicht entschieden.

Diese arbeitsrechtlichen Folgen sind kaum bekannt, das wurde mir Anfang 2015 auf einer Tagung der Deutschen Richterakademie zum Thema Betäubungsmittelrecht bewusst. Dass kaum einer der fast 40 anwesenden Richter und Staatsanwälte diese arbeitsrechtlichen Konsequenzen für »kleine Kiffer« kannte, wurde bei einem Vortrag zum Thema deutlich. Ich bin sicher, dass sie alle bereits Strafbefehle erlassen oder Urteile verhängt hatten, ohne über die Konsequenzen für den Täter, dessen Kinder oder seinen Beruf nachgedacht zu haben. Dies wird sich, so hoffe und glaube ich, bald ändern. Denn der Gesetzgeber wollte mit der Einführung des erweiterten Führungszeugnisses nicht gelegentliche Konsumenten treffen, sondern hauptsächlich Kinder und Jugendliche vor Sexualdelikten schützen. In der Realität trifft er sie allerdings beinhart. Sollte sich das nicht ändern, werden in den kommenden Jahren noch viele Fälle des Arbeitsverbotes hinzukommen.

Als ich während der Tagung erklärte, man müsse den Tätern in solchen Fällen einen Pflichtverteidiger stellen, entgegnete mir ein älterer Teilnehmer der Veranstaltung bösartig: »Dafür bekommen Sie, Herr Müller, sicher noch das Große Verdienstkreuz der Anwaltschaft!« Die Pflichtverteidigerbestellung ist nach § 140 der Strafprozessordnung notwendig, wenn es um schwere Straftaten geht, aber eben auch, wenn es um ein Berufsverbot geht bzw. wenn die rechtlichen Folgen für den Angeklagten heftig sind. Die letzten beiden Punkte treffen auf jeden Fall auf Cannabisfälle zu, in denen die Angeklagten von einem Berufsverbot bedroht sind. Also bei zukünftigen Meistern oder Gesellen genauso wie bei allen im pädagogischen Bereich tätigen Menschen. Hier ist meines Erachtens die Bestellung eines Pflichtverteidigers unbedingt notwendig. Im oben geschilderten Fall der Musiklehrerin ist mittlerweile tatsächlich der erste Beschluss zu einer solchen Bestellung ergangen, was mich hoffen lässt, dass das künftig häufiger der Fall sein wird. Sollte die deutsche Anwaltschaft in all diesen Fällen tatsächlich eine Pflichtverteidigung beantragen und die Gerichte dies entsprechend ihrer Fürsorgepflicht auch für die Angeklagten beschließen, so würde das nach meiner Berechnung zu Kosten in zweistelliger Millionenhöhe für die Justizkasse führen. Da die Verteidiger entsprechend höhere Einnahmen hätten, sollte ich ja wohl tatsächlich von ihnen für das Bundesverdienstkreuz vorgeschlagen werden.

Wie verrückt die Rechtsprechung sein kann, zeigt auch der Fall einer Lehrerin in Bayern, die morgens auf dem Weg zur

Schule von der Polizei angehalten wird, weil sie zu schnell unterwegs war. Da einem der Beamten die Augen der Frau »glasig« vorkamen, wurde sie auf die Wache beordert. Die Frau gab zu, einen Tag zuvor einen Joint geraucht zu haben. In ihrem Blut war dementsprechend THC nachweisbar, und in ihrer Handtasche fand sich ein Blättchen mit einem Rest Cannabis. Genauer gesagt: Die Menge musste mit 0,01 Gramm angegeben werden, da die Waage auf der Polizeiwache das tatsächliche Gewicht gar nicht darstellen konnte, so gering war es. Ein klassischer Fall für eine Einstellung des Verfahrens also. Stattdessen bekam die Lehrerin einen Strafbefehl über 700 Euro, der trotz Widerspruchs von einem Gericht bestätigt wurde. Sowohl Staatsanwaltschaft als auch Richterin waren offensichtlich davon überzeugt, eine Lehrerin mit 0,01 Gramm Marihuana in der Tasche gefährde die öffentliche Ordnung und werde ihre Schüler zum Kiffen anstiften.

Dieses Verfahren ist nur eines der rund 150.000, die jedes Jahr wegen verschiedener Verstöße gegen das BtMG im Zusammenhang mit Cannabis durchgeführt werden. Unser Staat leistet es sich also, jedes Jahr enorme Summen auszugeben, um die Kriminalisierung des Cannabisgebrauchs aufrechtzuerhalten. Die überwiegende Zahl dieser Verfahren und damit auch der Verurteilungen betrifft reine Konsumenten. Das heißt nichts anderes, als dass jemand, der ab und an einen Joint raucht, um sich etwa zu entspannen oder seine Schmerzen zu lindern, auf eine Stufe gestellt wird mit Menschen, die andere verprügeln, betrügen oder bedrohen.

Auch die Vorstellung, Cannabis sei eine Droge, die den Konsumenten dazu verleite, Straftaten zu begehen, ist absurd. In mehr als 20 Jahren als Jugendrichter habe ich nicht einen einzigen Fall vor mir gehabt, in dem reiner Cannabisgebrauch etwa für Schädigungen anderer, insbesondere für Körperverletzungen, gesorgt hätte. Im Gegensatz dazu spielen Alkohol und auch härtere Drogen bei sehr vielen Verfahren eine wesentliche Rolle. Jemand, der gekifft hat, schlägt aber niemanden zusammen, er vergewaltigt keine Frauen und wird auch sonst keine schweren Straftaten begehen, durch die er unmittelbar durch den Cannabisgenuss verleitet wurde. Die Straftaten, die in Zusammenhang mit Cannabis relevant sind, sind auf ganz anderer Ebene anzusiedeln. Denn natürlich entsteht durch die Kriminalisierung eine nennenswerte Zahl an Fällen von Beschaffungskriminalität.

Es gilt der Satz: Die schlimmste Nebenwirkung der Kriminalisierung von Cannabis ist die Kriminalisierung selbst. Der Lebensweg meines Bruders und meine zwanzigjährige richterliche Tätigkeit haben mir das zeitweise schmerzlich aufgezeigt.

Die Opfer der Prohibition

Die Debatte über Cannabis bezieht sich von Seiten der Prohibitionsbefürworter naturgemäß immer auf die Opfer von Cannabiskonsum. Umso wichtiger ist es, hier auch über die Opfer der Prohibition selbst zu sprechen. Das gilt vor allem deshalb, weil ein Vergleich der »Opferzahlen« Erstaunliches zu Tage brächte. Diejenigen, die in der Klinik von Professor Thomasius sind und die tatsächlich wegen übermäßigen Konsums mit Psychosen zu kämpfen haben, sind vergleichsweise wenige – sieht man auf der anderen Seite all diejenigen, die durch die Kriminalisierung jeglichen Umgangs mit diesem Stoff zu Opfern gemacht wurden und werden.

Die alljährlich veröffentlichten Suchtstatistiken zeigen Zahlenwerte, die nur eine Tendenz anzeigen können, einen Näherungswert. Außerdem sollte sich von selbst verstehen, dass hinter den nackten Zahlen immer Menschen stehen, deren Einzelschicksale es ernstzunehmen gilt. Das wird durch eindrucksvolle Zahlen in Statistiken gerne verschleiert.

Darüber hinaus lässt sich mit Statistik bekanntlich herrlich lügen. Die Zahlen suggerieren einen verifizierten Aussagewert, da Zahlen gemeinhin für Seriosität stehen. Doch sollte bei der Auswertung jener Zahlen nicht allein der Wert, sondern auch dessen Definition beachtet werden. In unserem Fall des Gebrauchs von Suchtmitteln handelt es sich um die Definition von »problembehaftet oder nicht«. Eine Zuordnung ist nur scheinbar einfach, denn es gibt keine objektive Punktetabelle, anhand derer problematischer Konsum diagnostiziert werden könnte. Wir reden hier von einer großen Bandbreite, die von verzeihlichem Ausprobieren bis hin zum täglichen Konsum in großen Mengen reicht. Man denke wieder an das Beispiel Alkohol.

Meine Überlegungen streifen hier den Bereich des Philosophischen. Sie führen uns zur Freiheit des Menschen, zu Thesen über das Recht auf Eigenverantwortlichkeit und die Fürsorgepflicht der Gesellschaft und Politik für den Einzelnen. Die Zahlen, aufgrund welcher Maßgabe sie auch erhoben sein mögen, sie ersetzen nicht das Denken, sie erlauben niemals pauschal be- und verurteilende Rundumschläge. Das statistische Material sollte ohne ideologischen Ballast mit der nötigen Aufmerksamkeit und Umsicht betrachtet werden.

In diesem Sinne habe ich die Ergebnisse des Jahresberichts der Deutschen Suchthilfestatistik (DSHS)[10] und den jüngst vorgelegten Suchtbericht der Bundesregierung[11] verglichen. Erstere ging für 2013 von rund 26.000 Fällen problematischen Cannabiskonsums aus. Davon befanden sich etwa 23.200 Personen mit der Hauptdiagnose Cannabis, also schädlichem Konsum und/oder Abhängigkeit, in ambulanter Behandlung und etwa 2.900 Personen in stationärer Behandlung. Bedenkt man, dass all diese Personen sogenannte Nebendiagnosen aufwiesen, da sie einen Mischkonsum mit anderen Drogen wie Alkohol, Amphetaminen, Kokain etc. pflegten, stellt sich die Frage, ob Cannabis als »Alleinschuldiger« überhaupt eindeutig erwiesen sein kann.

Für diese Einschätzung ist auch ein Blick in das Prozedere nach dem Urteil »Suchtproblematik« hilfreich, das insbesondere bei jungen Menschen angewandt wird: Die deutsche Justiz erteilt Weisungen im Rahmen von Bewährungsaufsicht oder nach Jugendrecht und verpflichtet die Straftäter, Drogenberatungsstellen und Therapieeinrichtungen ambulant zu besuchen. Hier werden häufig die sogenannten FreD-Projekte (= *Fr*ühintervention bei *e*rstauffälligen *D*rogenkonsumenten) in Anspruch genommen, die sich damit beschäftigen, ein problematisches Konsumverhalten bei jungen Leute schnell zu erkennen und gegebenenfalls auch therapeutisch zu begleiten. Damit will man die Delinquenten zum einen zum Überdenken ihres Konsumverhaltens anregen, zum anderen übertragen die Gerichte ihre Verantwortung schlicht auf diese Projekte.

Ob die jungen Menschen, die die ambulanten Beratungen aufsuchen, damit lediglich der Bestimmung ihres Richters oder Staatsanwaltes folgen oder ob sie ein wirkliches Suchtproblem haben, spielt dabei keine Rolle. Die Anzahl der ambulant Behandelten gibt aus zwei Gründen also keinen echten Aufschluss über die Situation: Nicht jeder, der dort vorstellig werden muss, hat ein Suchtproblem. Nicht jeder, der ein Suchtproblem hat, wird dort vorstellig. Meiner Einschätzung nach können wir also sicherlich von etwa 30.000 bis 40.000 Personen ausgehen, die sich durch Cannabis selbst schädigen. Und das ist nicht zu verharmlosen.

Jüngst wurde eine neue, noch weit erschreckendere Zahl aufgerufen, die meine Einschätzung und vor allem die der DSHS mit 26.000 genannten Fällen weit überschreitet: Im Rahmen der Präsentation des aktuellen Drogen- und Suchtberichts erklärte Marlene Mortler, Drogenbeauftragte der

Bundesregierung, Mitte Mai 2015 gegenüber der Presse, bei 600.000 überwiegend jungen Menschen sei von einem problembehafteten Cannabiskonsum auszugehen.

Hat sich die Anzahl derer, die sich mit der Droge schädigen oder die problembehaftet sind, also innerhalb von zwei Jahren erheblich vervielfacht? Ich vermute nicht. Auch nach intensiver Lektüre sämtlicher Jahres-Suchthilfebilanzen und Gesprächen mit anerkannten Cannabisfachleuten erschloss sich mir die Plausibilität dieses hohen Wertes nicht. Ich konnte mir aber vorstellen, nach welcher Maßgabe Frau Mortler bzw. ihre Mitarbeiter diesen Wert hatten erheben lassen, welche Definition *sie* anhand ihrer (Wert-)Vorstellungen für richtig erachteten.

Denn nennt man den Konsum von zwei Joints pro Woche problematisch, könnte die Zahl von 600.000 (jungen) Menschen möglicherweise sogar als untertrieben angesehen werden. Legt man einen Konsum von einem Joint pro Tag zugrunde, dürfte der Wert mit Sicherheit weit zu hoch sein. Betrachten wir es wieder im Vergleich zu Alkohol: Bewertet man eine Menge von zwei Gläsern Wein pro Tag (also das Trinkverhalten von 15 bis 20 Millionen Menschen in Deutschland) als problematisch, dann hätten auch diese Zahlen bezogen auf Cannabis eine Berechtigung – die Einschätzung der Weltgesundheitsorganisation legt einen problematischen Konsum bei diesen Trinkgewohnheiten nahe. Aber da wir in Deutschland nicht 15 bis 20 Millionen Alkoholiker verzeichnen, können wir schwerlich ernsthaft angeben, wir hätten uns um 600.000 problembehafte Cannabiskonsumenten zu sorgen. Die Häufigkeit kann also nicht dafür ausschlaggebend sein, ab wann von problematischem Konsum gesprochen werden muss. Womöglich ist die Fähigkeit zur gelingenden Lebensführung und -planung eine Definitionsgrundlage zur Abgrenzung von unproblematischem und problembehaftetem Drogenkonsum. Hat jemand etwa sichtbare Einbußen in seiner Schul- oder Arbeitsleistung, die sich eindeutig auf das Suchtmittel zurückführen lassen? Ist er in der Lage, seine täglichen Aufgaben zu meistern? Letztlich lässt sich hier einwenden, dass es in einem demokratischen System keine allgemeingültige Definition korrekter Lebensführung gibt – auch wenn viele Leute der Meinung sind, diese besonders mustergültig vorzuleben.

Leider muss ich der Bundesdrogenbeauftragten attestieren, dass sie sich anscheinend nicht adäquat mit dem Zahlenmaterial auseinandergesetzt hat. Das zeigt der 152-seitige Suchtbericht insgesamt, der dem Cannabiskonsum ganze fünf Seiten widmet. Ich möchte Frau Mortler für die Zukunft nahelegen, sich mit Experten zusammenzusetzen, bevor sie nicht nur hanebüchene Zahlen, sondern auch gravierende Fehler in ihrem Bericht aufführt.

So heißt es in diesem Bericht: »Die Staatsanwaltschaft kann das Verfahren bei Besitz von ›geringen Mengen‹ für den Eigenbedarf einstellen (§ 29 Abs. 5 BtMG). Nicht geringe Menge: ab einem Wirkstoffgehalt von 7,5 g THC.« Ich hoffe, dass meine Rechtskundeschüler diese juristisch falschen Sätze nicht lesen – und Sie, liebe Leserinnen und Leser, es nach meinen obigen Ausführungen auch schon besser wissen. Liebe Frau Mortler, eine Einstellung durch die Staatsanwaltschaft erfolgt gemäß § 31a BtMG in aller Regel bundesweit bei bis zu 6 Gramm und auf keinen Fall bei einer nicht geringen Menge. Das Gericht kann allerdings gemäß § 29 Absatz 5 BtMG, sofern die Staatsanwaltschaft Anklage erhebt und es sich um eine geringe Menge handelt, von der Bestrafung absehen.

Die Opfer einer fehlgeleiteten Drogenpolitik

Nach dieser kleinen juristischen Nachhilfe zurück zur Frage nach den Opfern von Cannabiskonsum und -verbot. Wenn ich von Opfern spreche, meine ich damit nicht nur diejenigen, die in gesundheitsspezifischen Statistiken geführt werden, ich meine vor allem auch die Personen, die Opfer einer fehlgeleiteten Politik sind. Personen, die ein problematisches Suchtverhalten an den Tag legen, sind zugleich in der Regel auch die ersten Opfer der Prohibition. Ihre Cannabiskarrieren haben oft nicht zuletzt deshalb dramatische Formen angenommen, weil sie bereits als »kleine Kiffer« kriminalisiert wurden. Sie sind gezwungen, ihren Umgang mit Cannabis, oft sicher unter Gewissensbissen, geheim zu halten. Die Hemmschwelle, sich bei anbahnenden oder gar manifesten Problemen Hilfe zu suchen, ist enorm hoch. Das Schweigen über Cannabiserfahrungen von Erwachsenen in unserer Gesellschaft führt genau hierzu. Allein das Eingeständnis von Beschaffung und Konsum einer verbotenen Substanz rückt die zumeist jungen Menschen schon in die Nähe von Verbrechern. Etliche dieser Personen wären bei einer Legalität von Cannabis und damit der ausbleibenden Kriminalisierung gar nicht erst so weit abgerutscht! Das ist meine feste Überzeugung und ich gehe von Zehntausenden dieser Opfer der Prohibition mit handfesten Suchtproblemen und Drogenkarrieren seit der Einführung des BtMG Anfang 1972 aus. Das ist ein Umstand, den Prohibitionslobbyisten hartnäckig leugnen, weil er ihren – auch geschäftlichen – Interessen zuwiderläuft.

Opfer sind auch all die Menschen, die in den langen Jahren der Prohibition und des entsprechenden Strafrechts für den Konsum weniger Gramm der harmlosen Droge strafverfolgt wurden. Hier sind Millionen von Kriminellen geschaffen worden, die keine sind. Dabei zerstören nicht erst Haftstrafen, die bei Gelegenheitskonsumenten kaum verhängt werden, berufliche Ambitionen und private Beziehungen, sondern vor allem die reflexartig einsetzende gesellschaftliche Ausgrenzung.

Diejenigen, die mit Haft bestraft werden, trifft es umso härter. Es ist kaum ein schlimmeres Stigma vorstellbar, als wenn jemand Zeit seines Lebens zugeben muss, im Gefängnis gesessen zu haben. Hochgerechnet seit der Zeit der beginnenden Siebzigerjahre – als die Studenten und die Hippies das Kiffen entdeckten – dürften weit über 500.000 Menschen zu Haftstrafen verurteilt worden sein, weil sie einen wie auch immer gearteten Umgang mit Cannabis pflegten. Ich habe diesen Wert ausgehend von der Zahl der jährlichen Verurteilungen wegen des Umgangs mit Cannabis errechnet, da kein offizielles statistisches Material dazu vorliegt. Vor allem in den Siebziger- und Achtzigerjahren verzeichneten die Haftanstalten überwiegend Insassen wegen Betäubungsmitteldelikten, inklusive Cannabis.

Neben den Verurteilten sind natürlich auch die Familien der »Kriminellen« betroffen. Alle müssen mit dem Makel leben, einen »Verbrecher« in der Familie zu haben, einen »Junkie«, einen »drogensüchtigen Kriminellen«. Ich kenne diverse Familien, die durch solche Stigmatisierungen einer harten Belastungsprobe unterzogen wurden, und auch meine eigene Familie ist durch die Cannabisprohibition zerstört worden. Wenn junge Menschen, wie damals mein Bruder, neben den Unannehmlichkeiten von Stigmatisierung und Strafverfolgung auch noch zu langen Haftstrafen verurteilt werden, weil sie zufällig in der Cannabisszene gelandet sind, kann das ganze Familien für immer aus der Bahn werfen.

Nun kann man sagen, zumindest die Konsumenten, Besitzer und Händler von Cannabis seien ja alle selbst schuld. Hätten sie sich an das Gesetz gehalten, wäre es gar nicht zu Verurteilungen gekommen. Aber das ist genau die Argumentationslinie und Geisteshaltung, die ich in meiner Vorlage letztlich beklagt habe. Schließlich sollte doch gelten: Das Gesetz ist für den Menschen da, und nicht der Mensch für das Gesetz. Und es sollte doch augenfällig sein, dass die Cannabisdealerei und vor allem der Konsum kleiner Mengen nicht geahndet werden darf wie zum Beispiel Steuerbetrug, Kindesmissbrauch oder Gewalttaten.

Neben den durch die Prohibition geschaffenen Kriminellen, seien es »kleine Konsumenten« oder Dealer, die nach meinem Rechtsverständnis keine sind, werden durch die Probleme bei der Abgabe von Cannabis als Medizin enorme Opferzahlen geschaffen. Durch eine Vereinfachung und weitreichende Legalisierung in diesem Bereich würden auf einen Schlag Zehntausende Opfer wegfallen, die ihre Schmerzen, ihre Entzündungen und ihre Erkrankungen durch die Anwendung eines natürlichen Mittels stark lindern könnten. Hier versagt die Politik seit Jahrzehnten auf ganzer Linie und der Staat kommt seiner im Grundgesetz festgeschriebenen Fürsorgepflicht für den kranken Bürger nicht nach.

In Zusammenhang mit medizinischem Cannabis gibt es darüber hinaus, gewissermaßen als Kollateralschaden, weitere Opfer, die selbst gar kein Cannabis konsumieren. Es sind wieder die Familienangehörigen: Söhne und Töchter überwiegend, die für ihre alten, kranken Eltern Cannabis besorgen, weil diese selbst nicht dazu in der Lage sind, oder auch Freunde und Bekannte. Mir sind mehrere solcher Fälle bekannt, auch aus dem Umfeld meiner Gerichtstätigkeit. So ließ sich eine Rheumapatientin von ihrem Sohn Cannabis besorgen, da es ihre Schmerzen erfolgreich linderte. Beide müssen ihre Taten als illegal ansehen: Da ist die Mutter ebenso sehr ein Opfer der Prohibition wie der Sohn.

Ein kaum beachteter Nebenaspekt der Opferschaffung liegt nicht zuletzt auch in einer latent steigenden Ausländerfeindlichkeit. Kiffen gilt seit jeher als »undeutsch«, wie ich spätestens durch meine Erfahrungen als Richter mit der rechtsradikalen Szene in Brandenburg erfahren habe. Die Tatsache, dass viele Asylbewerber nicht in Deutschland arbeiten dürfen, führt dazu, dass sie sich auf andere Weise Geld beschaffen. Das Dealen mit Cannabis gehört dazu. Von der deutschen Bevölkerung wird dieser Umstand häufig so wahrgenommen, als wären es nur »die Ausländer« und besonders oft »die

Schwarzafrikaner«, die mit Cannabis dealten. Vor dem Hintergrund der weiter steigenden Flüchtlingszahlen wird sich diese Problematik noch verschärfen.

Die Cannabisprohibition ist außerdem mitverantwortlich für das inflationäre Auftreten von sogenannten *Legal Highs*. Diese werden vor allem von jungen Menschen als vermeintlich legales Ersatzmittel gewählt (da ihre Bezeichnung ein »legales High« suggeriert), um dem strafbewehrten Cannabiskonsum auszuweichen. *Legal Highs*, oder auch das sogenannte *Spice*, sind synthetische Rauschmittel, sogenannte Designerdrogen, die insbesondere im Internet als Badesalz oder Kräutermischung angeboten werden. Ihre Molekülstruktur ist leicht veränderbar, sodass sie zunächst durch die Modifizierung nicht mehr unter das Betäubungsmittelgesetz fallen. Der Gesetzgeber muss auf die Änderungen regelmäßig mit neuen Verordnungen reagieren, die aber oftmals zu spät kommen. Diese Stoffe sind zum Teil wesentlich gefährlicher als Cannabis. 25 Tote wurden beispielsweise 2014 allein durch *Legal Highs* verzeichnet, wie im Drogen- und Suchtbericht der Bundesregierung nachzulesen ist.

Angesichts all dieser unnötigen Opfer, die eine hirn- und sinnlose Cannabispolitik in diesem Land schafft, ist mir unklar, warum Menschen von der Sinnhaftigkeit einer Cannabiskriminalisierung überzeugt sein können. Leider jedoch ist hierzulande ideologisches Denken sehr oft immer noch wichtiger als Menschenfreundlichkeit und die Verhinderung von Opfern.

Die Null-Toleranz-Strategie: Beispiel Görlitzer Park

Wie man mit der Vorgabe des § 31a BtMG auf die denkbar unsinnigste Art und Weise umgehen kann, haben zuletzt die drei Berliner CDU-Senatoren Frank Henkel, Thomas Heilmann und Mario Czaja mit ihrem Vorgehen beim besonderen Berliner Problemfall »Görlitzer Park« bewiesen. Der sogenannte »Görli« ist seit Jahren bundesweit in den Medien, er gilt mittlerweile als Synonym für Brennpunkte von Drogenumschlag und damit auch für Cannabisdeals. Tatsächlich verkaufen dort überwiegend Schwarzafrikaner Cannabis an Berliner sowie an Touristen. Man schätzt den jährlichen Umsatz, der allein in diesem Park mit Cannabis gemacht wird, auf 20 Millionen Euro. Wer heute durch den Park schlendert, dürfte innerhalb einer halben Stunde sicherlich zehn Mal angesprochen werden, ob er etwas kaufen möchte. Das ist natürlich keine angenehme Situation, und der Park hat seinen Status als Naherholungsgebiet und Aufenthaltsort für Familien verloren.

Auch wenn der »Görli« bundesweit symbolisch für diese Problematik steht, hat natürlich jede größere Stadt ihren eigenen »Görli«. Meist befinden sich diese Plätze in den klassischen Milieus nahe der Bahnhofsviertel. Früher waren es überwiegend Libanesen, die dort verkauften, heute sind es eben »die Schwarzafrikaner«. Der oben angeführte Aspekt der Stigmatisierung von Nicht-Deutschen als Kriminelle – die auch nichts anderes als die Opfer der Prohibition sind –, lässt sich kaum besser untermauern als durch den Fall des Görlitzer Parks. Mit dem Wechsel der Bevölkerungsgruppe ging in Berlin im Übrigen auch der Wechsel des Ortes des Geschehens einher; die Libanesen waren nämlich hauptsächlich in der Hasenheide tätig.

Nicht der Cannabisverkauf ist die Hauptproblematik im Görlitzer Park, sondern es sind die Begleitumstände wie häufige Raubüberfälle sowie die Dealerei mit härteren Drogen. Die drei Herren von der CDU versuchen nun diesen Dingen Einhalt zu gebieten, indem sie in bester (oder besser gesagt: schlimmster) *Law-and-Order*-Mentalität mit einer Null-Toleranz-Strategie·eingreifen wollen – und auf Stimmenfang in der Berliner Bevölkerung gehen.

Jeder, der in diesem abgegrenzten Gebiet verkauft oder kauft, soll sich strafrechtlichen Maßnahmen unterwerfen müssen. Alle Aussagen über geringe Mengen sind damit für den Park hinfällig, sie werden von ein paar Berliner Lokalgrößen außer Kraft gesetzt. Bislang sahen die Berliner Richtlinien zur Nichtverfolgung von Cannabisverstößen einen Grenzwert von 15 Gramm vor. Nur in den bereits geschilderten Ausnahmefällen, die konkret den Jugendschutz angingen, sollte verfolgt werden. Die Schaffung eigener Richtlinien abseits von § 31a BtMG durch die politisch ausgerufene Aufhebung der geringen Menge verstößt nicht nur gegen das Gleichheitsgebot im Grundgesetz der Bundesrepublik Deutschland, sondern auch gegen die Vorgaben des Bundesverfassungsgerichts. Wolfgang Nešković, den ich schon oben als wichtigen Protagonisten unserer Debatte vorgestellt habe, hat das in einem Beitrag in der *taz* süffisant kommentiert, als er schrieb:

In ihrem politischen »law and order«-Eifer haben die Herren CDU-Senatoren offenkundig darauf verzichtet, von der alten Kulturtechnik des Lesens Gebrauch zu machen. Immerhin hätten sie sich dadurch die Option des Verstehens der Entscheidung des Bundesverfassungsgerichts offen gehalten. So muss der Eindruck entstehen, dass sie die Entscheidung entweder nicht oder nur selektiv gelesen oder zwar gelesen, aber nicht verstanden haben. Allein diese Versäumnisse würden schon Rücktrittsforderungen gegen die betreffenden Senatoren rechtfertigen.[12]

Die Rechtsprechung des Bundesverfassungsgerichts, dass geringe Mengen an Cannabis nicht verfolgt werden sollen, wird von den Senatoren schlicht ignoriert. – Wir erinnern uns, dass das Gebot, geringe Mengen zu verfolgen, nur für einen eingegrenzten Personenkreis gilt, nämlich für Kinder und Jugendliche, die hinsichtlich Cannabiskonsum besonders geschützt werden sollen, sowie für Erwachsene, die mit Kindern und Jugendlichen beruflich oder ehrenamtlich zu tun haben. Außerdem gilt die Ausnahme für Bereiche, in denen Kinder und Jugendliche sich schwerpunktmäßig aufhalten, also Spielplätze, Schulhöfe oder andere Orte. Der Görlitzer Park gehört definitiv nicht dazu. Er ist ein mehrere Hektar großes Gelände, also nutzbar für alle Bürger, die sich dort aufhalten wollen. Wenn hier auf Spielplätzen gedealt oder gekifft wird, kann selbstverständlich nach der gegenwärtigen Rechtslage verfahren werden. Eine Ausbreitung der Strafverfolgung auf ein riesiges Gelände und möglicherweise – und ich muss es ironisch einbringen – bald auf ganz Kreuzberg ist eindeutig verfassungswidrig.

Man fragt sich zudem, wie das Ganze praktisch funktionieren soll: Müssten nicht Schilder aufgestellt werden, um Touristen vorzuwarnen? »Null-Toleranz-Gebiet«, »Cannabis-Kontroll-Zone« oder Ähnliches?

Der Senat versucht an dieser Stelle darüber hinaus Dinge, die schon vor Jahren versucht wurden und nicht funktioniert haben. Ich habe jahrelang in der Nähe besagter Hasenheide gewohnt und das Spiel mitbekommen: Es wurde munter gedealt, die Polizei ging rein und zog ein paar Dealer raus, und kurze Zeit später war alles wieder wie vorher. Null Ergebnis statt null Toleranz.

Das Einzige, was dabei herauskommt, ist jede Menge zusätzliche frustrierende Arbeit für die Polizei. Hinter vorgehaltener Hand klagen Berliner Polizisten über die Zumutung, die ihnen der Senat da aufdrücken will. Waschkörbeweise Anzeigen müssen geschrieben werden, von denen vorher schon klar ist, dass die Staatsanwaltschaft diese Fälle nicht anklagen wird. Und wenn es zur Anklage kommt, entsteht noch mehr Arbeit für die Gerichte, die sich mit Verfahren gegen Kleindealer und -konsumenten herumschlagen müssen.

Letztlich ist diese ganze Nummer reiner Aktionismus von Seiten der konservativen Sozialromantiker. Vorgeblich will man die Jugend schützen, erreicht jedoch das genaue Gegenteil: Die Gefahr von Raubüberfällen steigt, die Gefahr, schlechte Cannabisqualität zu bekommen, steigt, und die Gefahr, mit härteren Drogen in Kontakt zu kommen, steigt auch. Wenn die Polizei in der Lage wäre, im Bereich der Gewaltkriminalität und vor allem der Intensivtäter einen derartigen Aufwand zu betreiben, wie es hier politisch umgesetzt werden soll, könnten in diesen Bereichen enorm viele *echte* Opfer mit schweren Verletzungen verhindert werden. Stattdessen versucht man lieber, sich als Drogenjäger zu profilieren, und liefert damit ein Armutszeugnis für die Berliner Senatspolitik ab. Hinzu kommt, dass mittlerweile Tendenzen dahingehend festzustellen sind, dass durch die Vertreibung der Schwarzafrikaner diese in andere Bereiche flüchten, nämlich in andere Parks, und hier mit den alteingesessenen Drogendealerbanden in Konkurrenz geraten. Es sind erste Anzeichen dafür da, dass nun zwischen den verschiedenen Dealerbanden Kriege über Verkaufsplätze entstehen und dabei vor Gewaltanwendung kein Halt gemacht wird. Denkt man das konsequent zu Ende, nimmt der Senat von Berlin es also in Kauf, durch eine verfehlte Drogenpolitik Bandenkämpfe hervorzurufen, wie es in den Zwanzigerjahren in den USA hingenommen wurde. Anstatt, wie die Bürgermeisterin von Kreuzberg, darüber nachzudenken, die Nachfrage nach Cannabis, die offensichtlich besteht, durch legalen Verkauf zu stillen und den Drogenumschlagplatz Görlitzer Park so zu befrieden.

Der Bezirk Kreuzberg hat mittlerweile eine Ausnahmegenehmigung für die Einrichtung legaler Cannabis-Verkaufsstellen beim Bundesamt für Arzneimittel und Medizinprodukte (BfArM) beantragt. Ähnliche Beschlüsse sind von den Bezirksparlamenten in Frankfurt/Main und Köln sowie in den rot-grünen Koalitionsverträgen in Hamburg und Bremen ergangen. Diese Initiativen sind zu begrüßen, da sie die Cannabislegalisierung vorantreiben, doch wird die lokale Freigabe von Cannabis derzeit noch am BtMG scheitern.

Internationale Vorbilder für die Legalisierung: Von den Niederlanden bis zu den USA

Wir werden in Deutschland angesichts der globalen Verflechtungen nicht zu einer Lösung in der Legalisierungsfrage kommen, ohne die Erfahrungen anderer Staaten mit einzubeziehen. Grundsätzlich wird bei einem Blick auf die internationale Entwicklung deutlich, dass der Versuch, mit Verboten und einer Null-Toleranz-Strategie den Drogenkonsum einzudämmen, auf ganzer Linie gescheitert ist. Zieht man die Zahlen der Vereinten Nationen für den Zeitraum von 1998 bis 2008 zu Rate, so erfährt man, dass in allen Bereichen die Konsumentenzahlen gestiegen sind: Bei Opiaten um 34,5 Prozent, bei Kokain um 27 Prozent sowie bei Cannabis um 8,5 Prozent. Trotz juristischer Regelungen wie hierzulande und in anderen europäischen Ländern oder brachialer militärischer Gewalt, wie sie etwa der Drogenkrieg in Mexiko hervorgebracht hat: Drogen werden gehandelt und konsumiert, und zwar in steigendem Maße. Allein das sollte Anlass genug sein, Legalisierungsideen als gangbare Alternative ganz genau zu prüfen. Sehr deutlich formuliert das etwa eine im Auftrag der EU-Kommission durchgeführte Studie zur internationalen Drogenpolitik:

> *Die internationalen Bemühungen, den weltweiten Drogenmarkt einzudämmen, sind (...) wenig erfolgreich gewesen. Es lassen sich keine Belege für eine Reduktion des weltweiten Drogenproblems in der Periode 1998–2007 finden. Eine Debatte über den Sinn der gegenwärtigen Drogenpolitik und mögliche Alternativen ist zu wünschen.*[13]

In der Tat: Diese Debatte ist wünschenswert, bei uns in Deutschland genauso wie in anderen Staaten. Der Stand der Debatte ist indes durchaus unterschiedlich. Während die politische Diskussion in Deutschland hauptsächlich aufgrund der weitgehenden Verweigerungshaltung von Seiten der CDU und SPD immer noch unendlich zäh ist, hat sich anderswo bereits deutlich mehr getan, was national wie international mit handfesten Daten hinterlegt ist; eine Datenmenge, die zu weiterführenden Überlegungen anregen sollte. Zumindest die Erfahrungen mit einer Liberalisierung innerhalb Europas sind auf Deutschland übertragbar – und man kann von einer schnellen Umsetzbarkeit der positiven Ansätze ausgehen. Man sollte diese Chance, sich an Erfahrungswerten und vorgelebten Beispielen orientieren zu können, nutzen. Nie waren die Grenzen Europas durchlässiger als heute, nie waren die Staaten politisch und gesellschaftlich näher beieinander, so dass eine grenzübergreifende Adaption guter Ideen keine Illusion mehr ist.

Niederlande

Wer an Cannabis und Legalisierung denkt, denkt an die Niederlande und ihre Coffeeshops. Die Legalität des Kiffens in unserem Nachbarland ist seit Langem eine Art Mythos in der deutschen Szene, der es manchmal einfacher, manchmal aber auch schwieriger macht, über das Thema zu sprechen.

Wie in meinen autobiografischen Ausführungen bereits beschrieben, spielten für mich als Emsländer die Niederlande eine große Rolle in meiner drogenpolitischen Sozialisation. Das Cannabis, das im Meppen meiner Jugendjahre konsumiert wurde, kam quasi ausschließlich aus der nahen Region jenseits der Grenze. Die Schmuggeltricks waren ausgefeilt, und trotzdem schwitzte jeder Kurier an der Grenze immer wieder Blut und Wasser, weil wir genau wussten, dass Cannabis eines der Themen war, bei dem in Deutschland der Spaß aufhörte.

Wie konnte der Mythos vom Kifferparadies Niederlande entstehen, was machte man dort anders, wie sieht es heute aus? Und vor allem: Was lernen wir aus 40 Jahren Coffeeshop-Erfahrung? Während in Deutschland 1972 das BtMG als Nachfolger des Opiumgesetzes aus den Zwanzigerjahren etabliert wurde, kann das Jahr 1976 als Beginn der Moderne in der Drogenpolitik in den Niederlanden genannt werden. Die Gesetzgebung, die in diesem Jahr beschlossen wurde, enthielt bereits einen kleinen, aber entscheidenden Unterschied zu den Regelungen in anderen Ländern: Man unterschied »weiche« und »harte« Drogen. Hinzu kam die sogenannte Toleranz- oder Duldungspolitik (ndl. *Gedoogbeleid*), die die Grundlage für die Entstehung der berühmt-berüchtigten Coffeeshops war.

Die Idee des Coffeeshops ist zunächst eine, die auch hier in der Legalisierungsdiskussion eine Rolle spielt: Cannabis soll nicht überall erhältlich sein, sondern in bestimmten Abgabestellen, für die außerdem nicht öffentlich Werbung gemacht werden darf. Darüber hinaus war beabsichtigt, dass nur niederländische Bürger in den Shops Cannabis erwerben dürfen. Dass sich diese Regelung immer schon als praxisfern erwiesen hat, beweist nicht nur der rege Drogentourismus meiner Jugendzeit deutlich.

Generell berücksichtigt das Coffeeshop-System eine Reihe von Charakteristika, die man als »AHOJG-Kriterien« bezeichnet:

1. A bedeutet *geen* **afichering**: Es darf keine Werbung gemacht werden, weder am Shop selbst noch in Medien jedweder Form. Auch Werbegeschenke sind verboten.

2. H bedeutet *geen* **harddrugs**: Harte Drogen dürfen weder verkauft noch konsumiert werden.

3. O bedeutet *geen* **overlast** und gebietet, dass Außenstehende in keiner Form belästigt werden dürfen.

4. J bedeutet *geen verkoop aan* **jeugdigen**: Es darf nicht an Jugendliche unter 18 Jahren verkauft werden.

5. G bedeutet *geen verkoop van* **grote hoeveelheden** und bezieht sich auf die Menge: Es dürfen pro Gast maximal fünf Gramm am Tag verkauft werden, die Gesamtmenge im Shop darf 500 Gramm nicht überschreiten.

Auch in den Niederlanden herrscht keineswegs grenzenlose Freiheit des Cannabismarktes. Der Anbau ist auch dort illegal und strafbewehrt, lediglich Besitz und Verkauf wurden entkriminalisiert. Grundsätzlich gilt jedoch, dass dort auch jeglicher Umgang mit Cannabisprodukten unter Strafe steht. Es muss nur nicht strafrechtlich verfolgt werden und wird es auch nicht. Das führt zu der kuriosen Situation, dass in den Coffeeshops Produkte verkauft werden, die es eigentlich gar nicht geben dürfte. Das Cannabis in den Shops stammt zum Teil aus Auslandsimporten, zum Teil bauen die Händler in kleineren Mengen selbst an, der Fantasie bei der Warenbeschaffung sind da keine Grenzen gesetzt. Das alles funktioniert nur mit einer Politik der Duldung und des Wegschauens.

Die Situation ist also durchaus kompliziert, und die internationalen Verflechtungen der Politik machen es den Niederländern nicht unbedingt einfacher, weitere innovative Lösungen zu finden. Für die Interpretation im Hinblick auf eine weitgehende Entkriminalisierung von Cannabis in Deutschland hilft der Blick auf die Folgen des »freien« Verkaufs in den Coffeeshops aber durchaus weiter. Als Befürworter einer strengen Prohibition erwartet man vermutlich, dass die Legalisierung in den Niederlanden zu einem starken Anstieg des Konsums und großen Problemen mit den Konsumenten geführt hat. Alle Zahlen, die vorliegen, weisen jedoch in eine andere Richtung. Der Anstieg des Cannabiskonsums seit der Gesetzesänderung von 1976 bewegt sich im gleichen Rahmen wie in den europäischen Ländern mit einer prohibitorischen Politik. Schaut man sich Kennzahlen von 2015 an, so liegen sowohl Konsum als auch Missbrauch im Bereich des EU-weiten Vergleichs nur knapp über dem Durchschnitt.[14] Auch folgende Zahlen können helfen, die Diskussion zu versachlichen und die Schreckgespenster zu vertreiben. Es handelt sich um die sogenannte Konsumprävalenz, bei der verglichen wird, wie oft Menschen in einem genau definierten Zeitraum Cannabis konsumiert haben (Lebenszeit, in den letzten zwölf Monaten, den letzten 30 Tagen). Im europäischen Vergleich zeigt sich, dass die Niederlande hier völlig im Durchschnitt liegen bzw. sogar leicht darunter. Diese Feststellung bezieht sich auf die Vierzehn- bis Fünfundzwanzigjährigen, also gewissermaßen die »Hauptzielgruppe« für den Konsum von Cannabis.[15]

Das Beispiel Niederlande zeigt trotz seiner offensichtlichen Schwächen in der Rechtslage vor allem, dass eine leichtere Erreichbarkeit von Cannabis für den Konsumenten über einen Zeitraum von fast 40 Jahren nicht zu einem signifikanten Anstieg des Konsums geführt hat. Damit ist eines der wesentlichen Argumente der hiesigen Prohibitionslobby ad absurdum geführt. Es lässt sich kein Zusammenhang zwischen einer liberaleren Drogenpolitik und einer sich vergrößernden Missbrauchsproblematik herstellen. Diese simple Erkenntnis sollte ausreichen, um die Politik hierzulande zum Nachdenken anzuregen. Wenn in nahezu jeder Stellungnahme der deutschen Drogenbeauftragten gebetsmühlenartig behauptet wird, nach einer Legalisierung würden die Konsumentenzahlen explodieren, gibt es hierfür schlicht und ergreifend keinerlei Anhaltspunkt.

Schweiz und Österreich

Seit Oktober 2013 ist der Besitz von bis zu zehn Gramm Cannabis in der Schweiz keine Straftat mehr, vorausgesetzt natürlich, dass der Besitzer über 18 Jahre alt ist. Der Besitz wird nur noch als Ordnungswidrigkeit verfolgt, vergleichbar etwa mit einer Geldbuße wegen zu schnellen Fahrens. Auch in Österreich gibt es liberalere Vorschriften als bei uns. So ist zumindest der Stecklingsverkauf von Cannabis völlig legal, in Deutschland darf man nicht einmal THC-haltige Samen besitzen.

Portugal

Lange Jahre waren die Niederländer die Vorreiter des liberaleren Umgangs mit Cannabis. Zu Beginn des neuen Jahrtausends hat Portugal aufgeholt: 2001 wurde hier die bis dahin von Kriminalisierung geprägte Drogenpolitik mit einem sogenannten *Public Health*-Ansatz neu aufgestellt. Hierbei geht es nicht spezifisch um Cannabis, sondern um eine generelle Herauslösung der Konsumentenproblematik aus dem Strafrecht. Drogenhandel, -konsum und -besitz bleiben zwar illegal, jedoch sieht die Neuordnung vor, Menschen, die mit Drogen angetroffen werden, statt vor ein Strafgericht vor eine Kommission zu bringen, in der ein Jurist, ein Sozialarbeiter sowie ein Psychologe sitzen. Diese entscheiden, ob eine geringe Strafe in Form von Geldstrafen oder Platzverboten – also eine Weisung, bestimmte öffentliche Gebiete oder Gaststätten nicht mehr aufsuchen zu dürfen – angebracht ist oder ob eine Therapie verordnet werden muss.

Die Zahlen, die für Portugal bisher vorliegen, weisen auf eine Senkung sowohl der Anzahl jugendlicher Konsumenten als auch solcher mit problematischem Konsumverhalten hin. Zudem weist die Statistik weniger drogenbezogene Straftaten aus.

Das Beispiel Portugal zeigt also, dass auch ein vollkommen anders gearteter Ansatz der Entkriminalisierung als beispielsweise der niederländische nachweisbar positive Effekte bringen kann und der Wegfall von Gefängnisstrafen keineswegs zu einer ausufernden Drogenproblematik führen muss.

Tschechien

Am 1. Januar 2010 trat in Tschechien eine neue Drogengesetzgebung in Kraft, die sich insbesondere auf das Betäubungsmittel Cannabis bezieht. Auch hier handelt es sich um eine weitgehende Entkriminalisierung. Der Besitz geringer Mengen zum persönlichen Gebrauch gilt nicht mehr als

Straftat, sondern, wie in der Schweiz, nur noch als Ordnungswidrigkeit, die mit geringen Geldstrafen geahndet wird. Hinsichtlich Cannabis sind die neuen Bestimmungen großzügig, denn der Anbau von bis zu fünf Pflanzen wurde legalisiert und der Besitz von bis zu 15 Gramm Cannabis als geringe Menge bewertet. Mit den Pflanzen lässt sich bereits eine Menge Cannabis herstellen, die über dem üblichen Quantum einer geringen Menge, wie sie in Deutschland definiert ist, liegt. Faktisch ist es in Tschechien also möglich, als selbstversorgender Cannabiskonsument ganz legal zu leben. Herstellung und Handel werden weiterhin strafrechtlich verfolgt.

Belgien und Spanien

Ein weiteres Modell einer Entkriminalisierung wird in Belgien und Spanien praktiziert. Dort hat die Legalisierung des Besitzes einer Pflanze pro Konsument zur Entstehung sogenannter *Cannabis Social Clubs* (CSC) geführt. In diesen CSC kann jeder über 18 Jahren Mitglied werden und erwirbt damit das Recht, Pflanzen für den persönlichen Bedarf zu erwerben und ihren Ertrag zu nutzen. Dies jedoch nicht zum privaten Eigenanbau zu Hause, sondern über einen gemeinsamen Anbau seitens eines Clubs. Die Mitglieder dürfen den Ertrag nicht weiterverkaufen, die Weitergabe an Minderjährige ist streng verboten. Allerdings sind die CSC bisher nicht offiziell durch die Gesetzgebung legalisiert worden, sondern sie berufen sich auf mehrere Urteile und Verordnungen, die ihren Status quo vor dem Hintergrund geltender Gesetze bestätigt haben.

In diesen Clubs wird hochwertiger Stoff ohne Verunreinigungen angeboten, und die Konsumenten werden nicht kriminalisiert. Das entlastet alle Beteiligten, denn auch Polizei und Justiz wissen, dass sie sich auf wichtigere Dinge konzentrieren können, da vom Cannabiskonsum der CSCs keinerlei Gefahr ausgeht. Natürlich bewegen sich die Clubs trotzdem nicht im rechtsfreien Raum. Es finden regelmäßige Kontrollen statt, die für die Polizei aber planbar sind und bisher nie zu größeren Einsätzen geführt haben. Die Zahlen, die bisher vorliegen, deuten nicht auf einen Anstieg der Konsumentenzahlen hin, weder im absoluten Bereich noch im Bereich des problematischen Konsums. Zumindest in Spanien wird über die CSCs hinaus auch über weitere Möglichkeiten der Legalisierung intensiv diskutiert.

Uruguay

Um den weltweit liberalsten Umgang mit Cannabis zu finden, muss man von Deutschland aus weit über die europäischen Grenzen schauen. Fündig wird man schließlich in Südamerika, genauer gesagt in Uruguay. Seit 2013 ist dort der Anbau und Verkauf von Marihuana- und Cannabisprodukten unter staatlicher Aufsicht legalisiert. Die Umsetzungsphase dauert noch an, da aus profanen Gründen wie Softwareproblemen die vorgesehenen Kontrollmechanismen noch nicht gewährleistet werden konnten. Die gesetzlichen Regelungen sind großzügig: Monatlich bis zu 40 Gramm Cannabis dürfen von Erwachsenen über die Apotheken des Landes erworben werden. Der Preis pro Gramm ist von staatlicher Seite auf derzeit einen Dollar festgesetzt. Darüber hinaus erhalten Privatpersonen die Möglichkeit, bis zu sechs Cannabispflanzen für den Eigenbedarf zu züchten. CSCs wird es zusätzlich geben. Sie sollen zwischen 15 und 45 Mitglieder aufnehmen dürfen und bis zu 99 Pflanzen jährlich anbauen können.

Wer über diese große Freiheit jubelt, sollte wissen: All dies findet unter strenger staatlicher Kontrolle statt. Die Konsumenten müssen sich in ein Register eintragen lassen, für die Kontrolle von Anbau und Konsum von Cannabis gibt es eine eigene staatliche Kommission. Dieser Umstand zeigt einmal mehr, dass wir beim Legalisierungsthema nicht über die unkontrollierte Freigabe des Kiffens für alle sprechen, sondern vor allem über einen sinnvollen Umgang mit einem nur potenziell problematischen Stoff.

USA

Die Entwicklung in den USA ist für uns von großem Interesse. Zum einen aus dem schlichten Grund, dass die meisten Entwicklungen auf der anderen Seite des Atlantiks sich mit etwas Verzögerung auch in Europa und speziell Deutschland durchsetzen. Zum anderen aber auch, da die strenge Cannabisprohibition hier ihren Anfang nahm. Wir kommen zu diesem Punkt im Kapitel »Blick in die Historie der Kriminalisierung«. Dass hier nun mit einer voranschreitenden Legalisierung bereinigt wird, was an falscher Politik entstanden ist, stimmt Legalisierungsbefürworter hoffnungsfroh.

Auf Bundesebene besteht in den USA weiterhin eine Kriminalisierung von Cannabisbesitz und -konsum, während in einzelnen Bundesstaaten die Legalisierungsbemühungen mittlerweile konkrete Umsetzung erfahren. Faktisch greift die Kontrollinstanz *Drug Enforcement Association* (DEA) in den Bundesstaaten, in denen legalisiert wurde, nicht ein.

Mit Jahresbeginn 2014 wurde in Colorado der Erwerb von einer Unze Cannabis legalisiert. Der Besitz einer kleinen Menge war, genau wie im Staat Washington, bereits seit 2012 legal. Das entspricht etwa 28 Gramm und gilt lediglich für Einwohner, die in Colorado gemeldet sind. Amerikaner aus anderen Staaten dürfen ein Viertel dieser Menge kaufen. Eine Besonderheit von Colorado war, dass bereits seit 2005 lokal begrenzt in der Hauptstadt des Staates, Denver, die Legalität einer Unze gegeben war. Daran lässt sich sehr schön sehen, wie Entwicklungen im Kleinen beginnen und dann immer größere Kreise ziehen können. Die bislang letzten Staaten, die Besitz und Verkauf von geringen Mengen legalisiert haben, waren im November 2014 Alaska und Oregon.

Die Familie Obama könnte für den abendlichen Tanztee also sowohl exquisiten Rotwein als auch qualitativ hochwertiges Cannabis zum Gelingen der Veranstaltung ordern, und wer wollte ihnen das missgönnen.

In den USA ist somit eine klare Tendenz in Sachen Legalisierung festzustellen, nachdem noch 2010 in Kalifornien ein entsprechender Antrag per Volksabstimmung abgelehnt worden war. Immerhin hatte man hier bereits zuvor den Besitz einer Unze von einem Straftatbestand in eine Ordnungswidrigkeit abgestuft. Die eben beschriebenen Regelungen beziehen sich auf Cannabis als Droge. Medizinisches Cannabis ist bereits seit über einem Jahrzehnt in Staaten wie Vermont, Alaska, Arizona, Colorado, Kalifornien, Hawaii, Maine, Maryland, Nevada, Oregon sowie Washington erlaubt, insgesamt sind es mittlerweile über 20.

Allgemeine Anmerkungen zur internationalen Situation

Der Blick auf die Regelungen in anderen Staaten ist nicht nur deshalb interessant, weil er Anregungen für ähnliche Ansätze in Deutschland liefert, sondern auch, weil kaum ein politisches Feld so sehr den Einschränkungen durch internationale Verträge unterliegt wie die Drogenpolitik. Sowohl weltweit als auch auf EU-Ebene stecken Vereinbarungen den Rahmen dessen ab, was im nationalen Bereich möglich ist. Innerhalb der EU sind die Schengen-Abkommen I und II relevant, weltweit orientiert man sich vor allem an der Interpretation der internationalen UNO-Drogenkontrollverträge durch das *International Narcotics Control Board* (INCB), das 1961 in Wien gegründet wurde. In Deutschland gilt vor allem das 1988 beschlossene »Übereinkommen der Vereinten Nationen gegen den unerlaubten Verkehr mit Suchtstoffen und psychotropen Stoffen« als Beurteilungsgrundlage.

Diese Verträge und Regelungen schränken die nationalstaatliche Handlungsfähigkeit zwar ein, erlauben jedoch recht weitgehende Möglichkeiten der Regulierung. So ist eine prinzipielle Entkriminalisierung, wie sie die Grundlage aller weiterführenden Entscheidungen sein müsste, sehr wohl mit den internationalen Verträgen vereinbar. Das Strafrecht ist laut internationalen Standards keineswegs das geforderte Mittel der Wahl, um über die Beurteilung von geringen Mengen zu entscheiden. Eine Illegalität von Drogenbesitz und -konsum kann auch über verwaltungsrechtliche Mittel geregelt sein. So führte der »World Drug Report« von 2009 im Kontext der Entkriminalisierung in Portugal aus, dass laut INCB die Herauslösung geringer Mengen aus der Strafverfolgung mit geltendem internationalen Recht in diesem Bereich konform ist.[16]

Grundsätzlich gilt derzeit, dass alle Möglichkeiten, die den straffreien Eigenanbau und -konsum zum Ziel haben, genauso möglich sind, wie die Variante der *Cannabis Social Clubs*. Auch der medizinische Gebrauch von Cannabis verstößt nicht gegen internationales Recht. Damit ist klar, dass die Handlungsoptionen in Deutschland im Wesentlichen nicht von äußeren Einschränkungen beeinflusst werden, sondern durch die Mauern in den Köpfen der handelnden Personen. Wir alle sollten uns bemühen, die deutsche Politik aufzufordern, sich ihrer Handlungsoptionen bewusst zu werden und sie zum Wohle der Bevölkerung, die sie gewählt hat, zu nutzen. Dass eine Legalisierung und Entkriminalisierung kommen wird, dessen bin ich mir sicher. Es ist nur eine Frage der Zeit, bis auch in Deutschland eine vernünftige Cannabispolitik betrieben wird.

Wir haben von den Amerikanern das Kaugummi übernommen, die Nylons, Coca Cola und den Kampf gegen die Drogen – und bald werden wir auch die Legalisierung von Cannabis entsprechend der amerikanisch-freiheitlichen Idee vorantreiben.

Kapitel 3

Schluss mit den Dogmen – die Legalisierungsdiskussion

Wenn ich über das Thema Cannabis spreche, rede ich mich leicht in Rage. Das hat natürlich zum einen damit zu tun, dass die Erinnerung an meinen Bruder, an seine Drogenkarriere, die der Staat durch seine restriktive Drogenpolitik befördert hat, immer präsent ist. Zum anderen aber auch damit, dass die logischen, mit ein wenig Vernunft ganz leicht nachvollziehbaren Argumente von den Menschen an den Schalthebeln einfach nicht verstanden werden wollen.

Man geht davon aus, dass etwa 25 bis 30 Prozent der erwachsenen Menschen in unserer Gesellschaft irgendwann in ihrem Leben Erfahrungen mit dem Konsum von Cannabis gemacht hat. Die meisten haben es irgendwann wieder sein lassen, aus welchem Grund auch immer. Das Schlimme daran ist, dass sie heute so tun, als sei nie etwas gewesen. Während die alten Saufgeschichten aus Papas Jugend immer für eine Story gut sind, bekommen die wenigsten Jugendlichen ehrliche Auskünfte ihrer Eltern über deren Cannabiserfahrungen.

Weil das so ist, muss das erste Ziel ein offener und ehrlicher Umgang mit dem Thema sein. Die Diskussion sollte so gut es geht von Ideologie befreit und auf die sachliche Ebene zurückgeführt werden. Es gibt gute medizinische Argumente für eine Legalisierung, gute juristische Argumente und nicht zuletzt auch gute gesellschaftspolitische Argumente. Ich hoffe sehr, dass die Ausführungen in diesem Buch dazu beitragen, die Diskussion ehrlicher und sachorientierter zu führen, als es bisher der Fall war.

Über die rechtlichen Regelungen in diesem Bereich habe ich oben ausführlich geschrieben. Es dürfte klar geworden sein, dass zum einen die uneinheitlichen Grenzwerte der

Bundesländer zur Strafverfolgung nicht länger hinnehmbar sind, es einer bundesweiten Gesetzgebung von Seiten der Legislative bedarf und es rein juristisch gesehen nur ein kleiner Schritt wäre, die Legalisierung zu vollziehen. Unter der Überschrift »Drogenprohibition: Gescheitert, schädlich und teuer« veröffentlichten im Frühjahr 2014 im Rahmen des sogenannten *Schildower Kreises* 122 Strafrechtsprofessoren unterschiedlichster Provenienz ein Manifest, in dem sie vehement eine Änderung der deutschen Drogengesetze fordern. 122 Professoren, das ist, wie Heribert Prantl in der *Süddeutschen Zeitung* feststellte, ungefähr »die Hälfte der deutschen Professorenschaft in den Fächern Strafrecht und Kriminologie.«[17]

Eigentlich sollte es auch dem letzten konservativen Sozialromantiker, der sich von der Cannabisprohibition ein Verschwinden der Droge erhofft, zu denken geben, wenn die Koryphäen der deutschen Strafrechtsszene, die normalerweise höchst individualistisch vor sich hin arbeiten, in einer derart konzertierten Aktion an die Öffentlichkeit gehen. Abgesehen davon sind diese Männer und Frauen sicher überwiegend Väter und Mütter, Großväter und Großmütter, weswegen ihr Ziel nicht sein wird, unsere »Jugend zu vergiften«. Doch selbst diese geballte Anhäufung von Fachkompetenz und die dezidierte Positionierung hat die hinter Lobbyisten wie Thomasius formierte Phalanx der Prohibitionisten bisher nicht endgültig aufweichen können. Nur selten erheben sich auch Stimmen aus dem konservativen Lager, wie etwa die damalige Vorsitzende des *Rings Christlich-Demokratischer Studenten* und Mitglied des CDU-Bundesvorstands, Barbara von Wnuk-Lipinski, in einem Interview mit der *Bild am Sonntag* im Jahr 2002, in dem sie sich für das Nachdenken über eine Legalisierung von Haschisch und Marihuana einsetzte und betonte, weiche Drogen sollten aus der Kriminalität herausgeholt werden.

Das Manifest des *Schildower Kreises* ist nur das auffälligste Dokument der Legalisierungsbewegung. Diese ist so stark, dass sie schon bald das Bollwerk der Kriminalisierung brechen wird. Dazu bedarf es weiterhin der unermüdlichen Aufklärung der Politik *und* der Bevölkerung durch öffentlichkeitswirksame Publikationen und Erläuterungen darüber, wie eine moderne Drogenpolitik mit einer weitreichenden Legalisierung von Cannabis auszusehen hat.

Blick in die Historie der Kriminalisierung

Schaut man sich die heutige Legalisierungsdiskussion an, drängt sich Unbeteiligten häufig der Eindruck auf, Cannabis sei eigentlich immer schon verboten gewesen und der Versuch der Legalisierung eine Art Revolution. Sieht man genauer hin, zeigt sich jedoch sehr schnell, dass wir hier im Grunde ohnehin über eine »Re-Legalisierung« sprechen, also die Wiederherstellung einer Situation, wie sie jahrhundertelang in vielen Kulturkreisen vollkommen normal gewesen ist.

Noch vor etwa 100 Jahren hätten sich die Menschen in der Österreich-Ungarischen Monarchie wohl beim Gedanken an ein Cannabisverbot an die Stirn getippt. Damals lebte nämlich in weiten Teilen des Großreiches ein nicht unbeträchtlicher Anteil der Bevölkerung vom Anbau der Pflanzen, der unter anderem auch der Herstellung von Produkten diente, die aus Hanf bestanden. Es war ein normaler, wichtiger Wirtschaftszweig, bei dem die Nutzung von Cannabis als Droge eher eine Art Begleiterscheinung war, die man höchstens zur Kenntnis nahm, jedoch nicht zum Anlass, regulierend einzugreifen. Auch im Deutschen Kaiserreich war der Hanf- bzw. Cannabisanbau weit verbreitet.

Dieser alltägliche Umgang mit Cannabis änderte sich im Hinblick auf den Konsum von Rauschmitteln im Zuge der damaligen ersten Globalisierungswellen, durch die der Opiumkonsum aus asiatischen Ländern nach Europa exportiert wurde. Durch die Industrialisierung und die damit einhergehenden Transportmöglichkeiten via Schiff und Bahn war es möglich geworden, dass nicht nur Waren, sondern auch Drogen über weite Strecken und in größeren Mengen transportiert werden konnten, so dass nach und nach auch in Europa neben dem weit verbreiteten Alkoholismus die Sucht nach anderen Rauschmitteln zum Thema wurde.

Die eigentliche Geschichte des Cannabisverbotes in Deutschland beginnt 1872. In diesem Jahr trat die erste für ganz Deutschland geltende Cannabisregelung in Kraft, die sich allerdings ausschließlich auf den pharmazeutischen Anwendungsbereich beschränkte. Die »Verordnung betreffend den Verkehr mit Apothekerwaren vom 25. März 1872« besagte, dass bestimmte »Droguen und chemische Präparate« nur noch in Apotheken verkauft werden durften. Hierzu gehörte auch der »Indische Hanf – Herba Cannabis Indicae«. Die Verordnung war insofern großzügig gefasst, als dass sie keine Beschränkungen in Bezug auf Alter oder Abgabemenge enthielt. Wer wollte, hätte also jederzeit ein oder zwei Kilo indischen Hanf in einer Apotheke kaufen können. Bis zum Beginn des 20. Jahrhunderts war diese Regelung mit geringfügigen Änderungen in Kraft, die einzige Einschränkung im Erwerb von Cannabis zu jener Zeit bestand also in der Abgabestelle. In Deutschland selbst war Besitz, Anbau und Konsum von Cannabis somit bis kurz vor dem Ersten Weltkrieg legal, lediglich in der damaligen Kolonie Deutsch-Südwestafrika, dem heutigen Namibia, führte der kaiserliche Gouverneur einen Einfuhrzoll auf das sogenannte »Dagga«, das aus Südafrika ins Land gelangte, ein, um den Konsum einzuschränken.

1909 begann mit der Opiumkommission in Shanghai die verhängnisvolle Geschichte der Verbote in aller Welt. Wie der Name besagt, ging es hier um Opium, besser gesagt: um die internationale Kontrolle von Opium. Noch genauer: Es ging darum, die amerikanische Kolonie Philippinen vor dem Opiumschmuggel zu schützen. Das Deutsche Reich war als Teilnehmer der Konferenz ursprünglich gar nicht vorgesehen und wurde erst nachträglich auf die Liste gesetzt. Doch ist die Shanghaier Konferenz, auch ohne die explizite Erwähnung von Cannabis, als Startschuss der weltweiten Bestrebungen für eine drogenfreie Welt bedeutsam.

1911/1912, auf der ersten *Internationalen Opiumkonferenz* von Den Haag, der Nachfolgekonferenz von Shanghai, beschloss man, international strenge Regelungen hinsichtlich des Handels mit Rohopium, Opiaten und Kokain einzuführen. Cannabis indes wurde zwar erwähnt, spielte aber im Grunde noch keine echte Rolle. Doch weist eine kleine Nebenhandlung auf den folgenden Umgang mit Cannabis: Die italienische Regierung brachte den Vorschlag ein, Cannabis den anderen Drogen gleichzusetzen und den Strafen zu unterwerfen, wie sie nun für Opium, Kokain und Morphin galten. Doch die italienische Regierung zog den Vorschlag wieder zurück. Da sich außerdem alle einig waren, dass man im Grunde zu wenig Informationen über Cannabis hatte, um darüber zu urteilen, stimmte man schließlich der Aussage eines belgischen Abgeordneten zu, Cannabis solle eine »Angelegenheit der nationalen Gesetzgebung der besonders betroffenen Staaten« bleiben. Aus geheimen Protokollen der deutschen Delegation ist im Nachhinein ersichtlich, dass das kaiserliche Deutschland gar kein Interesse an einem Verbot gehabt hatte. Der Konsum von Cannabis als reine Rauschdroge war zu jener Zeit im Kaiserreich nahezu unbekannt, Cannabis hatte in erster Linie als Medizin und als Rohstoff in der Industrie Bedeutung, und auf diesem Gebiet wollte man sich nicht durch internationale Verbotsregelungen einschränken lassen.

Wie in vielen anderen gesellschaftlichen und politischen Bereichen auch brachte der Erste Weltkrieg für den Blick auf das Thema Drogen eine große Zäsur mit sich. Die grauenhaften Erlebnisse der Frontsoldaten führten dazu, dass in den Schützengräben der Schlachtfelder ein unkontrollierter Konsum von Rauschmitteln aller Art eingesetzt hatte, der zusätzlich zu den Opfern von Granaten und Gas auch hoffnungslos drogensüchtige Menschen hinterließ. In den Großstädten Europas hatte man nach dem Krieg dieses Problem täglich vor Augen, auch wenn im Einzelnen unbekannt war, welche Substanzen zu welchen Auswirkungen geführt hatten. Gleichwohl lässt sich aus zeitgenössischen Quellen ersehen, dass speziell der Cannabiskonsum in den ersten Nachkriegsjahren für die junge Weimarer Republik kein problematisches Thema darstellte. So antwortet der Präsident des Reichsgesundheitsamtes, Franz Bumm, 1921 dem Reichsinnenministerium auf die Frage, ob Cannabiskonsum in Deutschland bekannt sei: »Der indische Hanf wird in Deutschland missbräuchlich nicht benützt, das Haschischrauchen ist hier nicht üblich.« Es galt die Regelung von 1872, nach der Cannabis über die Apotheken legal abgegeben werden konnte.

1924/1925 schließlich gab es eine neuerliche Opiumkonferenz in Genf. Diese ist entscheidend für die Prohibitionsproblematik, über die wir heute sprechen müssen. Obwohl Cannabis auch dieses Mal gar nicht zu den zentralen Diskussionspunkten der Konferenz gehörte, legte sich der ägyptische Delegationsleiter El Guindy dafür ins Zeug, ein globales Verbot der Substanz zu erreichen. Im Dezember 1924, nachdem die Konferenz schon fast einen Monat lang getagt hatte, beantragte er, Cannabis in die Liste der kontrollierten Substanzen aufzunehmen. Hintergrund seiner Forderung waren die strengen nationalen Regelungen, die Ägypten bereits eingeführt hatte und die wohl auf die weite Verbreitung von Cannabis als Rauschmittel in Ägypten sowie auf spezielle Wünsche des ägyptischen Königs zurückzuführen waren. Obwohl es wenig nachvollziehbare Argumente gab, diese Regelungen weltweit einzuführen, war die Diskussion nicht mehr aufzuhalten. China und die USA erklärten, sie wüssten zwar nichts Genaueres über die Sache, würden Ägypten aber trotzdem unterstützen, der britische und der indische Delegierte hingegen sprachen sich gegen ein Verbot aus.

Nachdem die Diskussion schließlich in einen Unterausschuss verschoben worden war, wurde einen Tag später über das Verbot abgestimmt. Mit den Stimmen aus Ägypten, Frankreich, Griechenland, der Türkei, Japan und den USA wurde, wohl vor allem als Geste an die Ägypter, dem Verbot zugestimmt. Das Plenum der Konferenz nahm schließlich am 14. Februar 1925 den Vorschlag des Unterausschusses an und nahm den »indischen Hanf« in Kapitel I, Artikel I des »Internationalen Opiumabkommens« auf. Mittlerweile hatten auch Großbritannien, Indien und die Niederlande ihre zuvor geäußerten Bedenken zurückgezogen. Seit diesem Tag taucht das Cannabisverbot in internationalen und den meisten nationalen Drogengesetzen auf, immer auf einer Stufe mit tödlichen Drogen wie Morphin, Opium, Kokain und Heroin.

1929 war es schließlich so weit, der deutsche Reichstag beschloss ein neues Opiumgesetz, in dem Cannabisbesitz erstmals in Deutschland explizit als strafbar erwähnt wurde. Wenn wir also heute darüber debattieren, dass das Thema Cannabis dringend vom Thema Strafrecht getrennt werden muss, verdanken wir das im Wesentlichen der Verabschiedung dieses einen Gesetzes am 10. Dezember 1929. Die vorgesehene Strafe bei Besitz war übrigens mit bis zu drei Jahren Zuchthaus recht heftig. Dieser Tag muss deshalb als Startschuss unseres heutigen Problems gelten, weil es seither niemals wieder einen nicht strafbewehrten Besitz und Gebrauch von Cannabis in Deutschland gegeben hat. Die heutigen gesetzlichen Regelungen beruhen im Prinzip immer noch auf dem Opiumgesetz von 1929. Einziger nennenswerter Unterschied: Medizinisches Cannabis war weiterhin erlaubt, gegen

Vorlage eines Rezeptes konnte in Apotheken Cannabis zur Medikation erworben werden.

Für den endgültigen Siegeszug der These von Cannabis als grauenvoller Droge steht ab den Zwanzigerjahren der Name Harry Anslinger. Anslinger leitete das *Federal Bureau of Narcotics* (FBN), die in den USA für den Umgang mit Rauschmitteln zuständige Behörde. Er führte schon kurz nach seinem Amtsantritt einen beispiellosen Feldzug gegen Cannabis, über das er stets nur als »Marihuana« sprach. Diese Bezeichnung war zuvor in den USA kaum gebräuchlich gewesen und überdeckte nun die Bedeutung des eigentlich als harmlos bekannten Cannabis. Anslinger und seine Helfershelfer verbreiteten wilde Thesen über die Drogen, denen zufolge dunkelhäutige Menschen nach Cannabisgenuss gerne weiße Amerikanerinnen vergewaltigten und das teuflische Kraut auch zu Mord anstifte. Letztlich, so machte das FBN die Menschen glauben, führe Cannabis auf direktem Wege zum Wahnsinn. Der mächtige Apparat, den Anslinger hinter sich wusste, machte es möglich, dass der US-Kongress mit der als Steuergesetz getarnten »Marihuana Tax Act« schließlich 1937 eine bundesweite Prohibition beschließen konnte.

Doch Anslinger hatte Größeres im Sinn, als seinen Anti-Cannabis-Feldzug auf die USA zu beschränken. Nach dem Zweiten Weltkrieg schaffte er es auf den Posten des Leiters des Drogenbüros bei den Vereinten Nationen. Von nun an wirkte der König der Drogenprohibition weltweit, ein Einfluss, der 1961 in die »Single Convention of Narcotic Drugs« mündete. Diese wurde von 180 Staaten weltweit ratifiziert und trug Anslingers These vom Mörderkraut bis in den letzten Winkel des Globus. Cannabis wurde der sogenannten »Schedule 1« zugeteilt, in der die gefährlichsten illegalen Drogen zusammengefasst waren. Der Grundstein für die weltweite Kriminalisierung von Cannabis und die zum Teil besinnungslose Jagd auf seine Konsumenten war hiermit gelegt. In Deutschland dümpelte die Prohibition zunächst ein wenig vor sich hin, bekam jedoch durch die Politisierung der Gesellschaft im Zuge der Achtundsechziger-Ereignisse neuen Drive. Allein die Tatsache, dass sich unter den protestierenden Studenten überdurchschnittlich viele Kiffer befanden, reichte den überforderten konservativen Kräften in der Politik, um Zusammenhänge herzustellen. Die waren zwar an den Haaren herbeigezogen, sind aber bis heute wirkmächtig. Die Ereignisse der Achtundsechziger sind ein gutes Beispiel dafür, wie Gruppen eine Eigendynamik entwickeln können, die sich rationalen Zugängen vollständig verschließt, stehen sie unversöhnlich einer anderen gegenüber. Und das gilt für beide Seiten. Für den Staat waren Kiffer plötzlich das Synonym für staatsgefährdende Objekte, gegen die man hart durchgreifen muss. Die mehr und mehr sich politisierende Kiffer-Szene reagierte darauf etwa mit Aktionen wie der Gründung der »umherschweifenden Haschrebellen«, eine gezielte Provokation der Mächtigen, die ihr Ziel nicht verfehlte und die Wut der Gegenseite weiter anstachelte. Zu einer Beruhigung der Unruhen trugen Slogans wie »High sein, frei sein, Terror muss dabei sein« sicher auch nicht bei. Die Situation schaukelte sich weiter hoch und erlebte im Dezember 1971 ihren unrühmlichen Höhepunkt. Der Krieg um die Drogen hatte seinen ersten Toten gefordert, den von der Polizei erschossenen Gründer der Haschrebellen Georg von Rauch.

Am 22. Dezember 1971 trat das vom Deutschen Bundestag beschlossene Betäubungsmittelgesetz in Kraft, mit dem das seit 1929 bestehende Opiumgesetz novelliert und verschärft wurde. Am 10. Januar 1972, und damit etwa 100 Jahre nach der ersten gesetzlichen Regelung zu Cannabis in Deutschland, wurde es veröffentlicht. Dieses Gesetz ist bis heute immer mal wieder in Nuancen modifiziert worden, in seiner grundsätzlichen Beurteilung der angesprochenen Drogen gilt es jedoch fast unverändert seit 44 Jahren. Die für unser Thema relevanten strafrechtlichen Passagen habe ich weiter oben erläutert.

1998 schließlich versetzte der deutsche Staat der Anti-Prohibitionsbewegung noch mal einen entscheidenden Stoß, als er das BtMG um einen Passus erweiterte, der auch den Verkauf von Hanfsamen unter Strafe stellte, um zu verhindern, dass Cannabispflanzen in Deutschland gezogen werden konnten. All diese Verschärfungen führten letztlich auch dazu, dass die medizinische Abgabe von Cannabis von strafrechtlichen Sanktionen bedroht ist. Während der Geltungsphase des Opiumgesetzes von 1929 war der Verkauf in Apotheken, mit bestimmten Einschränkungen, erlaubt gewesen. Weltweit war die Einschätzung als medizinisch wirksames Mittel erstmals ernsthaft ins Wanken gekommen, als 1954 eine von Anslinger initiierte Veröffentlichung der Weltgesundheitsorganisation publik wurde, die bestritt, dass Cannabis und seine Inhaltsstoffe irgendeinen therapeutischen Nutzen haben könnten. Auch diese Lüge aus dem Anslinger-Imperium sickerte nach und nach in die Köpfe derjenigen, die in Drogenfragen gesetzgeberisch tätig waren.

Der einzige Satz von Harry Anslinger, der in all den Jahren ungehört verhallt zu sein scheint, stammt aus den Siebzigerjahren, er sagte ihn kurz vor seinem Lebensende. In wenigen Worten macht er deutlich, worum es eigentlich ging und dass die gesamte Prohibitionsbewegung im Grunde auf Lügen beruht. Anslinger entzauberte den von ihm selbst ins Leben gerufenen Mythos vom Teufels- und Mörderkraut mit der schlichten Aussage: »Sicherlich ist Marihuana eher harmlos. Aber die Sache war ein Beispiel dafür, dass ein Verbot die Autorität des Staates stärkt.«

Die Kontrahenten: Von Polizei bis zu Verbänden

Im Oktober 2014 kam es zu einem ebenso kuriosen wie bezeichnenden Vorfall im Zusammenhang mit dem Thema Legalisierung. Ich war in den Deutschen Bundestag eingeladen worden. Dort sollte ein deutscher Ableger der *Law enforcement against prohibition* (LEAP) gegründet werden, zu Deutsch also »Gesetzesinitiative gegen ein Verbot«. Die Runde war durchaus prominent besetzt mit Abgeordneten und Vertretern von Polizei und Justiz. Als Vorsitzender der deutschen LEAP-Gruppe war Hubert Wimber vorgesehen, damals noch in Amt und Würden als Polizeipräsident von Münster. Fünf Tage vorher wurde die Veranstaltung plötzlich abgesagt.

Was war passiert? Nun, der Polizeipräsident von Münster ist ein politischer Beamter, sein oberster Dienstherr ist der Innenminister seines Bundeslandes. Geht man von ordnungsgemäßen Vorgängen innerhalb der Behörden aus, muss dieser Kenntnis über Wimbers Vorhaben gehabt und ihm schließlich die Teilnahme an der Veranstaltung untersagt haben. Die offizielle Begründung der Pressestelle der Polizei Münster zur Nichtteilnahme Wimbers lautete schlicht: »organisatorische Gründe«. Die *Münstersche Zeitung* aber hakte nach und zitierte den Bescheid, den Wimber vom Innenministerium bekam:

> Wimbers »organisatorisches Problem« war schlicht ein Verbot des Innenministeriums. Das hatte genau dies zuvor noch dementiert. »Teilnahme und Mitwirkung an dem am 22. Oktober 2014 geplanten Pressetermin im Bundestag in Berlin in Zusammenhang mit der Gründung der Organisation Leap Deutschland sind Ihnen untersagt.«[18]

Die deutsche LEAP konnte also an jenem Mittwoch nicht gegründet werden und mir wurde wieder einmal ganz klar, welche Rolle einige der wichtigsten gesellschaftlichen Gruppen in der Legalisierungsdebatte spielen. Es lohnt sich, einen genaueren Blick darauf zu werfen, wer eigentlich aus welchen Gründen für oder gegen eine Abschaffung der Cannabisprohibition ist. Sichtbar wird dabei vor allem, dass die entscheidenden Gräben zwischen den drei Gewalten des Staates liegen. Während Judikative und Exekutive eigentlich nur darauf warten, dass endlich Bewegung in die Sache kommt, vermag die Legislative die entscheidenden Schritte nicht oder nur unter großen Schmerzen zu gehen.

Die Politik: Trägheit der Legislative

Die Entkriminalisierung von Cannabis muss politisch geregelt werden. Es bedarf einer entsprechenden Novellierung des BtMG bzw. der Einführung eines Cannabiskontrollgesetzes, wie es erst kürzlich in einem ausgefeilten Entwurf von der Bundestagsfraktion der Grünen vorgelegt worden ist. Dass es bisher keine erfolgreichen Gesetzesinitiativen gibt, wie es immer mal wieder auf Länderebene auch von den Sozialdemokraten versucht worden war, liegt ganz wesentlich am mangelnden politischen Willen der entscheidenden Stellen. Konkret geht es um das Bundesministerium für Gesundheit und das für Justiz. In diesen beiden Häusern müssen die Argumente für eine Legalisierung ins Bewusstsein dringen, damit es endlich zu einer Veränderung kommen kann. Eine spezielle Rolle im Bereich des Gesundheitsministeriums spielt die Drogenbeauftragte, auf die deshalb auch noch näher eingegangen werden soll.

Die Ministerien, zurzeit von Politikern der CDU und der SPD geführt, verweigern sich standhaft einer Debatte über unser Thema. Lieber werden auf Anfrage, wie die Haltung zur Legalisierung sei, gebetsmühlenartig die immer gleichen, falschen Argumente wiederholt, von der »Einstiegsdroge« bis zur These der gefährlichen Abhängigkeit. Das Gesundheitsministerium beharrt auf der vermeintlich gesundheitsgefährdenden Wirkung einer Substanz, die in Wirklichkeit den Status einer Heilpflanze haben könnte. Solche Behauptungen sind das tägliche Brot der Politik und machen vor emotional vermintem Gelände wie der Drogenpolitik nicht Halt.

Warum ist es so schwer, im politischen Milieu eine Bewusstseinsveränderung herbeizuführen? Zum einen sind ganz pragmatische Gründe zu vermuten. Gesetzgebungsverfahren sind aufwendig und langwierig. Sie erfordern personelle, zeitliche und finanzielle Ressourcen. Die werden lieber anderswo eingesetzt, zumal wenn bei einem Thema mit erheblichem Diskussionsbedarf – und damit Zeitaufwand – zu rechnen ist. Zum anderen ist es schwierig, mit der Politik über einen Gegenstand ins Gespräch zu kommen, der seit langer, langer Zeit negativ besetzt ist und damit erst einmal keinen schnellen Erfolg beim Wähler sichert. Denn letztlich denkt die Politik ja immer von Wahltermin zu Wahltermin und setzt sich nur ungern der Gefahr aus, mit einem scheinbar unpopulären Thema die eigenen Chancen zu mindern.

Ist beim Gesundheitsministerium der emotionale Aspekt des Themas noch halbwegs nachvollziehbar, weil es immer noch eine fest etablierte gesellschaftliche Diskussion über gesundheitliche Schäden durch Cannabis gibt, so sollte man annehmen, dass im Bereich des Justizministeriums sehr viel nüchterner und rationaler darüber nachgedacht wird. Es gibt gute, pragmatische Gründe, sich mit der Legalisierung auseinanderzusetzen: Das Einsparen von Arbeitsaufwand für die beteiligten Stellen im Justizapparat bei Einstellung von Strafverfolgungen sowie damit zusammenhängend das Kostenargument. Eine Entschlackung des Strafrechts im Hinblick auf Cannabisfälle würde Einsparungen in Milliardenhöhe bringen. Trotzdem tut man sich auch im Justizministerium schwer mit dem Thema Legalisierung, und wenn die vereinzelten Befürworter eher defensiv von einer »Regulierung«

sprechen, sind die Vorbehalte in diesen Kreisen nach wie vor mit Händen greifbar.

Aber ich gebe die Hoffnung nicht auf, dass durch die einschlägige Meinungsbildung innerhalb der Strafverfolgungsbehörden sowie der Rechtsgelehrten an den Universitäten langfristig auch ein Umdenken im Justizministerium erfolgt. Die Petition des *Schildower Kreises* dürfte auch für die Haltung im Ministerium nicht folgenlos geblieben sein.

Die Strafverfolgung: Judikative und Exekutive warten auf den Startschuss

Schaut man sich die Lage bei den Strafverfolgungsbehörden an, so findet man in der Regel eine Diskrepanz zwischen Außendarstellung und interner Meinungsbildung. Nach außen wird zumeist naturgemäß auf die Einhaltung der bestehenden Gesetzeslage gepocht, während nach innen längst über die Möglichkeiten, Vorteile und Regelungen einer Legalisierung diskutiert wird. Die zentralen Institutionen und Gruppen, über die wir hier sprechen, sind: Polizei, Richter und Anwälte sowie ihre jeweiligen berufsständischen Vertretungen wie der Richterbund, die Gewerkschaft der Polizei oder Anwaltsvereine.

Im Bereich der Exekutive, sprich bei der Polizei, ist der Wahnsinn, der durch die Prohibition ausgelöst wird, alltäglich und konkret spürbar. In riesigem Ausmaß werden Kräfte dadurch gebunden, dass Menschen verfolgt werden müssen, die zum eigenen Bedarf ein paar Gramm Cannabis konsumieren und dafür eventuell ein paar Cannabispflanzen selbst gezogen haben. Wenn dann noch fehlendes Wissen der Beamten oder Überreaktionen hinzukommen, geht es unter Umständen so aus wie Ende 2014 bei einer Aktion in Oberhausen. Dort hatten Polizisten in einem Schrank zehn Cannabispflanzen sichergestellt, die von drei Studenten angebaut worden waren. Dieser »Fahndungserfolg« motivierte die

Oberhausener Dienststelle dazu, auf ihrem Facebook-Profil eine Erfolgsmeldung herauszugeben, in der beispielsweise die Rede davon war, dass »weitere Drogen-Utensilien wie Druckverschlusstüten, Drogenmühlen, Belüftungssysteme, Beleuchtungssysteme, Pflanzendünger und Setzkästen einen gut organisierten Drogenhandel vermuten« ließen. Was folgte, war ein sogenannter *Shitstorm* sondergleichen, in dem zahlreiche User die Polizei darauf hinwiesen, hier vielleicht doch ein wenig über das Ziel hinausgeschossen zu sein. Womit sie vollkommen richtig lagen, denn genau solche Aktionen sind es, die die Unsinnigkeit der Kriminalisierung deutlich machen. Drei Studenten mit zehn Pflanzen sind sicherlich kein »organisierter Drogenhandel«, sondern ein klassischer Fall von Eigenbedarf, nichts anderes, als wenn die drei ihre eigene Bierbrauanlage gebaut hätten.

Das Vorgehen der Polizei hat Kosten verursacht, Arbeitszeit der Beamten gebunden und drei harmlose Menschen zu Kriminellen gemacht, die im Zweifelsfall mit erheblichen Strafen zu rechnen haben. In weiten Kreisen der Polizei ist dieser grassierende Unsinn mittlerweile erkannt worden, und es überwiegt längst die pragmatische Erkenntnis, dass mit der Bekämpfung von geringen Mengen Cannabis Kräfte gebunden werden, die an anderer Stelle zum Vorgehen gegen weit schlimmere Delikte fehlen. So gibt es aus den Reihen der Polizei heraus diverse Initiativen, um die Neuregelung der Gesetze in Bezug auf Cannabis zu unterstützen. Neben der LEAP-Präsidentschaft Hubert Wimbers sind vor allem öffentliche Stellungnahmen des *Bundes Deutscher Kriminalbeamter* (BDK) hervorzuheben, dessen Vorsitzender André Schulz seit geraumer Zeit zu den Vorkämpfern der Legalisierungsdiskussion gehört.

In einem Gespräch mit meinem Co-Autor Carsten Tergast macht Wimber ganz deutlich, welche Vorteile die Aufhebung der Prohibition aus Sicht der Polizei hätte:

Für viele Menschen scheint der Gedanke, dass ausgerechnet die Polizei sich für eine Legalisierung von Cannabis einsetzt, im ersten Moment absurd. Wieso ist das aber nur folgerichtig?

Wimber: Es stimmt schon, von einem Polizisten, noch dazu von einem relativ hochrangigen, wie ich es war, erwartet man zunächst ein Eintreten für die bestehenden Normen und Gesetze. Allerdings sind auch Polizisten denkende Menschen und sind jeden Tag mit den Auswirkungen der Gesetze und Regelungen konfrontiert. Im Fall der Betäubungsmittelkriminalität im Allgemeinen und von Cannabissachen im Speziellen haben diese Praxiserfahrungen bei mir schon vor geraumer Zeit dazu geführt, dass ich für eine Entkriminalisierung plädiere.

Um welche Praxiserfahrungen handelt es sich genau?

Wimber: Es gibt eine spürbare Diskrepanz zwischen unserer Arbeit und der der Justiz. Als Polizisten sind wir verpflichtet, jedes Delikt, das nach geltendem Recht strafbar ist, zur Anzeige zu bringen. Gerade im Bereich der vielen kleinen Cannabisgeschichten ist das ein enormer Aufwand. In einer Vielzahl der Fälle erleben wir anschließend, dass die Staatsanwaltschaft das Verfahren einstellt. Jedes Mal, wenn das passiert, haben also die Kollegen umsonst gearbeitet und hätten diese Zeit sinnvoller für andere Tätigkeiten verwenden können.

Ich gehe davon aus, dass wir im Jahr etwa 150.000 Delikte bundesweit weniger zu bearbeiten hätten, wenn Cannabiskonsum *und* -besitz nicht mehr strafrechtlich relevant wären, sondern dieses Phänomen mit sinnvollen Mitteln angegangen würde.

Aus Sicht der Polizei ist also Strafrecht das falsche Mittel?

Wimber: Ja, absolut. Die Strafbewehrung von Cannabisdelikten bezeichne ich als ein Dogma gegen jede Empirie. Genau wie der Konsum legaler Drogen lässt sich das Thema

Cannabis nur präventiv angehen. Sie müssen aufklären und ein Umfeld schaffen, in dem ein übermäßiger Gebrauch der Droge gar nicht erst reizvoll erscheint. Diese Aufklärung muss im frühen Jugendalter ansetzen, und hier könnte auch die Polizei einen wertvollen Beitrag liefern.

Wieso läuft die Behandlung des Themas auf der politischen Ebene aus Ihrer Sicht so schleppend?
Wimber: Für die Politik ist augenscheinlich der Problemdruck nicht groß genug. Darüber hinaus scheint durch das weitgehende Verschwinden der offenen Drogenszene in vielen Städten die Notwendigkeit, sich damit auseinanderzusetzen, nicht mehr so stark.

Deshalb halten Sie auch eine Lobby-Organisation wie LEAP für so wichtig, dass Sie als Polizist dort mitmischen wollen?
Wimber: Lobby klingt immer gleich so negativ. Aber: Ja, wir müssen mit dem Thema präsenter sein, wir müssen in die Institutionen hineinwirken, und dafür braucht es organisierte Strukturen. Die LEAP gibt es bereits in anderen Ländern, wir können also auch von den dortigen Erfahrungen profitieren. Statt mit diesen Vorteilen voranzugehen, steckt man hierzulande oft noch lieber den Kopf in den Sand und überlässt alles dem strafrechtlichen Gang der Dinge.

Wie stark schätzen Sie Ihre Position innerhalb der Polizeiorganisation ein? Erfahren Sie viel Unterstützung?
Wimber: Einzelkämpfer bin ich auf jeden Fall schon lange nicht mehr. Vor einiger Zeit ist beispielsweise auch der *Bund Deutscher Kriminalbeamter* aus der Deckung gekommen und hat sich recht eindeutig zum Thema positioniert. Darüber hinaus schätzen viele Kollegen, die jeden Tag in ihrer Arbeit mit Cannabisdelikten beschäftigt sind, die Lage sehr realistisch ein und sehen die Vorteile einer Entkriminalisierung.

Wann erhoffen Sie sich den Durchbruch in Deutschland?

Wimber: Das lässt sich nicht vorhersagen, dieser Prozess läuft eher schleichend. Wichtig ist, dass alle, die auf der Legalisierungsseite stehen, zusammenarbeiten. Außerdem müssen wir immer wieder deutlich machen, dass es nicht um »freies Kiffen für alle« geht, sondern um eine sinnvolle Regulierung der Situation durch eine Entkriminalisierung und eine Stärkung der präventiven Maßnahmen.

Wimber macht es im Gespräch deutlich: Derzeit sind Polizisten verpflichtet, auch bei Funden von geringen Mengen Haschisch oder Marihuana eine Strafanzeige zu schreiben. Ein Verzicht auf die Anzeige ist unmöglich aufgrund des sogenannten Legalitätsprinzips, das besagt, dass die Polizei bei der Aufnahme von Anzeigen absolut keinen Ermessensspielraum hat, wenn es sich um ein prinzipiell strafbares Delikt handelt. Die Staatsanwaltschaft hingegen hat diesen Spielraum sehr wohl. Sie nutzt ihn in Anwendung des § 31a des BtMG mittlerweile recht oft dahingehend aus, dass Cannabisverfahren wegen Geringfügigkeit – oder weil es sich um Erstvergehen handelt – eingestellt werden. Das führt dazu, dass Polizisten immer wieder etwa eine Stunde Arbeitszeit damit vergeuden, Menschen zu kontrollieren, Cannabis zu finden und eine Anzeige zu schreiben – alles in dem Wissen, dass das Verfahren sehr wahrscheinlich später eingestellt wird. Aus Hessen etwa liegen mir Zahlen vor, nach denen von etwa 17.000 Verstößen gegen das BtMG im Jahr 2013 mehr als die Hälfte auf Cannabis zurückzuführen war, und von diesen der weitaus größte Teil strafrechtlich eingestellt wurde. Hubert Wimber geht für Nordrhein-Westfalen von über 27.000 konsumnahen Delikten mit Cannabis aus, also allgemeine Verstöße nach § 29 BtMG, die vor allem den Besitz, den Erwerb und die Weitergabe von Cannabis betreffen.

Die Polizei also hat ein ganz massives Interesse an einer weitgehenden Reform der Cannabisbestimmungen im Sinne einer Entkriminalisierung. Nicht zuletzt aus diesem Grund kämpft ein hochrangiger Polizist wie Hubert Wimber seit geraumer Zeit für die Legalisierung. Schon 2010 hat er es auf den Punkt gebracht:

Vielleicht ist es wirklich an der Zeit zu überlegen, ob nicht angesichts der weitgehenden Erfolglosigkeit staatlicher Repression und politischer Unbeweglichkeit eine erneute Initiative aus den Reihen der Polizei und anderer Strafverfolgungsbehörden für eine alternative Drogenpolitik angezeigt ist.[19]

Im Bereich der Judikative ist die Lage nicht ganz so eindeutig wie bei der Polizei, zumindest halten sich viele Gruppen in der Außendarstellung immer noch merklich zurück. Spricht man jedoch mit den Verantwortlichen von Richterverbänden oder mit einzelnen Kollegen hinter den Kulissen, ist deutlich spürbar, dass der Wind sich längst gedreht hat und die Vorteile einer Entkriminalisierung mehr und mehr objektiv gesehen werden. Ganz deutlich wird der Wandel durch die Resolution des *Schildower Kreise*s. Es ist das beeindruckende Zeugnis eines kompletten Umdenkens der ersten Gilde deutscher Strafrechtler.

Im ersten Absatz der Petition heißt es:

Die Unterzeichnenden wollen den Gesetzgeber auf die unbeabsichtigten schädlichen Nebenwirkungen und Folgen der Kriminalisierung bestimmter Drogen aufmerksam machen. Sie wollen das Parlament anregen, bezüglich dieser Thematik seinem verfassungsrechtlichen Auftrag im Allgemeinen und den wissenschaftlich begründeten Prinzipien von Strafgesetzgebung und Kriminalpolitik im Besonderen durch die Einrichtung einer Enquête-Kommission Rechnung zu tragen. Sowohl aus strafrechtswissenschaftlicher Sicht als auch auf-

grund empirischer Forschungsergebnisse besteht die dringen-
de Notwendigkeit, die Geeignetheit, Erforderlichkeit und nor-
mative Angemessenheit des Betäubungsmittelstrafrechts zu
überprüfen und gegebenenfalls Vorschläge zu Gesetzesände-
rungen aus solcher Evaluation abzuleiten.[20]

Im weiteren Verlauf der Resolution wird dargelegt, warum
eine Neuordnung des BtMG und speziell der Cannabispro-
hibition dringend notwendig ist. Fünf Punkte werden dazu
vorgebracht:
– Mit der Drogenprohibition gibt der Staat seine Kontrolle
  über die Verfügbarkeit und Reinheit von Drogen auf
– Der Zweck der Prohibition wird systematisch verfehlt
– Die Prohibition ist schädlich für die Gesellschaft
– Die Prohibition ist unverhältnismäßig kostspielig
– Die Prohibition ist schädlich für die Konsumenten

Deutlich wird, dass die in diesem Buch formulierten Gedanken bereits in vielen Zusammenhängen kursieren, und dies
auch in den höchsten juristischen Kreisen. Vor diesem Hintergrund ist es für mich umso unverständlicher, ja skandalö-
ser, dass die politischen Instanzen sich standhaft weigern, die
Argumente zur Kenntnis zu nehmen und entsprechend zu
handeln. Ich kann es nur wiederholen: Es sollte jedem klar
sein, dass solch eine Resolution, unterschrieben von über
120 Professoren, nicht einfach so nebenbei zustande kommt.
Kennt man den Konkurrenzkampf auf akademischem Ter-
rain, so weiß man, wie groß die gemeinsame Überzeugung
sein muss, damit sich auf so ein dezidiert formuliertes Papier
geeinigt werden kann.
  Zudem machen die Strafrechtler einen Punkt ihres eigenen
Metiers ganz klar: Strafrecht, darauf verweisen die Unter-
zeichner der Resolution absolut zu Recht, sei »die ultima
ratio gesellschaftlicher Steuerung« und der Staat verpflichtet

zur »Zurückhaltung in der Anwendung« derselben. Das wird bei den Forderungen nach neuen oder gar härteren Strafen im BtMG in der Regel komplett ignoriert und ist ein Aspekt, der die wichtigste Überzeugung konservativer Sozialromantiker aufs Korn nimmt, nämlich den Glauben, es ließe sich in einer Gesellschaft alles durch härtere Strafen für immer mehr Tatbestände regeln. Strafrecht ist notwendig, um Schaden von der Gesellschaft abzuwenden und Rechtsgüter wie Leben und Eigentum zu schützen. Allein durch diesen Grundgedanken ist es absurd, dass der Staat strafrechtlich eingreift, wenn seine Bürger eine wie auch immer geartete Substanz konsumieren. Cannabiskonsum bedroht weder Leben und Eigentum anderer, noch schadet er der Gesellschaft als solcher. Dieser Gedanke schließt strafbare Handlungen, die im Zusammenhang mit dem Konsum stehen, wie etwa verkehrsrechtliche Vergehen, nicht aus. Sie würden bei einer Aufgabe der Strafverfolgung des Konsums weiterhin nach den entsprechenden juristischen Regelungen in diesem Bereich behandelt. Ganze strafrechtlich relevante Bereiche könnten entschlackt werden. So spielt etwa das Thema Beschaffungskriminalität eine große Rolle. Der Versuch, Cannabiskonsum und -besitz aus der Illegalität zu holen, würde auch deren Rückgang bedeuten und damit weniger Bürger des Landes zu unnötigen Opfern machen. Auch dies sind gute Gründe, die Entkriminalisierung endlich anzugehen.

Eine weitere große und relevante Gruppe im Umfeld der Strafverfolgungsbehörden sind die Anwälte. Auch hier ist ein langsames Umdenken feststellbar, wie ich aus vielen Gesprächen weiß. Langsam ist es vielleicht auch deswegen, weil eine Entkriminalisierung einem der wesentlichen Geschäftsmodelle dieses Berufszweiges widerspricht. Für Anwälte ist die Annahme von Verteidigungen eine sichere Einnahmequelle, zumal bei vielen Cannabisverfahren die Stellung eines Pflichtverteidigers notwendig ist. Letztere werden vom Staat bezahlt. Insofern sollte man annehmen, dass die Anwälte die Füße still halten und lieber an den bestehenden rechtlichen Regelungen festhalten wollen. Für manche mag das auch gelten, die generelle Linie kippt jedoch auch hier spürbar und viele Verteidiger würden lieber auf ihr Geld verzichten, wenn dem Recht auch ohne ihre Anwesenheit in den Gerichtssälen auf die Sprünge geholfen worden wäre.

Andere Gruppen und ihre ganz unterschiedlichen Motive

Die Folgen der Cannabiskriminalisierung reichen in weitere Bereiche hinein. Eine wichtige Rolle spielen etwa die Sozialarbeiter und Bewährungshelfer. Auch sie leiden unter der Kriminalisierung, indem ihnen die Zeit fehlt, sich um ihre eigentlichen Kernzielgruppen zu kümmern oder vernünftig mit ihren, oftmals mit echten Drogenproblemen kämpfenden Probanden sprechen zu können – und zwar in aller Offenheit.

Die Ärzteschaft spielt eine nicht unwesentliche Rolle bei der Frage nach der Legalisierung von Cannabis zum medizinischen Gebrauch. In Kurzform lässt sich sagen: Ärzte, die sich mit dem Thema ernsthaft beschäftigt haben, sind in aller Regel für die Legalisierung, den anderen ist es schlicht egal oder sie reproduzieren die gleichen Klischees wie jeder andere Bürger auch. Einen Teilbereich des medizinischen Spektrums möchte ich allerdings hervorheben, da hier ein großes Problem liegt. Gemeint sind Psychologen und Psychiater. Nur mit einer weiterhin bestehenden Pathologisierung von Cannabiskonsumenten sind deren Behandlungs- und Klinikplätze sichergestellt. Das ist ein großer ökonomischer Faktor in diesem Bereich. Wenn all die unproblematischen Konsumenten plötzlich nicht mehr als krank und behandlungsbedürftig gelten, bricht hier eine ganze Sparte der psychologischen Beratung mehr oder weniger zusammen. Aus diesem Grund, man muss es leider so sagen, sehen viele Psychiater und Psychologen die Legalisierungsdiskussion durchaus kritisch. Darüber hinaus ist aus medizinischer Sicht die überzeichnete Gefahr von Psychosen durch Cannabiskonsum so in der Diskussion festgebrannt, dass selbst Fachleute sich oft schwer damit tun, eine realistische Betrachtungsweise anzunehmen.

Dabei gäbe es sehr wohl alternative Blickwinkel. Eine Herausnahme der strafrechtlichen Ebene etwa könnte auch dazu führen, dass Menschen, bei denen die Umstände auf einen problematischen Konsum hinweisen, sehr viel eher psychologische Hilfe suchen würden, eben weil sie keine strafrechtlichen Konsequenzen zu befürchten hätten. Das ist natürlich spekulativ, zeigt aber, dass auch in diesem Bereich das ganze Thema vielleicht gar nicht so heiß gegessen werden muss, wie es gekocht wird. Am Beispiel Portugal haben wir gesehen, dass diese Art der Beratung und professionellen Beurteilung des Konsums auch staatlich institutionalisiert ein Weg sein kann, den Bereich zu entkriminalisieren.

Zwei weitere Gruppen, die bisweilen in der Diskussion genannt werden, sollen hier kurz Erwähnung finden. Da ist zum einen die Pharmaindustrie, der immer mal wieder unterstellt wird, sie torpediere eine Legalisierung, weil diese zu einem geringeren Absatz der teuren Cannabisersatz-Präparate führen würde. Ich halte das für unwahr. Mir persönlich ist in all den Jahren nie aus erster Hand zu Ohren gekommen, dass Pharmafirmen Front gegen die Legalisierung machen würden. Ich glaube eher, dass die Entkriminalisierung und vor allem auch die vollständige Legalisierung im medizinischen Bereich dazu führen würden, dass neue und bessere Produkte entwickelt werden könnten. Nicht jeder, der Cannabis aus medizinischen Gründen nehmen möchte, will selbst daheim Pflanzen ziehen oder gekauftes Cannabis rauchen, in Kekse backen oder als Tee aufbrühen. Medikamente kommen meistens in Pillenform daher, und auch für Cannabismedikamente wird sich dieser Markt eher vergrößern.

Der zweiten Gruppe, der nachgesagt wird, ganz eigene Interessen in dieser Debatte zu verfolgen, ist die Alkoholindustrie. Vor allem die Bierbrauereien solle dies betreffen. Die hätten angesichts jetzt schon sinkender Absatzzahlen Angst vor weiteren Einbrüchen durch die Cannabisentkriminalisierung und betrieben entsprechend Lobbyarbeit, heißt es manchmal. Auch das halte ich für bloße Theorie.

Möglicherweise sind auch noch ein paar Journalisten gegen die Entkriminalisierung, weil man dann ein Standardthema weniger hat, das sich mit schöner Regelmäßigkeit auf die Titelseiten heben lässt. Aber das ist natürlich nur eine böse Vermutung meinerseits, die sich durch die eine oder andere Negativerfahrung in der Vergangenheit nährt. Die Legalisierungsdiskussion ist ja ein immer wieder seitenfüllendes Thema, und es wäre wirklich wünschenswert, wenn man sich auch journalistisch häufiger mit den Fakten als mit schlagzeilenträchtigen Signalworten auseinandersetzen würde. Auch kann ich mir manchmal nicht erklären, warum zum Thema Cannabis Personen auf Bildern dargestellt werden, die verwahrlost, entstellt und krank wirken, mit dem Untertitel »Nach langjährigem Crystal Meth-Konsum«. Solche immer wieder vorkommenden falschen Zuordnungen würden durch den sachlichen Umgang mit dem Thema nicht mehr ohne weiteres möglich sein, und dem schlecht recherchierenden Journalisten wäre eine Einnahmequelle genommen.

Schulen, Institutionen, Verbände

Wichtig und interessant für eine Gesamtbeurteilung der Lage in unserer Gesellschaft ist auch die Frage, wie auf institutioneller Ebene mit dem Thema Cannabiskonsum sowie Legalisierung umgegangen wird. Zu diesem Zweck beauftragte ich einen befreundeten Journalisten, Guido Fahrendholz, damit, Anfragen an möglichst viele verschiedene Verbände sowie die Kultusministerien der Bundesländer zu stellen. Sowohl die Zahl der Rückläufer als auch die inhaltlichen Aussagen waren in der Mehrzahl ernüchternd und zeugten von wenig Problembewusstsein. Bei 31 angefragten Verbänden, von der *Arbeiterwohlfahrt* über den *Bund Deutscher Kriminalbeamter* oder die *Gewerkschaft Erziehung und Wissenschaft* (GEW) bis hin zum Gesundheitsministerium und dem *Deutschen Philologenverband,* gab es gerade mal elf konkrete Antworten, sieben Verbände schafften es immerhin, den Eingang der Anfrage zu bestätigen, die restlichen 13 ließen gar nichts von sich hören. Aus den Kultusministerien gab es bei 17 Anfragen zehn Antworten, eine ebenso magere Quote.

Die konkreten Fragen an die Kultusministerien lauteten:

— Auf welche Weise ist in den Bildungseinrichtungen Ihres Bundeslandes der Umgang mit Cannabis konsumierenden Schülern und Auszubildenden geregelt?

— Wird an Ihren Schulen zwischen dem Konsum und dem Handel mit Cannabis und Cannabisprodukten unterschieden?

— Gibt es einen Verhaltenscodex, Richtlinien und/oder Anweisungen für den Lehrkörper im Umgang mit den erwähnten Personengruppen?

— Regeln verpflichtende schulrechtliche Erlasse für Schulleiter den Umgang mit Konsumenten und/oder Verkäufern an Ihren Bildungseinrichtungen?

— Sind Lehrer/innen und Ausbilder/innen verpflichtet, bei Kenntnis von Cannabisdelikten einzuschreiten und die Schulleitung zu informieren?

— Gibt es eine Verpflichtung zur Anzeige bei den Strafverfolgungsbehörden?

Die meisten Antworten verwiesen auf offizielle Richtlinien oder Orientierungsrahmen für den Umgang mit Drogenproblemen und Suchtprävention. Es gab aber auch Stilblüten wie die Antwort aus Mecklenburg-Vorpommern:

Dem Bildungsministerium liegen keine Informationen zum Konsum von Cannabis und Cannabisprodukten an öffentlichen Schulen des Landes vor. Darüber hinaus erfassen wir auch keine Straftaten oder Delikte, die im Zusammenhang mit dem Konsum von Drogen stehen.

Brandenburg teilte lediglich jovial mit: »Ganz klar: Konsum von Cannabis ist an öffentlichen Schulen in Brandenburg selbstverständlich nicht erlaubt.« Und auch die Sache mit dem Orientierungsrahmen ist nicht so einfach, wie sie scheint. Die Pressesprecherin des Bundeslandes Sachsen verwies zwar darauf, dass es einen solchen als Grundlage des Umgangs mit Cannabis gebe, auf die Bitte, diesen zur Verfügung zu stellen, antwortete sie jedoch: »Den Orientierungsrahmen kann ich Ihnen leider nicht zur Verfügung stellen.« Anscheinend besteht kein Interesse an einer näheren Auseinandersetzung mit dem Thema.

In diesem besonders für den Jugendschutz so wichtigen Bereich herrscht also offenbar viel Nachholbedarf. Ein Beispiel nehmen könnten sich diverse Länder an den Regelungen in Sachsen-Anhalt. Dort ist es Standard, dass alle Lehrkräfte angehalten sind, jeden bekannt gewordenen Fall von Drogenkonsum so individuell zu behandeln wie den Konsumenten selbst. Daneben gibt es einen klaren Appell an die Selbstbestimmung sowie die Eigenverantwortung eines jeden Schülers sowie Auszubildenden gemäß § 1 des Schulgesetzes des Landes Sachsen-Anhalt. Unterschieden wird zwischen Konsumenten und Händlern. Bei ersteren sollen Prävention und Hilfe Mittel der Wahl sein, während bei letzteren ganz klar strafrechtliche Konsequenzen eingefordert werden. Wichtig ist auch die Tatsache, dass immer wieder darauf hingewiesen wird, den Einzelfall angemessen zu bewerten. Eine Verpflichtung zur Anzeige gibt es nicht, daneben wird Lehrern angeraten, sich mit der Broschüre »Umgang mit

Suchtmittelkonsum und Suchtgefährdung in der Schule«
auseinanderzusetzen.

Sowohl in Baden-Württemberg als auch in Nordrhein-
Westfalen wird ähnlich verfahren. Gute Ansätze gibt es auch
in Bremen, wo man sich zum einen an zwei auf der Höhe
der Zeit befindlichen Broschüren orientiert, zum anderen im
konkreten Fall immer zuerst auf Dialog zwischen Lehrern,
Schulleitung und Eltern setzt. Zusätzlich wird Konsumenten
Hilfe in Form individueller pädagogischer und therapeuti-
scher Maßnahmen angeboten, dazu gibt es das *ReBUZ*, ein
regionales Beratungs- und Unterstützungszentrum.

Im Bereich der Verbände und Gewerkschaften habe ich die
Fragen variiert, nur die Frage »Welche offizielle Meinung vertritt Ihr(e) Verband/Verein/Gewerkschaft zur Legalisierung
von Cannabis?« wurde allen Institutionen gleichermaßen gestellt. Speziell von den Verbänden von Therapeuten und Me-
dizinern, Pädagogen und Suchthilfeeinrichtungen wollte ich
wissen: »Würde nach Ihrer Auffassung nach einer Entkriminalisierung des Betäubungsmittel Cannabis eine höhere
Suchtproblematik und ein Anstieg von Süchtigen die Folge
sein?« und »Wie viele Personen haben Ihrer Kenntnis nach
ein reines Cannabisproblem und werden ausschließlich aus
diesem Grund behandelt?« Juristen sowie Lehrerverbände
und -vereinigungen wurden zusätzlich um eine Stellungnahme zum § 25 Absatz 4 JArbSchG gebeten, der, wie oben ausgeführt, das erweiterte Führungszeugnis von entsprechenden
Berufsgruppen fordert. Die vergleichsweise wenigen Antworten, die wir bekamen, zeigen ein breites Meinungsspektrum.
Immerhin gab es grundsätzliche Erkenntnisse, wie sie etwa
der Bundesvorsitzende der *Arbeitsgemeinschaft deutscher Be-
währungshelferinnen und -helfer e.V.* (ADB) lieferte:

*Deshalb stellt sich gerade dem ADB e.V. als Fachverband für
soziale Dienste der Justiz und für Resozialisierung die Frage,*

147

ob das Betäubungsmittelgesetz in der bestehenden Form überhaupt noch eine zeitgemäße Antwort auf Suchtprobleme ist.

Abseits davon plädiert beispielsweise der *Berufsverband Deutscher Psychologinnen und Psychologen* für ein Vorgehen nach dem Motto »Entkriminalisierung: Ja, Freigabe: Nein.« Immerhin ist hier spürbar, dass man sich mit der Frage intensiv auseinandergesetzt hat mit dem Ergebnis: »Es gibt bis heute keine Regelung auf der Welt, die sowohl logisch als auch wissenschaftlich wie auch sozial und politisch halt- und durchsetzbar wäre.«

Die überwiegende Zahl der Antworten war jedoch entweder recht konfus oder man hatte gar keine echte Meinung zum Thema. So informiert etwa die *Deutsche Psychotherapeutenvereinigung* (DPtV):

Zum Thema Cannabis, Legalisierung ja oder nein, und die Gesetzgebung hat die DPtV keine spezielle Meinung. Zahlen zu Personen, die Probleme mit der Nutzung von Cannabis haben, liegen uns nicht vor. Ggf. haben die Krankenkassen dazu Datenmaterial.

Erschütternd beispielsweise ist die Antwort der Diakonie, *Gesamtverband für Suchthilfe e. V.*: »Auf Ihre Frage kann ich Ihnen antworten, dass es derzeit keine offizielle abgestimmte Meinung der Diakonie gibt.« Da haben wir also eine Suchthilfeeinrichtung, die keine offizielle Position zur Cannabisfrage hat. Wie dort Hilfe aussehen mag, will ich mir gar nicht vorstellen. Und auch die GEW bekleckert sich nicht mit Ruhm und zeigt mit ihrer Haltung, wie dringend notwendig Aufklärung ist:

Auf der Grundlage der mir vorliegenden Materialien kann ich Ihnen mitteilen, dass sich der GEW-Hauptvorstand bisher nicht mit den von Ihnen aufgeworfenen Fragen beschäftigt, geschweige denn Beschlüsse gefasst hat.

Auf die Frage nach § 25 JArbSchG gab es nur eine einzige Antwort, nämlich von Professor Quensel für den *Schildower Kreis.* Der Paragraf sei »ganz und gar unsinnig, ja, in den allermeisten Fällen sogar schädlich, und zwar nicht nur bei Cannabis.« Zudem sei er »eine Vorschrift, die einmal mehr zeigt (wie ja auch im Führerschein-Bereich bei Minimal-Verstößen), wie sehr man auf Umwegen doch noch eine Kriminalisierung erreichen kann. Also: Weg damit!« Dass niemand sonst auf diese Frage antwortete, zeigt überdeutlich, wie wenig die Brisanz dieser Regelung im Bewusstsein der Leute ist – und das auch in den eigentlich entscheidenden gesellschaftlichen Gruppierungen.

Konservative Sozialromantik der etablierten Parteien und unerwartete Koalitionen

Wie wir gesehen haben, gibt es also ganz unterschiedliche Interessengruppen, deren Position zur Legalisierung zu beachten ist, wenn es auf diesem Gebiet irgendwann einmal einen Durchbruch geben soll. Entschieden wird diese Schlacht allerdings letztendlich auf politischem Gebiet, daran führt kein Weg vorbei. Die Politik muss die gesetzlichen Grundlagen für eine Regulierung des Cannabismarktes schaffen, nachdem sich die grundsätzliche Überzeugung, dass die Legalisierung kein Teufelswerk ist, durchgesetzt hat. Aus diesem Grund lohnt es sich, ein wenig genauer hinzuschauen, wo die derzeit tonangebenden Parteien in der Debatte stehen und wie es dazu gekommen ist.

Als ich selbst Ende der Siebziger-, Anfang der Achtzigerjahre meine ersten Berührungspunkte mit der Welt der Joints und der Kiffer hatte, war die politische Landschaft bei diesem Thema im Grunde eindeutig und übersichtlich: Es waren nämlich alle gegen Cannabis und alle befürworteten ein hartes Vorgehen, was mein Bruder und weitere Freunde und Bekannte dann ja auch am eigenen Leibe erfahren mussten.

Da gesellschaftliche Bewusstseinsveränderungen in der Regel bei jüngeren Menschen ihren Ausgang finden, war es nicht verwunderlich, dass die Ersten im politischen Umfeld, die beim Thema Cannabis in eine andere Richtung dachten, die Jusos waren. Menschen wie der ehemalige Bundeskanzler Gerhard Schröder und andere heute bekannte SPD-Politiker beschäftigten sich in ihrer politischen Sturm-und-Drang-Zeit durchaus ernsthaft mit der Frage der Legalisierung.

Weiteren Auftrieb bekam das Thema durch den Aufstieg der Grünen zu Beginn der Achtzigerjahre. Freiheit und Natur standen dort von Beginn an groß im Programm. Hanf war ein Thema auf allen Ebenen, ob nun als Material, um Dinge daraus herzustellen, oder als Grundlage für die Cannabisdiskussion. Zeitgleich setzten auch die Jungdemokraten (Judos) auf das Thema Legalisierung. Diese standen der FDP nahe, waren im Zuge der Achtundsechziger-Bewegung allerdings politisch erstaunlich weit nach links gerückt, was 1982, nach dem Ende der sozial-liberalen Koalition, dann auch zum Bruch mit der FDP und einer Annäherung an die Grünen führte.

Allein die Jugendorganisation der CDU, die Junge Union, hat sich zu allen Zeiten gegen eine Legalisierung ausgesprochen. Dort war der jugendliche Wille zur Rebellion nie ausgeprägt genug, um von der Linie der Mutterpartei abzuweichen.

Bewegung in die politische Landschaft kam allerdings erst im Zuge des ersten BVerfG-Urteils von 1994. Als Richter Nešković damals grundsätzlich mit seiner Forderung nach einer Angleichung der Grenzwerte Erfolg hatte und damit die Debatte über eine Legalisierung wieder Fahrt aufnahm, waren auch innerhalb der SPD zum ersten Mal vernehmbar Stimmen zu hören, die eine Neupositionierung der Partei zu diesem Thema forderten. Zumindest der Besitz geringer Mengen sollte straffrei bleiben, zur generellen Legalisierung gab es jedoch keine nennenswerten Vorstöße seitens der Sozialdemokraten.

Echte Hoffnung keimte schließlich 1998 auf, als die Ära Kohl mit der Bildung der rot-grünen Koalition beendet wurde. Die Idee war, dass die Grünen an das Gewissen der ehemaligen Jusos um Bundeskanzler Gerhard Schröder appellierten, die schließlich immer für eine Legalisierung gewesen waren. Gemeinsam, so die naive Vorstellung, müsste es doch möglich sein, endlich Bewegung in die ganze Sache zu bekommen. So dachte im Übrigen auch ich. Doch bereits der Vorschlag, bundesweit eine straffreie Grenze von sechs Gramm für den Eigengebrauch einzuführen, scheiterte. Besonders ärgerlich daran war, dass er namentlich an Otto Schily scheiterte, dem Mann, der Gründungsmitglied bei den Grünen gewesen war und eigentlich prädestiniert schien, um das Thema voranzutreiben. Schily, als Innenminister der Koalition, hätte einfach nur die Linie fortführen müssen, für die er im Bewusstsein der meisten Wähler politisch stand, auch wenn er bereits 1989 zur SPD gewechselt war.

Leider jedoch hält die Realität dem Wunschdenken allzu selten stand. Schily blockierte alle Bestrebungen, die für ein Aufweichen der harten und uneinheitlichen politischen Linie hätten sorgen können. Günter Amendt geht in einem Artikel in der *taz* vom 20. März 1999 auf Schilys unklare Haltung in der Cannabisfrage ein:

Bezeichnend für den sozialdemokratischen Kurs in der Cannabis-Frage ist das Lavieren von Innenminister Otto Schily. Eben noch will er die Legalisierung von Cannabis prüfen lassen, da folgt auch schon das Dementi, um kurz darauf erneut seine Bereitschaft zu bekunden, die Frage prüfen zu lassen.[21]

Unmittelbar nach der Wahl hatte Schily in einem *SPIEGEL*-Interview vom 9. November 1998 auf die Frage nach einer möglichen Legalisierung noch geantwortet:

SPIEGEL: Das heißt, der Verbrauch und Handel von Cannabis in kleineren Mengen wird möglicherweise legalisiert?
Schily: Wir wollen es jedenfalls prüfen. Es gibt dazu interessante Aufsätze und auch einen EU-Bericht. Außerdem werde ich mir von Sachverständigen alle Aspekte noch einmal genauer erläutern lassen.[22]

Wie enttäuscht die »Gemeinde« vom ausbleibenden Engagement der neuen Regierung in Sachen Legalisierung war, verdeutlicht Amendt in seinem *taz*-Artikel, wenn er schreibt:

Mit ihrer angekündigten Cannabispolitik gerät die rot-grüne Regierung in Widerspruch zu ihrem pathetisch proklamierten Anspruch, Politik »wieder glaubwürdig« zu machen, für Gerechtigkeit zu sorgen und eine Kultur des Diskurses zu fördern. Es ist weder glaubwürdig noch gerecht, wenn in einigen Bundesländern Jugendliche wegen des Besitzes von Haschisch oder Marihuana juristisch belangt werden, ihre Arbeitsstelle verlieren oder von der Schule verwiesen werden, während ihre Altersgefährten in anderen Bundesländern unbehelligt bleiben.

Dieser Artikel aus dem Jahr 1999 beschreibt im Grunde die Situation, wie wir sie auch heute immer noch vorfinden. In den vergangenen 16 Jahren ist also viel diskutiert worden, aber nichts ist passiert. Höchste Zeit, das zu ändern.

Schilys Versäumnis Ende der Neunziger, sich für die Legalisierung einzusetzen, steht dabei beispielhaft für die Haltung der SPD zu diesem Thema bis heute. Man könnte sie auch populistisch nennen, denn vor nichts hat man mehr Angst, als vor der (vermuteten) öffentlichen Meinung. Ein Eintreten für eine Legalisierung scheint nach Meinung weiter Kreise der Sozialdemokraten immer noch die Gefahr zu bergen, Wähler zu verlieren. Gleiches gilt natürlich für die CDU, die in ihrer Kontra-Haltung zumindest immer eindeutig war. Als einzige

Ausnahme erinnere ich mich an einen zaghaften Vorstoß in Richtung Legalisierung des damaligen Hamburger Bürgermeisters Ole von Beust. Auf jeden Fall verwundert es vor dem Hintergrund der generellen Haltung von SPD und CDU in all den Jahren und Jahrzehnten nicht, dass sich gerade jetzt, zu Zeiten der Großen Koalition, zumindest vordergründig gar nichts bewegt.

Und im Hintergrund? Aus den Reihen der Opposition, so schwach sie auch aufgrund der Mehrheitsverhältnisse derzeit auf der Brust sein mag? Die Grünen haben eine Initiative gestartet und im März 2015 einen ersten tatsächlichen Gesetzesentwurf im Deutschen Bundestag eingereicht, den ich nachfolgend noch detailliert kommentiere. Dieser Gesetzesentwurf ist ein richtiger und wichtiger Schritt in die Richtung, in die es zu gehen gilt. Ich kenne viele der Politiker und auch Privatpersonen, die an dieser Initiative beteiligt sind, persönlich gut und weiß ihr Engagement sehr zu schätzen. Auch »Guerilla-Aktionen« wie das Posieren vor einer Hanfpflanze von Cem Özdemir im August 2014 tragen zumindest ihren Teil dazu bei, die Aufmerksamkeit für das Thema zu erhöhen. Ob sie für eine breitere Akzeptanz in der Bevölkerung sorgen, darf bezweifelt werden, vermutlich bedient man damit eher den Kreis derjenigen, die ohnehin schon auf der eigenen Seite stehen. Manche Personen bringt man allerdings auch mit einem solchen Politik-Aktionismus, den ich als ordentlicher Richter in etlichen Nachrichtensendungen begleitet habe, zum Nachdenken. Obwohl also der Gesetzesentwurf mit Beifall zu begleiten ist, muss man den Grünen auf Länderebene nach wie vor den Vorwurf machen, dass sie das Thema auf zu kleiner Flamme köcheln. Denn sie wären in der Lage, durch weitere Gesetzesinitiativen über den Bundesrat größeren Druck zur Änderung der bestehenden Verhältnisse auszuüben. Bei meiner Recherche konnte ich nicht feststellen, dass auch nur von einem Bundesland eine Gesetzesinitiative zur Legalisierung von Cannabis über den

Bundesrat eingebracht worden wäre, der natürlich ebenso wie der Bundestag die Gesetzeslage in der Bundesrepublik Deutschland verändern kann.

Der Ruf als »Ökopartei« scheint auf Länderebene für das Grünen-Image wichtiger zu sein als ein nachhaltiger Einsatz dafür, dass Menschen nicht mehr unnötig kriminalisiert werden und man in der Gesundheitspolitik einen wichtigen Schritt nach vorne machen könnte. So bietet die breite grüne Regierungsbeteiligung auf Länderebene, bei der sie teilweise auch den Justizminister stellen, in Hamburg, Niedersachsen, Hessen, Baden-Württemberg, Nordrhein-Westfalen, Schleswig-Holstein, Rheinland-Pfalz, Bremen und Thüringen nach wie vor keinen Automatismus in dieser Frage. Man kann die Haltung der Partei in der Cannabisfrage auf Länderebene nur als kollektives Versagen und nicht als glaubhafte Politik beschreiben. Sie könnte dafür sorgen, dass zumindest die Richtlinien zur Einstellung der Verfahren gegen Cannabiskonsumenten auf Länderebene hinsichtlich der Grenzwerte ausgeweitet würden. De facto wird beispielsweise im Bundesland Baden-Württemberg, an deren Spitze ein grüner Ministerpräsident steht, weiter rigoros gegen kleine Konsumenten vorgegangen.

Fakt ist auch, dass auf Länderebene kaum jemand den Mut hat, das Thema in der politischen Prioritätenliste mal ein ganzes Stück weiter nach oben zu schieben. Dort dümpelt es im Nirvana des politischen Alltagsgeschäfts vor sich hin, und wenn es doch mal zur Sprache kommt, verweisen Grüne darauf, dass sich in ihren Parteiprogrammen ja positive Aussagen dazu finden und mittlerweile die Bundestagsfraktion einen diesbezüglichen Gesetzesentwurf in den Bundestag eingebracht hat. Damit ist man dann in der Regel fein raus und wendet sich wieder anderen Themen zu, an denen man sich nicht so schnell die Finger verbrennen kann. Man hat wohl immer noch Angst davor, den konservativen Wählern reinen

Wein einzuschenken und zu sagen: »Ich bin für freies Kiffen für Erwachsene!«.

Die Linke, ehemals PDS, wäre eigentlich spätestens seit der Vorlage beim Bundesverfassungsgericht von Richter Nešković ihrem späteren Bundestagsabgeordneten gegenüber in der Pflicht gewesen, sich für die Legalisierung einzusetzen. Auch mein eigenes kurzzeitiges Engagement in Form einer Kandidatur für den Bundestag auf der Liste der damaligen PDS hatte nicht wenig damit zu tun, dass ich den Eindruck hatte, dies sei die einzige Partei, die sich ernsthaft für das Thema einsetzen werde. Heute weiß ich es besser. Den Punkt Cannabislegalisierung gibt es im Parteiprogramm der Linken immer noch und mittlerweile gehen auch verschiedene Abgeordnete der linken Bundestagsfraktion sehr offensiv mit dem Thema um. Sie fordern ihrerseits eine Legalisierung nach Tendenz der Grünen. Mir kommt es allerdings so vor, als versteckte sich dieses Bemühen eher unter ferner liefen und ist mehr ein nettes Gimmick, um sich den Anstrich von Liberalität zu geben. Eine Eigenschaft, die der Linken ja nicht gerade häufig zugeschrieben wird, da macht es sich gut, wenn man zumindest auf solche Punkte verweisen kann. Auch bedient man insoweit die Forderungen der Junglinken.

Natürlich ist es nicht so, dass in der Vergangenheit gar nichts passiert ist. Über die Jahre gab und gibt es immer mal wieder Initiativen, die auf diesem Gebiet etwas in Bewegung zu bringen versucht haben. Diese gingen immer von der Länderebene aus, teilweise auch seitens liberaler Sozialdemokraten. Doch verpufften sie spätestens dann, wenn sie sich auf dem bundespolitischen Berliner Parkett beweisen mussten. Darüber hinaus ist es hier ähnlich, wie man es beispielsweise bei der Bildungspolitik immer sehr gut beobachten kann. Nach jedem Regierungswechsel ändert sich die Marschrichtung fast komplett. Ist Rot-Grün an der Macht, kann es schon mal sein, dass ein Bundesland die Grenzwerte nach oben schraubt, holt sich die CDU den Ministerpräsidentenstuhl zurück, dreht man auch an dieser Schraube wieder in die entgegengesetzte Richtung.

Allerdings gibt es keine Garantie dafür, dass rote und grüne Farben in der Regierung dafür sorgen, dass Bewegung in die Diskussion kommt, wie ich es zuvor ausgeführt habe. Ich sehe das in meinem eigenen Bundesland, Brandenburg, wo unter einer Regierung von SPD und Linkspartei rein gar nichts passiert. Es auf die Agenda zu setzen, scheint den meisten Beteiligten schlicht zu heiß zu sein. Dabei schreit gerade der immense Unterschied zum benachbarten Berlin danach, endlich darüber zu sprechen. Während ich in Brandenburg immer noch gezwungen bin, als Richter mit einer Grenze von sechs Gramm zu arbeiten, haben es die Kollegen wenige Kilometer weiter in Berlin schon wesentlich leichter, da sie mit einer fast dreimal so hohen Grenze von 15 Gramm viel mehr Spielraum für vernünftige Entscheidungen haben. Obwohl im Land Brandenburg der Justizminister seit nunmehr sechs Jahren von den Linken gestellt wird, wurden nicht mal die Richtlinien zur Einstellung der Verfahren des Landes angeglichen. Hier zeigt sich, wie viel Angst »Lokalpolitiker«, selbst wenn sie Minister eines Bundeslands sind, nach wie vor vor dem Thema und seiner Konnotation in breiten Bevölkerungsschichten haben. Und dies bei Linken, die teilweise noch in der DDR sozialisiert wurden und gerade dafür Sorge tragen sollten, dass Freiheits- und Menschenrechte gewahrt werden. In Sachen Cannabispolitik besteht zwischen den Bundesländern Brandenburg und Berlin nach wie vor eine Mauer, die freiheitliches Denken verhindert.

Letztlich ist es heute immer noch so wie vor 20 oder 30 Jahren auch. Wenn auf politischem Gebiet Vorstöße gewagt werden, kommt das aus den Reihen der Jugendorganisationen der Parteien. Das gilt selbst für die als rechtskonservativ verschriene AfD, deren Jugendsparte Junge Alternative wenigstens in Teilen die Legalisierung für sich entdeckt zu haben scheint. Zumindest bin ich selbst aus dieser Richtung bereits konkret angesprochen worden. Gleiches gilt für die Piratenpartei und die FDP, wobei bei diesen beiden auch die Mutterpartei eher in dem Ruch steht, legalisierungsfreundlich zu denken. Bei den Piraten schimmert da wohl eine verbreitete linke Grundhaltung durch, in der FDP dürfte es daran liegen, dass zumindest ein Teil der verbliebenen Mitglieder unter Liberalität nicht nur bedingungslosen Wirtschaftslobbyismus versteht, sondern auch die weitreichende Entscheidungsfreiheit des einzelnen Bürgers.

Konservative Sozialromantik

In meinem ersten Buch habe ich bereits darauf hingewiesen, dass das Thema Cannabisverteufelung sich dem Bereich der konservativen Sozialromantik, also den Parteien CDU/CSU zurechnen lässt. Ich will an dieser Stelle noch einmal kurz ausführen, was damit gemeint ist. Bezieht sich die Sozialromantik der Linken vor allem auf die Annahme, gewaltbereiten Intensivtätern ausschließlich mit den Mitteln der Sozialarbeit begegnen zu können, so ist das eine ebenso falsche Voraussetzung wie die der konservativen Seite. Auf dieser Seite glaubt man nach Jahrzehnten statistisch nachweisbar erfolgloser Drogenpolitik nach wie vor, dem Thema mit einer Art Null-Toleranz-Strategie beikommen zu können. Auf dieser Annahme basiert die Anwendung des Strafrechts auf Cannabiskonsumenten. Eine praktische Umsetzung dieser Denkweise habe ich am Beispiel des Görlitzer Parks in Berlin weiter oben erklärt. Die sozialromantische Annahme lautet: Wer von Strafe bedroht ist oder einmal fürs Kiffen bestraft worden ist, wird die Finger davon lassen, und die Welt ist ein besserer, weil drogenfreierer Ort geworden. Doch ebenso wenig, wie eine teilweise Freigabe und liberale Drogenpolitik in anderen Staaten zu spürbar höheren Konsumentenzahlen geführt hat,

hat die restriktive Handhabung hierzulande zu sinkenden Zahlen geführt. Wenn es einen aussagekräftigeren Beweis dafür gibt, dass es statt um Kriminalisierung und Strafe um Aufklärung und Prävention gehen sollte, möge man ihn mir bringen.

Die konservative Sozialromantik geht darüber hinaus davon aus, dass Drogenpolitik auch im Bereich Cannabis unbedingt die Senkung der Konsumentenzahlen zum Ziel haben muss. Das liegt an dem falschen Bild, das sich die Vertreter dieser Seite von der ach so furchtbaren Droge Cannabis machen. Überflüssig zu erwähnen, dass kaum einer von ihnen auf die Idee kommt, mit einem Alkoholverbot die Zahl der Menschen, die sich jährlich totsaufen, zu verringern. Lieber sitzen sie in bayerischen Bierzelten mit einer Maß in der Hand und erklären, wie schlimm die Teufelsdroge Cannabis ist. Als ich im Jahr 1992 einen Teil meines Referendariats in Bayern absolvierte, stellte ich diese Art der Heuchelei auch bei meinen dortigen Richterkollegen fest. Ich war mit meinem Ausbilder in einem Strafverfahren, in dem ein junger Mann zu einer heftigen Geldstrafe wegen des Besitzes von einem Gramm Haschisch verurteilt wurde. Nach der Urteilssprechung ging ich mit meinem Ausbilder und dem zuständigen Richter in die Mittagspause und stellte fest, dass der Richter, der zuvor einen Menschen wegen geringfügigen Cannabisbesitzes verurteilt hatte, zum Mittagessen eine Maß Bier bestellte. Ich hatte leider damals nicht den Mut, ihn zu fragen, ob er noch was merken würde.

Zurück zum Kernthema: Eine Verringerung der Konsumentenzahlen durch Verbot und Verfolgung kann nicht das primäre Ziel sein, sondern eine Verbesserung des Verantwortungsbewusstseins derjenigen, die im Erwachsenenalter konsumieren möchten. Die Möglichkeit hierzu macht man sich durch die Kriminalisierung freiwillig und völlig unnötig kaputt. Das ist eine Erkenntnis, die sich bei konservativen Sozialromantikern durchsetzen müsste, damit die Legalisierungsdebatte eine echte Chance bekommt.

Letztlich zieht sich bei diesem Thema eine furchtbare Verlogenheit quer durch alle Parteien, die eine ernsthafte Diskussion weitgehend verhindert. Allein die vielen ehemaligen Jusos, die es in der SPD zu Amt und Würden gebracht haben, müsste man mit der Nase auf ihre jungsozialistische Vergangenheit stoßen und sie fragen, aus welchem Grund sich ihre einst fortschrittliche Haltung in dieser Frage in ein stockkonservatives Denkmodell verwandelt hat. Aber ich sehe im Rahmen der sozialdemokratischen Denke erste Hinweise für ein Umdenken. Im Rahmen der ersten Lesung des Cannabiskontrollgesetzes der Grünen im April 2015 erklärten die Sprecher der SPD, dass man mittlerweile offen sei für eine andere Drogenpolitik. Etwa zeitgleich mit Erscheinen dieses Buches wird die SPD, so weiß ich aus gut unterrichteten Quellen, ihrerseits versuchen, eine andere Cannabispolitik in die Wege zu leiten. Ich hoffe sehr darauf und bin auch sehr gespannt.

Licht am Ende des Tunnels? Wie ein CDUler für Aufruhr sorgte

Während der letzten Überarbeitungsphase dieses Buches spielte sich auf einmal ein Mann in den tagespolitischen Vordergrund, den vorher nur Insider kannten. Joachim Pfeiffer, wirtschaftspolitischer Sprecher der CDU, schuf scheinbar aus dem Nichts eine neue Form der schwarz-grünen Koalition, als er gemeinsam mit seinem Amtskollegen bei den Grünen, Dieter Janecek, an die Öffentlichkeit ging, um eine regulierte Freigabe von Cannabis zu fordern. Die Funktion Pfeiffers weist darauf hin, wo in den Reihen der CDU der Hebel für eine Bewusstseinsänderung sitzt: *It's the economy, stupid*! So ist ein gewichtiges Argument dieser schwarz-grünen Initiative die Einnahme von Steuern in Milliardenhöhe, die bei einem staatlich regulierten Cannabismarkt winken.

Das Steuerargument scheint manchem konservativen Sozialromantiker dann doch so mächtig zu sein, dass er allen Prohibitionseifer ruhen lässt. Die *Wirtschaftswoche* rechnete beispielsweise im April 2015 in einem langen Artikel vor, dass selbst bei vorsichtiger Schätzung mit 800 Millionen Euro zusätzlichen Steuereinahmen zu rechnen sei.[23] Andere Schätzungen sprechen von bis zu 3,5 Milliarden Euro. Jährlich wohlgemerkt. Im Entwurf des Cannabiskontrollgesetzes der Grünen orientiert sich die Höhe der Steuer am THC-Gehalt, ähnlich wie bei den alkoholischen Prozenten. Je höher der Gehalt, desto höher die Steuer, also beispielsweise für Marihuana vier Euro Steuer pro Gramm, für Haschisch fünf Euro, für Haschischöl sechs Euro.

Doch Pfeiffer und Janecek haben nicht ausschließlich ökonomische Argumente zu bieten. Tatsächlich thematisieren sie auch die Frage der Sinnhaftigkeit der Konsumentenkriminalisierung. In ihrem gemeinsamen Papier heißt es:

Anstatt jungen Erwachsenen zu signalisieren, dass sie Kriminelle sind, sollten wir lieber im Rahmen einer vor allem finanziell deutlich besser aufgestellten Präventionsarbeit in einen fruchtbaren Dialog mit potenziellen und tatsächlichen KonsumentInnen treten.

Für den Grünen Janecek mag das eine übliche und bekannte Form der Argumentation sein, für einen Mann aus den Reihen der CDU grenzt es an eine Sensation und dürfte Pfeiffer parteiintern eine Menge Gegenwind eingebracht haben.

Auch die FDP schlug kurz vor Redaktionsschluss des Buches eine neue, klarere Linie ein. Auf dem Bundesparteitag im Mai 2015 konnte man sich endlich dazu durchringen, ein klares Bekenntnis zur Notwendigkeit der Legalisierung ins Parteiprogramm zu schreiben. Der Ansatz ähnelt dabei den Regelungen, die der Gesetzesentwurf der Grünen vorsieht: Abgabe an Erwachsene in speziell dafür geeigneten Geschäften sowie ein großes Gewicht auf dem Jugendschutz.

Diese Initiativen einzelner CDU-Politiker sowie der FDP dürften dazu beitragen, dass die Löcher, die in das dicke Brett Cannabislegalisierung gebohrt werden müssen, allmählich sichtbarer werden. Nach wie vor gibt es jedoch ein bestimmtes zentrales Amt, an dem sich die Legalisierungsbefürworter die Zähne ausbeißen. Denn hier herrscht völlige Freiheit von Argumenten als Grundlage des Handelns. Ich spreche von der Drogenbeauftragten der Bundesregierung.

Die Drogenbeauftragte

Aktuell wird dieser Posten von Marlene Mortler von der CSU bekleidet. Gerade vor dem Hintergrund meiner Ausführungen zur konservativen Sozialromantik ist leicht zu erahnen, dass allein schon die Parteizugehörigkeit von Frau Mortler nicht dazu angetan ist, auf eine Verbesserung in der Legalisierungsdiskussion zu hoffen. Doch unabhängig davon hat es keine der Personen, die diesen Posten in der Vergangenheit innehatten, geschafft, die Debatte endlich einmal vom Kopf auf die Füße zu stellen. Das ist umso erschreckender, macht man sich klar, dass die bisherigen sechs Drogenbeauftragten aus vier verschiedenen großen Parteien mit durchaus unterschiedlichen Ansätzen in der Drogenpolitik rekrutiert wurden. Einen deutlicheren Hinweis, dass man im Grunde in keiner Partei wirklich gewillt war, das Thema auf die Agenda zu setzen, gibt es kaum. Frau Mortler steht mit ihrer Linie ganz in der Tradition, die für das Amt kennzeichnend ist. Egal ob als Mitglied der Grünen wie Christa Nickels von 1998 bis 2001 oder der CSU zugehörig wie vor Mortler bereits Eduard Lintner von 1992 bis 1998: Sie alle haben es sich einfach gemacht und die Beschäftigung mit Cannabis vorwiegend der

Polizei und den Gerichten überlassen. Gleichwohl lässt sich immer mal wieder erahnen, dass Druck von außen zumindest dazu führt, dass kleine Schritte in die richtige Richtung angedacht werden. So ließ Marlene Mortler in einem Interview mit der *WELT* verlauten, im Hinblick auf medizinisches Cannabis schnell eine Verbesserung der Situation vorantreiben zu wollen:

> *Die Politik muss hier schnell Klarheit schaffen. Mein Ziel ist, dass in Zukunft mehr Menschen als bisher Cannabis als Medizin bekommen können. Für diese Patienten müssen die Kosten von den Krankenkassen erstattet werden. Diese Neuregelung hätte ich lieber gestern als morgen.*[24]

Das ist löblich, doch schon in der nächsten Antwort, nämlich auf die Frage, woran es denn noch hake, gibt Mortler zu erkennen, wie weit (oder eben auch nicht) der Erkenntnisprozess in der Legalisierungsdebatte bei ihr gediehen ist: »Es ist nicht ganz einfach, eine Abgrenzung hinzubekommen, die wirklich nur denjenigen hilft, die das Cannabis auch tatsächlich dringend brauchen.« Sie hat also eingesehen (oder besser gesagt einsehen müssen, da es ein entsprechendes Gerichtsurteil gab), dass Cannabis einen therapeutischen Nutzen haben kann. Doch verteufelt sie im selben Atemzug den gleichen Stoff implizit als gefährliche Droge, vor der alle Gesunden geschützt werden sollten. Das ist mit Verlaub nichts weniger als schizophren. Im Bundestag sorgte Frau Mortler für einen Lacherfolg bei den Grünen, als sie die angebliche Pionierleistung ihrer Partei bezüglich Cannabis als Medizin während der ersten Beratung des Grünen-Cannabiskontrollgesetzes am 20. März 2015 hervorhob.[25]

Mortler fällt immer wieder durch ihre Bemerkungen auf, die sie nicht gerade als Expertin für ihren Sachbereich und speziell das Thema Cannabis erscheinen lassen. So werden ihr Aussagen zugeschrieben wie: »Eine Legalisierung von

Cannabis wäre ein völlig falsches Signal und würde diesen Trend (zum hohen Konsum von Cannabis, Anm. des Autors) noch verstärken.«[26] Dass Cannabis traditionell verboten sei im Gegensatz zu Alkohol und Tabak, und dies deswegen auch so bleiben solle, gehört ebenfalls zu den Ansichten, die sie öffentlich vertritt.[27] Auch die Mär von den Jugendlichen, die durch die Kriminalisierung von Cannabis geschützt würden, wiederholt sie immer wieder.[28] Das ist so widersinnig, dass es wütend machen muss. Denn schließlich ist es gerade die Kriminalisierung, die Jugendliche auf den Schwarzmarkt treibt, wo sie ungeschützt verschnittenen Stoff kaufen oder anderweitig übers Ohr gehauen werden sowie jeglichem Dialog mit Eltern oder Lehrern entzogen sind. In der schon angesprochenen Bundestagsdebatte zum Cannabiskontrollgesetz wird Frau Mortlers fundamentlose Argumentation in Bezug auf den Jugendschutz besonders deutlich. Ihr Beitrag war nicht nur prohibitionsbefürwortend, sondern inhaltlich an vielen Stellen sinnverstellend.

Im Entwurf der Grünen sind die Maßnahmen für den Jugendschutz klar formuliert – kontrollierte Abgabe ausschließlich an erwachsene Personen durch zertifizierte Cannabisshops statt einer undurchsichtigen Lage auf dem Schwarzmarkt, der sich jeder Regulierung entzieht. Frau Mortler übergeht des komplett. Es sei dahingestellt, ob sie nicht flexibel auf einen vorausgegangenen Vortrag zu reagieren vermag oder keine Gegenargumente findet – ihr Angriff gegen den Gesetzesentwurf mit dem Hinweis auf ihren eigenen Einsatz für den Jugendschutz entbehrt jeder sachlichen Grundlage. Sie hebt die Schädigungen hervor, die jungen Konsumenten bei einer Legalisierung bevorstünden, als da wären dauerhafte Hirnschädigungen, Konzentrationsstörungen, Leistungsabfall. Durch den Gesetzesentwurf würden jedoch gerade die Jugendlichen geschützt. Denn es steht für die Legalisierungsbefürworter außer Frage, dass Cannabis nicht in die Hände von Personen gehört, die sich noch in der Entwicklung befinden. Auch das uralte und von fachlicher Seite aus längst für obsolet erklärte Totschlagargument einer »Auslösung und Verstärkung von Psychosen« kramt Frau Mortler hervor. Hier denke man an das Henne-Ei-Problem. Neben ihren als mütterliche Fürsorge präsentierten Gesundheitsargumenten bestreitet sie außerdem die zunehmende Aufgeschlossenheit, das Bewusstsein, ja die Legalisierungsbefürwortung in Kreisen der Polizei und Suchthilfe. Frau Mortler gibt dazu an, sie habe »keine Stimme gefunden«, die sich dafür ausspräche. Dieses Buch und die in ihm aufgeführten Mitstreiter für die Legalisierung sind der klare Gegenbeweis für diese Behauptung!

Frau Mortler ist auch immer schnell bei der Hand, wenn es etwa darum geht, den *Deutschen Hanfverband*, der sich seit Jahren für eine sinnvolle Regelung im Hinblick auf die Legalisierung einsetzt und dessen Mitglied ich bin, als Minderheit, die die Mehrheit manipuliere, in zweifelhaftes Licht zu stellen.[29]

Während Mortler bei der Cannabisprohibition keinen Millimeter weichen will, werden synthetische Cannabisersatzstoffe wie *Legal Highs* und *Spice* meiner Ansicht nach zu wenig thematisiert. Durch diese Mittel gibt es nachgewiesene Todesfälle, im Gegensatz zu Cannabis. Durch das allgemeine Sprechen über eine gestiegene Zahl von Todesfällen wird jedoch suggeriert, dieser Umstand sei auf alle Rauschmittel gleichermaßen zurückzuführen. Mit solchen Aussagen verweigert die in der Politik an zentraler Stelle zuständige Person jeglichen Dialog und sorgt stattdessen dafür, dass die Ideologie der konservativen Sozialromantik am Leben erhalten wird. Am Rande sei angemerkt, dass Frau Mortler den Eifer, den sie für die Unterdrückung einer Cannabislegalisierung an den Tag legt, gegenüber den legalen Drogen Alkohol und Nikotin vermissen lässt.

Nach diesen Ausführungen sollte klar geworden sein, dass aus meiner Perspektive Frau Mortler als Drogenbeauftragte nicht länger tragbar ist, da sie aufgrund ihrer Ignoranz gegenüber Fakten und sachlichen Argumenten – oder tatsächlich mangelnder Sachkenntnis – kaum eine Autorität in diesem Gebiet darstellen dürfte. Im Grunde trägt dieses Amt ohnehin die falsche Bezeichnung. »Drogenbeauftragte(r)« hat bereits unterschwellig einen restriktiven Klang. Im Grunde wäre »Ideologiebeauftragte(r)« genauso zutreffend. Ich schlage vor, das Amt, das sich durchaus sinnvoll ausfüllen ließe, in »Präventionsbeauftragte(r)« umzubenennen. Damit wäre sehr viel klarer formuliert, worum es eigentlich geht: Es ist ein gesundheitspolitisches Amt und kein justizpolitisches. Solange wir allerdings Amtsinhaber haben wie die SPD-Politikerin Marion Caspers-Merk (2001 bis 2005), die sich ebenfalls gegen die Legalisierung stellte, wird es wohl zu keinen nennenswerten Verbesserungen kommen.

Eine aggressive Haltung scheint mehr oder weniger Einstellungsvoraussetzung zu sein, wenn man Drogenbeauftragte werden möchte. Im April 2014 glänzte Sabine Bätzing-Lichtenthäler, die das Amt von 2005 bis 2009 als Nachfolgerin ihrer sozialdemokratischen Parteifreundin Marion Caspers-Merk innehatte, mit einem Beitrag in der *ZEIT*, der als direkte Reaktion auf die Resolution des *Schildower Kreises* gedacht war.[30] Bätzing-Lichtenthäler vergreift sich gleich zu Beginn ihres Artikels im Ton, als sie mit dem Versuch scheitert, lustig zu sein: »(...) die Vorbemerkung, dass ich mich gefragt habe, ob nicht der eine oder andere Autor beim Verfassen – nun ja – bekifft war, darf mir erlaubt sein.« Immerhin weiß man bei der Lektüre nach dieser unverfrorenen Beleidigung der ersten Gilde deutscher Strafrechtsprofessoren, dass man im weiteren Verlauf des Textes wohl keine ernstzunehmenden Aussagen zu erwarten hat. Die Autorin vergleicht im Folgenden die Legalisierung von Cannabis mit dem Wunsch nach einer Abschaffung von roten Fußgängerampeln, und man möchte ihr einfach nur zurufen: »Nicht alles, was hinkt, ist auch ein Vergleich ...«. Ampeln, so das scheinheilige Argument, seien ja auch dafür da, »Menschen vor sich selber und Dritte vor Folgen zu schützen«. Genauso sieht Frau Bätzing-Lichtenthäler auch die Cannabiskriminalisierung: Indem kriminalisiert wird, schützt man den einzelnen Kiffer vor sich selbst und alle anderen vor den Folgen seines unverantwortlichen Tuns.

Michael Kleim, evangelischer Theologe und Mitglied des *Schildower Kreises,* nahm diese Unverschämtheit der SPD-Politikerin zum Anlass, mit einem offenen Brief zu reagieren und sich dabei vor allem auf den schiefen Ampelvergleich zu beziehen:

> *Nach meinem Wissen wurde weltweit noch nie ein Mensch hingerichtet oder extralegal liquidiert, weil er eine rote Ampel ignoriert hat. Mir ist auch nicht bekannt, dass Fußgänger, die rote Ampeln ignorieren, in Umerziehungslager interniert oder mit drakonischen Haftstrafen bedroht wurden. Sie können sich gerne etwas präziser darüber informieren, welche globalen Folgen das Drogenstrafrecht nach sich zieht. (...) Das Rote-Ampel-Ignoranz-Syndrom führt nicht zu einer systematischen Verletzung von Grund- und Menschenrechten. Es hat keinen Zusammenhang mit einer gesteigerten Korruption bei Polizei und Justiz, einer Zunahme von Gewalt und militarisierten Konflikten, der Stabilisierung organisierter Kriminalität.*[31]

Natürlich zieht Kleim hier ganz schön vom Leder, aber das muss man wohl auch, um den unsinnigen Aussagen der ehemaligen Drogenbeauftragten etwas »Gleichwertiges« entgegenzusetzen. Die Quintessenz seines Beitrags unterschreibe ich sofort: »Es geht um eine Drogenpolitik, die auf den Prüfstand gehört, weil sie Menschenrechte und Demokratie gefährdet.« Hier trifft er den zentralen Punkt, und hier zeigt sich auch, warum das Verhalten der Drogenbeauftragten der Bundesregierung durch die Bank ein Skandal ist. Sie halten an überkommenen Überzeugungen fest und verhindern damit aktiv, dass Tausenden und Abertausenden von Menschen geholfen werden kann.

Meine Haltung als Jugendrichter: Echter Jugendschutz und öffentlicher Einsatz

Mir wird in Diskussionen zum Thema Cannabislegalisierung häufig gesagt: »Mensch, gerade Sie als Jugendrichter müssten doch dafür kämpfen, dass Drogenmissbrauch strafbar bleibt, schließlich sind Sie dem Jugendschutz besonders verpflichtet!« Doch bei jedem Cannabisverfahren, das ich auf den Tisch bekomme – und auch bei anderen Verfahren, in denen Cannabis nur mittelbar eine Rolle spielt –, merke ich aufs Neue, warum Jugendschutz ein Argument *für* die Legalisierung ist. In der Diskussion geht das Thema Jugendschutz, wie ich es verstehe, oft im Unverständnis der Legalisierungsgegner, aber auch in der Begeisterung der Befürworter ein wenig unter. Deshalb will ich meine spezielle Sicht als Jugendrichter hier eingehend erläutern.

Was hat also eine – gefühlte – Freigabe einer Droge mit dem Schutz von Kindern und Jugendlichen vor Drogenmissbrauch zu tun? Zunächst einmal: Pro-Legalisierung hat ja niemals bedeutet, Vierzehn- oder Fünfzehnjährige kiffen lassen zu wollen. Das wird aber gerne von Hardlinern der konservativen Sozialromantik behauptet, weil es eben so schön eingängig klingt. Meine Haltung, die ich mit unzähligen Mitstreitern teile, hat niemals bedeutet, Cannabis für Jugendliche frei zugänglich und in beliebigen Mengen konsumierbar zu machen. Wer das behauptet, polemisiert auf unerträgliche Weise gegen die Vernunftargumente der Legalisierungsbefürworter, weil er selbst keine brauchbaren Gründe für einen Fortbestand der Prohibition vorzubringen hat.

Das zentrale Problem ist, dass der Gesetzgeber derzeit noch immer glaubt, das Versprechen auf Jugendschutz mit den Mitteln des Strafrechts einlösen zu können. Das ist ein großer Irrglaube, nicht nur im Jugendrecht, aber vor allem dort. Denn was passiert, wenn kiffende Jugendliche per Jugendstrafrecht »behandelt« werden? Zunächst einmal wird der Sinn dieser Regelung in der abschreckenden Wirkung gesehen. Die These lautet: Wer Angst vor einer Strafe, vielleicht sogar einer Gefängnisstrafe, hat, wird nicht auf die Idee kommen, zu kiffen. Zumindest sollte die Hemmschwelle sehr hoch sein. Diese Annahme ist falsch! Wenn sich Jugendliche tatsächlich durch Strafandrohung davon abhalten ließen, Cannabis zu konsumieren, müsste die Zahl der Jugendverfahren in diesem Bereich erheblich niedriger sein, als sie es derzeit ist. Und in den Ländern, in denen wir eine weitgehende Legalisierung haben, müssten die Konsumentenzahlen auch im Jugendbereich explodieren. Beides ist nachweisbar nicht der Fall.

Dafür sorgt die Strafandrohung für ganz andere Effekte, die mir als Jugendrichter erhebliche Probleme bereiten und auch für die Elternhäuser der Jugendlichen relevant sind. Jugendliche, die Angst vor Strafe haben, sprechen nämlich beispielsweise nicht mit Erwachsenen über ihren Konsum. Während das erste Glas Bier und der erste Schnaps durchaus auf der Familienfeier quasi rituell mit den Eltern getrunken werden kann und niemand etwas Schlimmes dabei findet, trifft das für den ersten Joint wohl nur für einen kaum messbaren Anteil der Jugendlichen zu. Dieses gesellschaftliche und innerfamiliäre Phänomen habe ich schon an verschiedenen Stellen angesprochen.

Der Konsum von Cannabis, der in der Regel über die Freunde und Bekannten der Jugendlichen zustande kommt, wird also gegenüber den erwachsenen Ansprechpartnern verheimlicht und entzieht sich damit von vornherein jeglicher Kontrolle. Mehr noch: Innerhalb der Familie entsteht tendenziell ein Angstklima, das Eltern und Kinder stärker voneinander entfernt, als es in der Pubertät ganz natürlich ohnehin der Fall ist.

Eine Abschaffung strafrechtlicher Behandlung des Themas Cannabis würde dazu führen, dass Jugendliche ohne Angst vor Strafe auf ihre Eltern oder andere erwachsene Vertrauenspersonen zukommen könnten, um mit ihnen über ihren Umgang mit der Droge zu sprechen. Denn natürlich ist es so, dass sich auch Jugendliche Gedanken über die Art und Weise ihres Konsums machen. Das machen sie beim Trinken, und das machen sie auch beim Kiffen. Anders gesagt: Genauso wie der durchschnittliche erwachsene Alkoholkonsument in der Jugend »gelernt« hat, ab welchem Maß der Konsum problematisch werden kann, so könnte es auch bei Cannabis funktionieren. Aber eben nur, wenn die Möglichkeit bestünde, sich angstfrei mit dem Konsum auseinanderzusetzen.

Darüber hinaus ist gerade im Jugendbereich das Strafrecht das schlechteste Instrument, um Lösungen zu schaffen. Problematischem Konsum im Jugendalter muss die Gesellschaft mit Therapieangeboten begegnen, um ihn in den Griff zu bekommen. Zudem ist die Zahl der jugendlichen Cannabisnutzer, die sich in einem tatsächlich problematischen Bereich befinden, entgegen allen Unkenrufen überschaubar. Und sie ändert sich durch die bestehende Strafandrohung überhaupt nicht.

Kurzum: Niemand will die Jugend ans Kiffen bringen, wenn er sich als Befürworter einer Cannabislegalisierung outet. Im Jugendbereich geht es um einen sinnvollen Umgang mit diesem Thema, um Prävention statt Strafe und um eine offene Atmosphäre in der Kommunikation mit den erwachsenen Bezugspersonen. Dazu bedarf es weiterer Maßnahmen. Lehrer müssen genauso aufgeklärt werden wie pädagogische

Mitarbeiter in anderen Jugendeinrichtungen, und Eltern sollten über Cannabis genauso informiert sein, wie sie es in der Regel über Alkohol und Nikotin sind. Auch das ist im Übrigen ein wichtiger Grund für dieses Buch.

Konkret in meinem täglichen Arbeiten habe ich als Jugendrichter bei Verhandlungen das Problem, dass Cannabiskonsum nicht thematisiert wird, auch wenn er mittelbar im Rahmen der Verhandlung und für die Urteilsfindung eine erhebliche Rolle spielen könnte. Bei Alkohol ist das in der Regel kein Problem. Frage ich einen angeklagten Jugendlichen nach seinem Trinkverhalten, erzählt er mir normalerweise eher mit einem gewissen Stolz in der Stimme, wie viel er vertragen kann. Wer aber kifft, der schweigt. Aus Angst vor den Eltern, aus Angst vor weiteren Strafen, aus dem Gefühl heraus, eine kriminelle Handlung begangen zu haben. Ich habe mehrfach jugendliche Angeklagte unter vier Augen gesprochen, weil ich aus langjähriger Erfahrung spürte, dass Cannabis im Spiel ist und ich sie nur so dazu bewegen konnte, mir die Wahrheit zu sagen. Auch das würde sich mit einem Ende der strafrechtlichen Behandlung des Cannabisthemas schlagartig ändern.

Eine Entkriminalisierung von Cannabis hätte meinem Bruder seine Knast- und Drogenkarriere vermutlich erspart, und genauso wäre es bei etlichen weiteren Jugendlichen, die derzeit noch mit gelegentlichem Konsum einer vergleichsweise harmlosen Droge ihren gesamten weiteren Lebenslauf entscheidend negativ beeinflussen können.

Wir müssen aus meiner Sicht als Jugendrichter dahin kommen, dass Cannabiskonsum im Jugendalter als das angesehen wird, was es in Wirklichkeit ist: Jugendliches Experimentierverhalten, wie es sich auch im Alkohol- und Nikotinkonsum offenbart. Diesem Ausprobieren sollte nur mit aufklärerischen Maßnahmen begegnet werden und nicht mit einer Kriminalisierung. Die Jugend ist die Lebensphase, in der der Mensch langsam in eine Form von Mündigkeit hineinwächst, die es ihm ermöglicht, sich später durch das komplizierte Erwachsenendasein zu manövrieren. Zu dieser Form von Mündigkeit gehört auch eine Kompetenz im Umgang mit Drogen. Kompetenzen jedoch müssen erlernt werden. Jede Form von Lernen bedeutet Versuch und Irrtum, ein Jugendlicher also, der das Kiffen ausprobiert, wird dabei vieles feststellen können. Er wird die unbestreitbaren positiven Effekte der Droge, wie etwa eine temporäre angenehme Entspannung, spüren, er wird aber unter Umständen auch merken, dass es nicht »seine« Droge ist, und wird wieder damit aufhören.

Parallel zu diesem Experimentierkonsum muss im Elternhaus, in der Schule und in der Öffentlichkeit vernünftig über die Wirkungsweise von Cannabis aufgeklärt werden. Damit wäre aus meiner Sicht ein angemessener Umgang zu erreichen, der gleichzeitig negative Auswüchse frühzeitig stoppen könnte.

Meine Sichtweise als Jugendrichter unterscheidet sich also naturgemäß in einigen wichtigen Punkten von der eines Richters, der ausschließlich Erwachsenenstrafsachen verhandelt. Gleichwohl ist auch im Erwachsenenbereich die Abschaffung der strafrechtlichen Relevanz von Besitz und Konsum geringer Mengen essenziell, um zu einer positiven Neuordnung der Situation zu kommen.

Menschen überzeugen: Meine Öffentlichkeitsarbeit

Mein Anliegen, die Entkriminalisierung und Legalisierung von Cannabis voranzubringen, damit ich den entscheidenden Schritt noch zu Lebzeiten feiern darf, kann nicht ohne Einbindung der Öffentlichkeit gelingen. Nicht zuletzt soll dieses Buch dazu beitragen, Argumente einem breiten Publikum bekannt zu machen und all die Cannabismythen, die von den Prohibitionsbefürwortern gepflegt werden, um der Bevölkerung Angst zu machen, zu entkräften. Zu dieser Bevölkerung gehören Eltern, dazu gehören Lehrer, dazu gehören auch Polizisten sowie Richterkollegen, deren Meinung geprägt wird von der starken Anti-Cannabis-Lobby, die aus einem vergleichsweise harmlosen und natürlichen Stoff eine gefährliche Droge macht.

Öffentlichkeitsarbeit war daher immer wichtig für mich. Angefangen habe ich damit, ohne es damals so zu nennen, bereits auf meinem Meppener Gymnasium. Ich war irgendwann zum Chefredakteur unserer Schülerzeitung aufgestiegen, der wir den Namen *Numerus Chaos* gegeben hatten, ein stiller Protest gegen Elitenbevorzugung durch den Numerus Clausus sowie ein dezenter Hinweis auf die Unruhe, die wir jederzeit zu stiften bereit waren. Im *Numerus Chaos* erschienen meine ersten Artikel, die sich positiv mit dem Thema Cannabis auseinandersetzten. Immer haarscharf entlang der Grenze formuliert, jenseits derer es Ärger mit der Schulleitung gegeben hätte. Doch wer wollte, verstand, worum es ging.

In den folgenden Jahren, während des Studiums, spielte sich mein Werben ausschließlich im privaten Rahmen ab. Wo ich konnte, stand ich gegenüber Freunden und Bekannten zu meiner positiven Haltung gegenüber einer Legalisierung und versuchte, die Argumente unter die Leute zu bringen. Auch meine Entscheidung, Richter zu werden, war zu einem Teil von der Möglichkeit beeinflusst, den Umgang mit der Cannabisprohibition aktiv und möglichst öffentlichkeitswirksam zu begleiten.

Die erste größere Außenwirkung bei diesem Thema erfuhr ich in dem Prozess gegen den Alkoholiker, der sich Cannabis als Ersatzdroge ausgesucht hatte und den ich nun nach dem BtMG zu verurteilen hatte. Worum es dabei ging, habe ich in meinen autobiografischen Anmerkungen kurz erläutert. In diesem Zusammenhang hier ist wichtig, zu erwähnen, dass sich hier erstmals in meiner Richterkarriere ein Zeitungsartikel intensiv und sehr gut recherchiert mit dem Thema auseinandersetzte. Der Journalist der *Märkischen Oderzeitung*, der das Stück damals verfasste, kam zu dem Schluss, Cannabis sei eben kein juristisches, sondern ein gesellschaftliches Phänomen. Genau diese Erkenntnis, in der für unseren Umgang mit dem Thema so unendlich viel Sprengkraft steckt, wenn man sich traut, richtig drüber nachzudenken, versuche ich zu vermitteln. Der Artikel beleuchtete das Thema für eine lokale Tageszeitung ausführlich, so dass ich erstmals auch Gelegenheit hatte, als Richter meine Position pro Legalisierung öffentlich deutlich zu machen. Seither habe ich das oft getan, doch das Gefühl dabei hat sich eigentlich nie verändert. Schon damals hatte ich latent Angst, die Sache könnte mir um die Ohren fliegen, berufliche Nachteile oder öffentliche Stigmatisierung als Drogenfreund oder Ähnliches könnten drohen. Bis heute ist von kleineren Zwischenfällen abgesehen nichts Derartiges passiert, und doch steht bei jeder öffentlichen Äußerung immer wieder die Gefahr im Raum, »auseinandergenommen« zu werden.

Dass ich überhaupt die Notwendigkeit sah und bis heute sehe, die Diskussion in der Öffentlichkeit zu führen, hatte zum damaligen Zeitpunkt auch mit dem Beschluss des Bundesverfassungsgerichts über die Normenkontrollklage des Richters Nešković zu tun, über die ich bereits ausführlicher geschrieben habe. In der öffentlichen Wahrnehmung schien es, als wenn mit diesem Urteil die Legalisierung quasi auf dem Wege wäre. War sie aber nicht, was auch ich erst langsam begriff, als ich abseits der journalistischen Berichterstattung, die nicht exakt genug war, die primären juristischen Texte dazu studierte. Die Aufklärung, die damals fehlte, fehlt noch heute. Allerdings zeigte die Aufmerksamkeit, die die Nešković-Entscheidung hervorgebracht hatte, dass man öffentlich präsent sein muss, um die Diskussion auf Trab zu halten und nicht im Sinne der Prohibitionisten einschlafen zu lassen.

Pressegeschichten gab es danach immer wieder mal in kleinerem Rahmen, bis sich 2002 plötzlich eine vollkommen unerwartete Möglichkeit ergab, so richtig loszulegen und für das Anliegen der Legalisierung zu werben. Die Brandenburger PDS meldete sich bei mir und umwarb mich mit dem Angebot, bei der bevorstehenden Bundestagswahl für sie anzutreten. Als Parteiloser wohlgemerkt, nicht einmal die Mitgliedschaft sollte Voraussetzung sein. Ich überlegte nicht allzu lange, weil ich hier tatsächlich die Möglichkeit sah, eine breite Publikumswirksamkeit zu erreichen. Die PDS an sich interessierte mich relativ wenig, ich hatte im Grunde sogar Muffensausen davor, tatsächlich gewählt zu werden und anschließend meine Zeit im Bundestag verbringen zu müssen. Aber die Gelegenheit, mit einer großen Anzahl von Menschen über eines meiner wichtigsten Anliegen reden zu können, durfte ich nicht auslassen. Geklappt hat es mit dem Bundestagsmandat schließlich nicht. Während ich von einigen Parteimitgliedern tatkräftige Unterstützung im Wahlkampf erhielt, merkte ich allerdings auch schnell, dass den Meisten der Programmpunkt »Cannabislegalisierung« herzlich egal war. Das stand zwar irgendwo im Parteiprogramm, aber da standen ja viele Dinge, für die sich im Grunde kaum einer wirklich interessierte.

So war es letztlich für mich persönlich ganz gut, dass ich in meinem Wahlkreis unterlag und mich weiter als Richter der Arbeit für die Entkriminalisierung von Cannabis widmen konnte. Dazu passte, dass ich gleichzeitig zu meiner Kandidatur mit der Arbeit an der Vorlage für das Bundesverfassungsgericht beschäftigt war. Kandidatur und mediale Aufmerksamkeit für die Vorlage addierten sich zu maximaler Öffentlichkeit, und das war bei allem Druck, der auf mir lastete, im Sinne der Sache wirklich gut.

Nachdem sich der Gang in die aktive Politik erledigt hatte, setzte ich mehr denn je auf die »Medien-Karte«. 2003 erhielt ich meine erste Einladung in eine Fernseh-Talkshow. Wieland Backes, der kürzlich leider mit seinem »Nachtcafé« auf *SWR* aufgehört hat, fragte mich für eine Sendung unter dem schönen Oberthema »Die Summe aller Laster ist gleich« an. Ich sagte spontan zu. Wie immer, wenn mir solche Dinge zum ersten Mal bevorstehen, mit einem ordentlichem Schuss Nervosität, aber auch Vorfreude, weil sich die Möglichkeiten, öffentlich zu wirken, wieder einmal erweitert hatten. Was mir von dieser Diskussionsrunde vor allem in Erinnerung geblieben ist, ist eine Teilnehmerin, die einen ganz bestimmten Typus verkörpert, dem ich seitdem immer wieder in Talkshowrunden und anderen Diskussionsforen zum Thema Cannabis begegne: Die besorgte Mutter.

Obwohl es in jener Show gar nicht ausschließlich um Cannabis ging, hatte die damals anwesende Mutter vor allem dazu einiges zu sagen. Interessant war, dass sie im Grunde gar nicht selbst betroffen war. Man hätte annehmen sollen, dass sie dort saß, weil sie Probleme mit ihrem kiffenden Kind oder doch zumindest direkte Berührung mit der Problematik hatte. Das war allerdings nicht der Fall, sie war lediglich Sprecherin einer Gruppe von besorgten Eltern, die sich ganz generell unter anderem dem Thema Cannabis widmeten. Adrett gekleidet, ein wenig an verschiedene heutige Politikerinnen erinnernd, erzählte sie von ihren Erfahrungen: Sie kenne da jemanden, der gekifft habe und der seitdem in der Schule nur noch Probleme habe. Im Laufe der Diskussion redete sie sich regelrecht warm, warnte vor dem »Teufelszeug« Cannabis, nicht ohne den Mythos der »Einstiegsdroge« auszuführen und sich über die von ihr vermutete Gefährlichkeit dieser Droge auszulassen.

Ich beschreibe das deshalb so ausführlich, weil dieser Typus für die Besetzung einer Talkshowrunde zum Thema Cannabis genauso unersetzlich ist wie ein paar andere. Die besorgte Mutter allerdings hat deshalb eine Sonderstellung, weil sie vor allen anderen die Emotionen der Zuschauer rührt. Als Mutter unterstellt man ihr automatisch moralische Integrität, und daraus erwächst beim Zuschauer die Vermutung von Sachkompetenz. Anders gesagt: Sie ist Mutter, sie wird schon wissen, was für ihre Kinder (und alle anderen Kinder!) gut oder schlecht ist. Dagegen ist es schwierig, mit Sachargumenten ins Rennen zu gehen, die im Zweifelsfall von der leidend dreinschauenden Mutter einfach vom Tisch gewischt werden.

Man möge mich nicht falsch verstehen. Jede Mutter – und jeder Vater – hat das Recht, um ihre und seine Kinder besorgt zu sein, und jede Mutter, jeder Vater hat die Pflicht, sich um das Wohlergehen der Kinder zu kümmern und dafür notfalls auch öffentlich einzustehen. Die »Talkshow-Mutter« jedoch ist mittlerweile zu einer Rolle geworden, die jede Redaktion bei der Zusammenstellung einer solchen Runde unbedingt zu berücksichtigen hat.

Über all die Jahre, in denen ich hin und wieder zum Thema befragt wurde, köchelte das Thema meist auf eher kleiner Flamme vor sich hin. Seit 2012 jedoch stelle ich fest, dass die Legalisierung auch für größere Talkshows wieder interessanter wird und Bewegung in die Sache kommt. Seitdem bin ich in verschiedenen Runden zu Gast gewesen und konnte die öffentliche Verbreitung meiner Thesen auf diesem Wege wieder stärker forcieren.

In diesen Runden traf ich auch die besorgten Mütter wieder, die mir bei Wieland Backes zum ersten Mal über den Weg gelaufen waren. Sie gehören zum festen Talkshowpersonal, sind aber natürlich nicht alleine. Mittlerweile hat sich aus meiner Sicht eine feste Besetzungsrunde für Talkshows zum Thema Cannabis durchgesetzt, die nur selten variiert wird. Und weil diese öffentlichkeitswirksame Verbreitung standardisierter Meinungen durch die Stammgäste einer jeden Talkshow zum Thema auch die allgemeine Wahrnehmung in Deutschland prägt, möchte ich dies kurz aufdröseln.

Neben der besorgten Mutter braucht man als weiteren Bedenkenträger unbedingt einen Psychologen. Er plaudert aus dem Nähkästchen, nämlich von seinen jugendlichen Patienten, die massive Probleme mit Cannabis haben, wahlweise auch Erwachsene, die seit ihrer Jugend Probleme haben, eben weil sie so früh zu kiffen anfingen. Der Psychologe erzählt dann beispielsweise die Schizophrenie-Story. Die geht so, dass es Berichte gebe, denen zufolge Cannabiskonsumenten unter Schizophrenie litten. Was dabei niemals zur Sprache kommt, ist die besagte Frage nach der Henne und dem Ei. Nutzte der Konsument Cannabis, weil er unter Schizophrenieanfällen litt? Oder wurde seine Schizophrenie tatsächlich durch unsachgemäßen Gebrauch von Cannabis ausgelöst? Es gibt Studien, die den Zusammenhang zwischen übermäßigem Cannabisgebrauch und Schizophrenie beleuchten, doch kein seriöser Wissenschaftler ist bisher zu dem Ergebnis gekommen, dass ein gelegentlicher Joint zu solchen Auswüchsen führt. Der gegenwärtige Stand deutet eher darauf hin, dass bereits angelegte schizophrene Neigungen durch THC verstärkt werden können. Der Talkshow-Psychologe wendet diese Erkenntnisse allerdings in der Regel so, dass dramatische Szenarien vor den Augen der Zuschauer entstehen müssen.

Polizisten oder wahlweise Juristen gehören in jede Sendung, wobei es außer mir kaum Richter gibt, die diesen Part übernehmen. Immerhin führt das dazu, dass eine Pro-Stimme auf der Juristenseite vorhanden ist. Mit den Polizisten ist es etwas seltsam. Obwohl die Stimmung in der deutschen Polizei längst gekippt ist und man die Vorteile einer Entkriminalisierung für die tägliche Arbeit mittlerweile recht klar sieht – erinnert sei an das Gespräch mit Hubert Wimber –, wird in Talkshows meist ein Polizeivertreter präsentiert, der den Kontrapart vertritt. Daran lässt sich auch sehen, dass Lobby-Vertreter oftmals nicht die Meinung der Basis wiedergeben.

Ärzte habe ich gerne in den Sendungen, denn sie stehen in der Regel auf der Pro-Seite. Sie erklären, dass all die furchtbaren Auswirkungen so furchtbar gar nicht sind, und sie erläutern auch die Heilkräfte von Cannabis und dienen somit einem neutraleren Blick auf diese Pflanze.

Auf Seiten der Politik werden nach wie vor meistens Vertreter der konservativen Sozialromantik eingeladen. Oftmals CDU- oder CSU-Politiker. Sie alle reproduzieren die immer gleichen, falschen Vorurteile, die dazu führen, dass die Politik seit Jahrzehnten nicht in die Gänge kommt, um vorurteilsfrei an das Thema heranzugehen.

Diese Standard-Talkshowbesetzung variiert seit Jahren nur wenig. Aus Sicht der Redaktionen ist das verständlich, man hat ein planbares Gerüst, ist vor allzu negativen Überraschungen, die sich auf die Quote der Sendung in der Zukunft auswirken könnten, sicher, und man hat jede Menge Material über die Gäste zur Verfügung. Ich persönlich würde mir ab und an mehr Querdenker in solchen Sendungen wünschen, um auch in einer breiteren Öffentlichkeit mehr Bewegung in die Diskussion zu bringen. Momentan wird den Zuschauern die seit Jahrzehnten eingefahrene Diskussion nur immer wieder vorgeführt, neue Argumente und Überlegungen bleiben zumeist außen vor.

Zu meinem persönlichen Engagement in diese Richtung gehören auch Auftritte auf Hanfdemos, wie sie beispielsweise in Bremen, Berlin oder München stattfinden. Zwar muss die Zielgruppe dort nicht von der Notwendigkeit einer Legalisierung überzeugt werden, es ist aber wichtig für diese überwiegend jungen Menschen, dass sie sehen, dass sich auch Leute aus einer Sphäre, die als überwiegend feindlich eingestellt angesehen wird, für ihre Belange einsetzen. Dass ein Richter, noch dazu ein Jugendrichter, ihren guten Pro-Legalisierungsargumenten eine Stimme gibt, in Talkshows, in der Justiz und in der Politik, ist enorm wichtig. Es gibt übrigens einen

Aspekt, den ich sowohl auf einer Hanfdemo als auch auf anderen Veranstaltungen immer berücksichtige. Es mag im ersten Moment albern klingen und vielleicht sogar auch ärgerlich sein, aber ich achte grundsätzlich auf meine Kleidung. Ich trete bei solchen Gelegenheiten immer mit Hemd und Jackett auf, seriös, fast schon bieder, um gezielt optisch ein Kontra zur Erwartungshaltung gegenüber einem Pro-Cannabis-Legalisierungsmenschen zu setzen. Wichtig ist das auch bei sonstigen Veranstaltungen. Jemandem, der dem Klischee des typischen Kiffers äußerlich entspricht, würde dort keiner zuhören. Setze ich mich mit weißem Hemd aufs Podium, ist die Aufmerksamkeit eine ganz andere. Leider ist unsere Welt so auf Äußerlichkeiten bedacht, Fakt ist jedoch, dass man sich mit diesen Gegebenheiten auseinanderzusetzen hat, wenn man eine entsprechende Wirkung im Sinne der Sache erzielen möchte.

Öffentlichkeitsarbeit ist immer eine Gratwanderung. Ich wirke damit nach außen und erzeuge in den Köpfen der Menschen ein Bild, das nachwirkt und hängenbleibt, und zwar positiv wie negativ. Und im Falle von Cannabis existieren eine Menge von Assoziationen in den Köpfen der meisten Leute. Vor Ort in meinem Gerichtsbezirk, in Bernau, wird es viele Bürger geben, die mich für einen heftigen Kiffer halten, weil sie sich schlicht nicht vorstellen können, dass sich jemand so sehr für eine Sache einsetzt, ohne selbst »betroffen« zu sein. Das stimmt ja auch insoweit, als dass ich in der Tat betroffen bin, nur bedeutet es eben nicht, dass ich selbst ständig mit einem Joint in der Hand anzutreffen bin. Es ist auch deshalb eine Gratwanderung, weil ich nie weiß, was Medienvertreter aus den Informationen, die ich ihnen gebe, letztlich machen. Kommt alles so rüber, wie ich es gemeint habe? Oder ist ein falscher Zungenschlag drin? Das Misstrauen gegenüber Journalisten ist ja heute sehr hoch, ich habe allerdings überwiegend positive Erfahrungen gemacht und glaube, dass die

Sache der Legalisierung von meinen öffentlichen Medienauftritten eher profitiert hat.

Letztlich sehe ich meine Öffentlichkeitsarbeit auch als Entlastung für all jene, die sich nicht trauen, öffentlich über ihren Konsum zu sprechen, weil sie schlimmste Folgen befürchten. Die Stigmatisierung ist bis heute so stark, dass sich kaum jemand traut, nicht nur zuzugeben, dass er mal gekifft hat, sondern dass es auch noch Spaß gemacht hat. Wenn es Bekenntnisse gibt, dann müssen sie immer mit eilfertiger Buße verbunden sein, im Sinne von: »Ja, ich hab mal probiert, aber mir wurde davon furchtbar schlecht.« Dann kann das Publikum Absolution erteilen und der Grundgedanke der Abschreckung ist erfüllt.

Welche absonderlichen Wege der Versuch, öffentlich über das Thema zu sprechen, bisweilen nehmen kann, hat mir etwa ein Vorgang gezeigt, der sich im Frühjahr 2015 zutrug. Ich bekam eine Einladung des Senders *n-tv* für die Sendung »Das Duell«. Dort diskutieren immer zwei Kontrahenten über ein festgelegtes Thema. Es sollte um Cannabislegalisierung gehen, ich sagte sofort zu, weil ich die Gelegenheit ergreifen wollte. Natürlich fragte ich nach meinem Gegenpart und bekam die Information, es handele sich um den CDU-Gesundheitspolitiker Jens Spahn – heute Staatssekretär im Finanzministerium. Kurze Zeit später mailte mir die Redaktion, Herr Spahn habe ebenfalls zugesagt, es ginge nun nur noch um die zeitliche Planung. Wiederum ein paar Stunden nach dieser Mail folgte eine weitere, in der man mir mitteilte, Herr Spahn habe nun doch abgesagt, Grund hierfür seien zeitliche Probleme. Als ich daraufhin leicht verwundert über den plötzlichen Sinneswandel im Internet nach Herrn Spahn suchte, fiel mir unter anderem auf, dass unser Gespräch gerade mal fünf Tage vor dem CDU-Bundesparteitag gesendet worden wäre, auf dem auch Spahn für den Bundesvorstand der CDU kandidieren wollte. Mir fiel es wie Schuppen von den Augen, offenbar hatte der CDU-Mann sich von seinen Mitarbeitern ein Briefing über meine Person geben lassen und das Gefühl bekommen, dass die Sache für ihn ein Stück zu heiß werden könnte. Möglicherweise hatte er Angst, im Eifer der Diskussion »falsche« Dinge sagen zu können.

Solche Erlebnisse zeigen immer wieder, wie viel Brisanz gerade auch von politischer Seite in dem Thema steckt. Leicht können hier Karriereplanungen beschädigt werden. Ein ehemaliger Bundesinnenminister hat mir im privaten Gespräch einmal gesagt, ich hätte ja mit allem recht, was ich sage. Aber öffentlich könne er das natürlich nicht zugeben.

Entkriminalisierung, Legalisierung, Regulierung

(...) Es drang der Kaffe sogar aus den Städten in die Dörfer (...), verdrängte andere vorhin gewöhnliche Nahrungsmittel, fieng schon an, die körperliche Constitution ganzer Völker sichtbar zu verändern, und drohte mit noch fürchterlicheren Folgen, als die Regierungen sich bemüßiget erachteten, ihnen durch angemessene Verfügungen Einhalt zu thun. (...) Man befürchtet nemlich, daß es allmählig die ganze körperliche Constitution der Deutschen umschaffen möchte.

1794 war dieser Eintrag in der »Deutschen Encyclopädie« zu finden. Hintergrund war die damalige Kaffeeprohibition in mehreren deutschen Kleinstaaten. Neben wirtschaftlichen Gründen, vor allem dem Schutz der Bierbrauer, diente das Verbot vorgeblich auch dazu, die Gesundheit der Menschen zu schützen. Zu diesem Zwecke wurden Genuss und Handel mit Kaffee auch juristisch und teilweise sogar mit der Todesstrafe verfolgt. Aus heutiger Sicht schmunzeln wir vielleicht über ein Verbot von Kaffee, und doch war es viele Jahre lang real gewesen und wurde wenig hinterfragt. So erscheint auch vielen Menschen heute die Prohibition und Kriminalisierung von Cannabis als ganz normal, weil sie keine andere Situation kennen. Aus dieser Sichtweise heraus wird dann auch der Diskussionsbedarf über das Thema Legalisierung zur Seite geschoben. Wie man jedoch an der heutigen Legalität von Kaffee sehen kann, können Vernunftargumente eine Chance bekommen, gehört zu werden.

Ein kleines Beispiel, um sich die Gefahren, die mit dem Verbot einer recht harmlosen Substanz wie Cannabis verbunden sind, bewusst zu machen: Statten wir gedanklich (oder auch real, wer dies einmal ausprobieren möchte) dem Görlitzer Park in Berlin-Kreuzberg einen Besuch ab. Auf die mit diesem Park verbundene Drogen- und Dealerproblematik bin ich bereits eingegangen. Wer einmal quer durch den Park läuft, kann alles an Drogen kaufen, was nur vorstellbar ist, wobei das Angebot an Cannabis das bei weitem überwiegende ist. Wer nun auch noch tatsächlich bei den Dealern im »Görli« seinen Bedarf deckt, der kann so ziemliches alles erwarten, nur eines nicht: gutes, unverschnittenes Cannabis. Die Dealer sind, wie jeder Händler auf einem »freien« Markt, an Gewinnmaximierung interessiert und manipulieren den angebotenen Stoff auf jede nur erdenkliche Weise. Der eine fügt Sand zu, der andere Mehl oder auch Talkum. Wer richtig Pech hat, bekommt gestreckte Ware, die Glassplitter enthält oder Bleistaub. Mit diesen Zusätzen erhöht der Verkäufer das Gewicht des angebotenen Cannabis, nach dem sich der Schwarzmarktpreis bemisst. Wer sich diese Tatsache vergegenwärtigt hat, sollte sich zusätzlich die Kundenstruktur im »Görli« oder anderen illegalen Handelsplätzen ansehen. Dort kann jeder kaufen. »Jeder« impliziert auch Jugendliche. Diese Orte sind seit langem quasi unkontrollierbare und somit faktisch rechtsfreie Räume, die die durch strafrechtliche Regelungen angestrebte Kontrolle über den Drogenmarkt Tag für Tag ad absurdum führen. Dass das auch die meiner Meinung nach sogar verfassungswidrige Sonderregelung für den »Görli«, wie sie in Berlin im Rahmen der Null-Toleranz-Strategie gefahren wird, betrifft, sollte nach meinen Ausführungen klar sein.

Wer also einige Zeit im »Görli« verbracht hat, müsste anschließend eine ganz neue Sicht auf das Thema Drogenprohibition haben. Denn er hat gesehen, was die aktuellen juristischen Regelungen im Hinblick auf die Verhinderung von Drogenkonsum, gerade bei Jugendlichen, bringen – rein gar nichts. Davon ausgehend kommt man relativ schnell zu neuen Überlegungen, die alle unter der Überschrift »Legalisierung« zusammengefasst werden können. Auch ich spreche in diesem Buch von Legalisierung, bin mir dabei aber immer darüber im Klaren, dass dieser Begriff bei vielen Leuten falsche Vorstellungen weckt. Letztlich ist es vor allem ein Schlagwort, das durchaus sinnvoll ist, weil es auf den Gegensatz »legal – illegal« verweist. Was illegal ist, wird mit den Mitteln des Strafrechtes behandelt. Illegal und kriminell sind im Bewusstsein der meisten Menschen verwandte Begriffe, auch wenn es juristische Unterschiede gibt. Problematisch am Begriff der Legalisierung ist aber seine Unschärfe. Gegner kritisieren diesen Begriff vor allem deshalb, weil sie ihn mit einer völligen Freigabe von Cannabis und dem Ende jeglicher Kontrolle gleichsetzen. Diese Zuspitzung verhindert immer wieder eine sinnvolle Debatte über die Ausgestaltung dessen, was Legalisierung bedeuten kann.

Legal bedeutet: dem Gesetz (lat. *lex*) entsprechend. Diese Begriffsbedeutung weist also schon darauf hin, dass das Gesetz eine Rolle spielt, wenn wir über Legalität sprechen. Wir haben es bei legalen Dingen nicht mit einem *anything goes* zu tun. Dinge können durch Gesetze in ihrer Legalität eingeschränkt werden, wenn es sinnvoll ist. Das Beispiel Alkohol funktioniert auch hier. Er ist legal, trotzdem darf ihn nicht jeder Mensch in jeder Situation zu sich nehmen. Im Hinblick auf die Legalisierung von Cannabis würde dies ebenso gelten –

insbesondere für den großen Bereich des Jugendschutzes und die Beschränkung im Straßenverkehr.

Wenn wir von einer Legalisierung von Cannabis sprechen, bezieht sich dies insofern auf volljährige Menschen, die für ihr eigenes Erleben Gebrauch von einer Droge machen möchten und damit niemandem schaden. Um diese Form der Legalisierung zu erreichen, betone ich stets, dass wir eine Entkriminalisierung brauchen. Diese Tatsache kommt auch in der Petition der 122 Strafrechtsprofessoren zum Ausdruck. Die Entkriminalisierung ist deshalb der zentrale Bestandteil des Schlagwortes und Überbegriffs Legalisierung. Sie könnte unseren Umgang mit dem Thema Cannabis vom Kopf auf die Füße stellen.

Die unterschiedliche rechtliche Behandlung von Alkohol und Cannabis etwa wirkt sich negativ auf das Rechtsempfinden der Bürger aus. Wenn die erheblichen Unterschiede, die in diesen Fällen gemacht werden, nicht nachvollziehbar sind, steigt das Misstrauen auch in anderen Bereichen. Die Tatsache, dass wir in Deutschland jedes Jahr etwa 70.000 Todesfälle durch missbräuchlichen Alkoholgenuss zu beklagen haben, keinen einzigen jedoch, der in ursächlichem Zusammenhang mit Cannabis steht, legt eine umgekehrte juristische Bewertung dieser beiden Drogen nahe. Menschen saufen sich zu Tode, und wir kriminalisieren Cannabis!

Eine Entkriminalisierung würde die haarsträubenden Unterschiede, die im Hinblick auf die Begriffe »Besitz«, »Konsum« oder auch »Erwerb« gemacht werden, endlich abschaffen. Cannabis zu konsumieren ist in Deutschland ja tatsächlich gar nicht verboten. Man spricht hier von einer »straffreien Selbstschädigung«. Wie man es aber konsumieren soll, wenn man es weder erwerben noch besitzen darf, ist einigermaßen rätselhaft. Ich habe es mit einem Beispiel bereits im Kapitel »Strafverfolgung und die ungleichen Grenzwerte der Bundesländer« ausgeführt. Hinzu kommt die Tatsache, dass die Strafbewehrung von Erwerb und Besitz den Konsum nie spürbar eingeschränkt hat, ein weiterer deutlicher Hinweis auf die Untauglichkeit von Prohibition und Kriminalisierung. Wer konsumieren möchte, findet einen Weg zum Erwerb. Und wird er dabei erwischt, schlägt der Staat mit vollkommen unverhältnismäßigen Mitteln drauf und macht aus einem Menschen, der ein weitgehend harmloses Rauschmittel konsumieren möchte, einen echten Kriminellen. Als Richter habe ich mit dieser Tatsache immer wieder zu tun, und es ärgert mich jedes Mal wieder unsagbar, abgesehen vom unnötigen Arbeitsaufwand, Gesetze anwenden und umsetzen zu müssen, deren Sinngehalt ich nicht mal im Ansatz erkennen kann und deren Verfassungswidrigkeit von der Hälfte der deutschen Strafrechtsprofessorenschaft angezweifelt wird. Das Schreiben meiner Vorlage an das Bundesverfassungsgericht war genau von diesem andauernden Unverständnis beflügelt. Ich habe damals, genau wie der Kollege Nešković 1994 sicherlich auch, ganz genau überlegt, ob ich mir das antun will oder ob ich nicht mit den geltenden Regelungen doch leben kann. Angesichts des Leids, das ich nach Cannabis-Entscheidungen immer wieder mit ansehen musste, und natürlich vor dem Hintergrund der Erfahrungen mit meinem Bruder war mir jedoch recht schnell klar, dass diese Vorlage gemacht werden musste.

Dabei ging es noch nicht einmal um den großen Wurf zur Legalisierung, sondern vor allem um eine bundesweite Angleichung der Grenzwerte. Zu was für Absurditäten diese Unterschiede in den Regelungen der einzelnen Bundesländer führen, habe ich ja eingangs beschrieben. Derzeit kann man als Cannabiskonsument nur froh sein, in Bremen, Berlin oder Nordrhein-Westfalen zu wohnen, während ich aus pragmatischen Gründen den Bayern und Sachsen nur dazu raten kann, das Kiffen lieber sofort einzustellen und zur Droge Alkohol zu greifen, da sie hier sehr viel weniger Ungemach erwartet.

Die Entkriminalisierung ist also die Grundlage aller Legalisierungsbestrebungen. Sie reicht jedoch alleine nicht aus, um zu einer sinnvollen Gesamtlösung zu kommen. Dazu braucht es staatliche Regulierung. Damit ist auch klar, dass Legalisierung nicht bedeutet, den Staat aus der ganzen Sache rauszuhalten. Aber er soll eben nicht (sinnlos) bestrafen, sondern (sinnvoll) regulieren. Vorschläge für die konkrete Umsetzung einer Regulierung sind etwa in der Gesetzesvorlage der Grünen reichlich vorhanden. Bei der Lektüre hat man bisweilen das Gefühl, die Regulierung macht das Kiffen fast unattraktiver als die Kriminalisierung. Tatsächlich wären bei einer Regulierung eine Reihe von Fragen zu beachten, von denen ich einige zentrale nennen möchte:

1. Wer darf Cannabis verkaufen?
2. An wen darf es verkauft werden?
3. Gibt es eine Höchstmenge, die erworben werden darf, und wenn ja, wie hoch ist diese Menge?
4. Wie sieht die Preisgestaltung aus, findet man gebundene Preise, um einen Preiskampf zu verhindern?
5. Wie sind die Preise zu gestalten, um die Zerstörung des Schwarzmarktes voranzutreiben?
6. Wie wird der Jugendschutz gewährleistet?
7. Darf geworben werden oder nicht?
8. Wie verbindet man die regulierte Legalisierung mit Prävention und Aufklärung?

Gerade auch die Frage der Konkurrenz zum Schwarzmarkt ist von zentraler Bedeutung. Es wäre naiv, anzunehmen, dass mit der weitgehenden Legalisierung von Cannabis plötzlich das Problem der Dealerei beseitigt wäre. Der Görlitzer Park wäre sicher nicht schlagartig drogenfrei und wieder ein Paradies für Eltern mit spielenden Kindern.

Die Konkurrenzsituation zum Schwarzmarkt besteht vor allem auf zwei großen Feldern: Einerseits spielt der Preis des

Stoffes eine wichtige Rolle, andererseits seine Qualität und damit einhergehend auch sein Wirkstoffgehalt.

In der Debatte ist häufig zu hören, dass der Staat bei einer Regulierung des Marktes doch auch die Möglichkeit besäße, den THC-Gehalt zu begrenzen, um so zu verhindern, dass die Konsumenten zu starkes Cannabis bekommen. Dieser Gedanke scheint auf den ersten Blick sinnvoll zu sein, doch schon beim zweiten Nachdenken wird seine Schwäche sichtbar. Kein Schwarzmarkt-Dealer begrenzt den Wirkstoffgehalt. Gäbe es beim legalen Cannabisangebot eine Höchstgrenze, so wäre »starker« Stoff ein wesentliches Verkaufsargument für die illegalen Dealer, ganz unabhängig von der generellen Qualität des Stoffs.

Es muss also möglich sein, dass das legal verkaufte Cannabis in verschiedenen THC-Stärken angeboten wird. Wichtig ist dabei absolute Transparenz. In den USA werden auf Verpackungen, in denen Cannabis angeboten wird, sowohl der THC- als auch der Cannabinolgehalt genau angegeben. Damit weiß der Konsument, was er kauft, im Gegensatz zum Schwarzmarkt, wo er von niemandem eine Garantie dafür bekommt und immer Gefahr läuft, entweder viel zu starken Stoff zu bekommen oder mit geringem Wirkstoffgehalt für zu viel Geld übers Ohr gehauen zu werden.

Letztlich kann man auch hier mit der Parallele zu Alkohol argumentieren. Wäre es verboten, Spirituosen mit einem Alkoholgehalt von mehr als 30 Volumenprozent zu verkaufen, würde sich flugs ein Schwarzmarkt etablieren, auf dem Hochprozentiges zu erwerben wäre, ohne dass jemand kontrollieren könnte, ob gepanscht worden ist.

Der Preis wird bei einer Regulierung ein absolutes Killerargument sein. Der legale Markt tritt in ein knallhartes Konkurrenzverhältnis zum illegalen Markt. Viele Konsumenten werden rein ökonomisch denken: Wo bekomme ich meinen Stoff günstig? Wenn sie bisher mit der Qualität, die ihr Dealer geliefert hat, zufrieden waren und gleichzeitig dort einen wesentlich besseren Preis bekommen, wird es schwerfallen, sie zum Umsteigen auf legal erwerbliches Cannabis zu bewegen.

Um diesen Umstieg zu schaffen, muss also bei einer Regulierung des Marktes beides bedacht werden: Die Qualität des angebotenen Cannabis muss absolut transparent sein, der Wirkstoffgehalt klar ersichtlich und nicht nach oben begrenzt, und es muss zu einem konkurrenzfähigen Preis erhältlich sein. Um das zu schaffen, ist nicht zuletzt auch eine genaue Kenntnis des Schwarzmarktes notwendig. Bei der kleinsten Gefahr, zu blauäugig an eine Regulierung heranzugehen, wird der Schwarzmarkt diese Blauäugigkeit gnadenlos ausnutzen.

Letztlich dürfte es indes nicht so schwer sein, den Preis des illegalen Marktes deutlich zu unterbieten. Notwendig dürfte dazu nach einer Legalisierung nur der Einstieg der Industrie sein. Wenn ein legaler und ausreichend großer Markt vorhanden ist, wird es möglich sein, über die Menge der angebotenen Ware zu einem günstigen Preis zu kommen, den die illegale Seite nicht halten kann. Natürlich kommen wir damit zu einer Marktsituation, die die alte Kiffer-Romantik ein Stück weit zerstören wird. Das sollten wir jedoch in Kauf nehmen, wenn wir dadurch zu einem sinnvollen Umgang mit Cannabis in unserer Gesellschaft gelangen können.

Bei einer Regulierung werden viele Dinge zu beachten sein. So, wie zunehmend restriktivere Regeln für die Bewerbung von Tabak- und Alkoholprodukten gelten, so sollte auch für Cannabis nicht aktiv geworben werden dürfen. Die Legalisierung ist kein Marketing-Thema, sondern eine gesundheitspolitische und juristische Notwendigkeit, das dürfen wir nicht aus dem Blick verlieren. Der Umgang mit der Droge soll offener und selbstverständlicher werden, Menschen dürfen nicht unsinnig zu Straftätern gemacht werden. Das Ziel ist nicht, Menschen Joints in die Hand zu drücken, die bisher nie darüber nachgedacht haben, zu kiffen.

Kapitel 4
Kiffen – Klischees und Realität

Was die sachliche Diskussion über die Legalisierung von Cannabis vor allem anderen so schwierig macht, sind die unzähligen Klischees, die über diese Droge im Umlauf sind und die von Gegnern auch gezielt immer wieder bestärkt und erneut in Umlauf gebracht werden. Wer sich nicht näher mit dem Thema auseinandersetzen möchte, der dringt meist nicht weiter als bis zu irgendeinem Gerücht vor und bildet sich daraus seine Meinung.

Für viele Menschen ist Cannabis schon deshalb negativ besetzt, weil es eine Droge ist. Drogen sind böse, machen Menschen kaputt, deshalb muss auch Cannabis böse sein und die Konsumenten zerstören, so lautet die einfache Gleichung. Während Cannabis als solchermaßen gefährliche Droge gilt, spricht man bei Alkohol und Zigaretten in der Regel von Genussmitteln. Das klingt doch gleich viel freundlicher. Zum Klischee vom bösen Rauschmittel kommen die vielen Stereotype über die Wirkung und die Konsumenten von Cannabis. Viele bürgerlich orientierte Menschen denken an Rastalocken, Reggaemusik und irgendwo politisch links stehende Nichtsnutze. Es kursieren wilde Gerüchte über das Abhängigkeitspotenzial, immer wieder wird die Mär von körperlicher Abhängigkeit erzählt, genauso wie der Unsinn von der Einstiegsdroge verbreitet wird.

Menschen mit und ohne handfestes Interesse am weiteren strafrechtlich relevanten Verbot von Cannabis glauben und reproduzieren all dies, um zu verhindern, dass Menschen ein realitätsnahes Bild dieser Pflanze und ihrer Wirkungen bekommen. Sie verhindern damit unter anderem, dass Kranke Heilung und Linderung ihrer Schmerzen erfahren können, aber auch das scheint im Dienste der Verbotsideologie in Ordnung zu sein.

Wer hingegen erst einmal begonnen hat, sich mit den Hintergründen all dieser Klischees auseinanderzusetzen und die vielen guten Gegenargumente wahrzunehmen, wird schnell die Realität erkennen. Eine weitere Gegnerschaft der Legalisierung ist dann eigentlich nur noch mit einem unbestimmten Bauchgefühl zu begründen. Vernunftargumente sind hingegen nur schwerlich zu finden.

Wissenschaft und Ideologie

Science has become a weapon in a propaganda battle.
(Shafer-Report 1972)

Dieser Satz aus dem »Shafer-Report« von 1972 benennt eines der grundlegenden Probleme in der Cannabisdiskussion kurz und bündig. Im deutschen Sprachgebrauch entspricht die hierin liegende Erkenntnis ungefähr dem schönen Satz: »Glaube nur den Statistiken, die du selbst gefälscht hast.« Bezogen auf unser Thema wird hier Wissenschaft als Waffe bezeichnet, die im Propagandakrieg um Cannabis zum Einsatz kommt. Anders gesagt: Wer eine These wissenschaftlich beweisen möchte, der wird Mittel und Wege finden, dies zu tun. Auf diese Art und Weise funktioniert seit Jahr und Tag auch die Debatte über die Gefährlichkeit von Cannabis. Die tatsächliche Aussagekraft der Studien und Tests, auf die Bezug genommen wird, um alle Klischees zu belegen, spielt dabei eher eine kleine Rolle.

Die hier zitierte, mit vollem Titel »Marihuana: A Signal of Misunderstanding«, ist ein beeindruckendes Beispiel einer aus offizieller Sicht aus dem Ruder gelaufenen Studie. In den USA sollte die *National Commission on Marihuana and Drug*

Abuse, also eine Kommission, die den Marihuana- und Drogenmissbrauch untersuchen sollte, nur noch einmal wissenschaftlich die Cannabisprohibition legitimieren. Neue Erkenntnisse waren gefragt, die zeigen sollten, dass man zu Recht scharf gegen den Marihuana- und Haschischkonsum vorging.

Das Ergebnis jedoch war für Präsident Richard Nixon und die Prohibitionsbefürworter im Kongress ein Desaster. Raymond P. Shafer, der Vorsitzende der Kommission, präsentierte eine Studie, die zu dem Ergebnis kam, es spreche nichts dagegen, Cannabis für den privaten Gebrauch zu legalisieren. Das strafrechtliche Instrumentarium, das zur Anwendung komme, sei restlos überdimensioniert. Auch die Parallele zum gesellschaftlich akzeptierten Alkoholgebrauch wurde gezogen, ich liefere hier eine deutsche Übersetzung: »Drogenkonsum zum Vergnügen oder zu anderen nichtmedizinischen Zwecken muss nicht zwangsläufig verantwortungslos sein; Alkohol ist weithin dafür bekannt, ein akzeptierter Teil sozialer Aktivitäten zu sein.«

Hier haben wir das »Cannabisproblem« in seiner ganzen Schönheit. Anders als beim Shafer-Report weiß man in der Regel bei hiesigen Studien immer schon vorher, wie sie ausgehen werden. Das liegt zum einen daran, dass keines der gängigen Klischees über Cannabis wirklich ernsthaft hinterfragt wird. In den Köpfen derjenigen, die die Studien in Auftrag geben, scheinen sie ebenso fest verankert zu sein wie in den Köpfen derer, die sie erstellen. Und zum anderen liegt es manchmal auch daran, dass die Verantwortlichen persönliche Vorteile aus der anhaltenden Kriminalisierung von Cannabis ziehen können.

Ich habe Herrn Thomasius schon an mehreren Stellen dieses Buches erwähnt und sehe in ihm einen der Hauptverantwortlichen für eine Verzögerung der Legalisierung. Als Leiter des *Deutschen Zentrums für Suchtfragen des Kindes- und Ju-*

gendalters (DZSKJ) in Hamburg-Eppendorf sorgt er aus meiner Perspektive dafür, dass viele Menschen erst gar keinen unvoreingenommenen Blick auf das Thema Cannabis und speziell Jugendschutz werfen können. Thomasius' Standing ist gut, das kann man ihm nicht absprechen. Das zeigt ein Beispiel aus dem Jahr 2005. Damals hatte das Bundesgesundheitsministerium ein Gutachten in Auftrag gegeben, um einen aktuellen Forschungsstand zum Thema Cannabis zu bekommen. Der Zuschlag für die Erstellung dieses Gutachtens ging, wenig überraschend, an ihn. Ich kann es mir nicht anders erklären, als dass die damalige Drogenbeauftragte, Marion Caspers-Merk, Thomasius diesen Auftrag gab, um endlich wieder eine eindeutig negative Aussage über Cannabis in den Händen halten zu können. Der damalige Forschungsstand über Cannabis und dessen Konsum war so positiv, dass es anscheinend dringend einer Stimme bedurfte, die das vermeintliche Gefahrenpotenzial der Droge manifestierte. In jedem Fall sah es so aus, als sollte mit dieser Aktion die vom Ministerium selbst in Auftrag gegebene Kleiber/Kovar-Studie endgültig in den Untiefen der ministeriellen Schubladen verschwinden, da diese Studie nicht das gewünschte Ergebnis gebracht hatte.

Wie »qualifiziert« Thomasius für eine Studie über Cannabis ist, belegte damals schon die Aussage von Professor Stephan Quensel vom Bremer Institut für Drogenforschung, der auch in einem meiner größeren Cannabisverfahren als Gutachter fungierte:

Eigene Forschungsarbeiten auf dem Cannabis-Gebiet liegen zumindest in publizierter Form nicht vor. Es existiert lediglich ein Übersichtsartikel in der Zeitschrift Blutalkohol, den Thomasius mit mehreren anderen Autoren zusammen verfasst hat. Es fällt auf, dass er mehrfach höchst überzogene und kaum zutreffende Aussagen zum Cannabis abgibt, bei denen er seine Praxiserfahrungen in einer wissenschaftlich unmöglichen Weise verallgemeinert. Im Vergleich zu den Verfassern der bisherigen Expertisen im In- und vor allem im Ausland wirkt Thomasius kaum besonders qualifiziert.[32]

Ich habe Professor Thomasius im Juli 2004 persönlich kennengelernt und seinen kometenhaften Aufstieg als gefragter Mahner und Warner miterlebt. In Reportagen, in denen wir beide einen Auftritt hatten, wurden wir in der Regel medienwirksam als Widerparts installiert. Berichte, die ihn als Experten heranziehen, wie beispielsweise im *SPIEGEL* vom 28. Juni 2004 mit der Titelstory »Die Seuche Cannabis«, sind vollkommen gegen eine Legalisierung eingestellt.[33]

Ich will es so formulieren: Man kann Thomasius als Feigenblatt der Prohibitionsbefürworter und gewissermaßen als Wiedergänger Anslingers bezeichnen, im Schulterschluss mit Frau Mortler.

Anlässlich des von mir bereits erwähnten Falles vor dem Jugendschöffengericht des Amtsgerichts Bernau, bei dem eine erneute Bundesverfassungsgerichtsvorlage geplant war, lud ich ihn im Juni 2004 als Sachverständigen in Cannabisfragen in meinen Gerichtssaal ein. Es ging um die Frage, wie gefährlich Cannabis sei. Meine erste Frage an ihn lautete, ob er wisse, warum er hier sei. Thomasius entgegnete, er wisse es nicht. Ich erklärte ihm, er sei durch das Bundesgesundheitsministerium als Sachverständiger in Cannabisfragen benannt worden. Professor Thomasius führte aus, er habe zwar selbst keine Studien vorgenommen, allerdings könne er sich auf rund 200 wissenschaftliche Arbeiten aus dem klinischen Bereich berufen. Interessanterweise gab es nicht wenige Überschneidungen zwischen den Ergebnissen, die er aus diesen Arbeiten zog, und denen der anderen Sachverständigen, an Thomasius' feindlicher Haltung gegenüber Cannabis änderte das aber nichts. Wie Frau Mortler erwies er sich als unbeweglich gegenüber Sachargumenten, die nicht seiner Marschrichtung entsprachen. Er erklärte, er kenne viele Jugendliche mit Cannabisproblemen und könne daran ja erkennen, dass Cannabis gefährlicher sei als Tabak und Alkohol und unbedingt strafbewehrt bleiben müsse. Zwar räumte er auf Nachfrage ein, dass auch bei den Cannabispatienten seiner Klinik häufig ein Mischkonsum vorliege, versteifte sich dann aber sofort wieder auf Cannabis als Grundübel und trumpfte mit der alten Psychosendiagnose auf. Diese seien insbesondere auf Cannabiskonsum zurückzuführen. Auf die Frage, warum in Jamaika rund 60 Prozent der Bevölkerung Cannabis konsumierte und dennoch keine überdurchschnittliche Zahl an Schizophrenieerkrankungen festzustellen sei, erklärte er sinngemäß, das würde an einer anderen Cannabiskultur und einer anderen Art des Konsums liegen. Sollten wir also nach dieser Logik nicht unsere Kultur unter Verdacht stellen, Schizophrenieerkrankungen auslösen zu können?

Trotz alledem erhielt Thomasius, der zum Zeitpunkt unseres Zusammentreffens auf meine ausdrückliche Frage hin erklärte, er habe keinen *definitiven* Gutachtenauftrag, nur einige Zeit später den ersten Gutachterauftrag des Bundesministeriums für Gesundheit zum Thema, wie ich aus den Medien erfahren musste.

Seitdem drängt sich der Verdacht auf, dass Thomasius die Medien sehr gezielt für seine Prohibitionslobby einzusetzen weiß. Da gibt es dann Überschriften wie »Schwere Gehirnschäden – Prof. Thomasius: Cannabis macht Menschen dumm!« oder »Kiffen ist viel gefährlicher als Trinken«.

Mittlerweile hat Thomasius eine dermaßen lange Geschichte im Hinblick auf »sein« Thema, dass er womöglich Angst hat, auch nur der kleinste Schritt in die andere Richtung könnte ihn seinen Ruf kosten. Anders kann ich es mir nicht erklären, warum er all die Jahre immer wieder neue Studien und Erkenntnisse zum Thema Cannabis ignoriert oder fehlinterpretiert. Sehr beliebt in seiner Liste der Totschlagargumente ist auch die Behauptung, Cannabiskonsumenten würden immer jünger. Das gleiche Argument war bereits 1970 im Vorfeld der Einführung des BtMG von der damaligen Gesundheitsministerin der SPD zu hören. Wer mit Jugendlichen, sei es privat oder beruflich, zu tun hat, dem dürfte aufgefallen sein, dass das für jegliche persönliche Entwicklungsstufe angemessene Alter unter anderem auch gesellschaftlichen Schwankungen unterworfen ist. So gilt es beispielsweise immer mal als wahlweise frühreif, spät oder normal, mit 25 verheiratet zu sein, mit 19 voll im Berufsleben zu stehen, oder mit 14 Jahren erste Initiationsriten, zu denen auch der probeweise Rauschmittelkonsum gehört, zu vollziehen. Mir ist keine seriöse Studie bekannt, die die These des gefährlichen Anstiegs immer jünger werdender Cannabiskonsumenten belegen würde. Manches Argument gegen die Legalisierung ist so fadenscheinig, dass ein kurzer genauer Blick reicht, um es zu entkräften. Doch werden diese Thesen von einschlägiger Seite immer und immer wieder in den Ring geworfen und von anderen ernstgenommen. Ich kann nur wiederholen: Das verlängert das durch die Kriminalisierung geschaffene Leid.

Es gibt zudem einen Aspekt, den ich an der Meinungsmache der Prohibitionsbefürworter beunruhigend finde. Denn auch hier wird das Thema Jugendschutz und Cannabis auf verquere Art und Weise angegangen. Die Punkte, die Thomasius im April 2013 im Deutschen Bundestag anlässlich einer Expertenanhörung im Ausschuss für Gesundheit vorbrachte, ließen im Vergleich zur Beurteilung der Gefährlichkeit von Cannabis ein Bewusstsein für die Auswirkungen von Alkoholkonsum und -missbrauch vermissen.[34] Thomasius nennt etwa Kontrollverlust, Konzentrationsstörungen, Toleranzphänomene und Entzugserscheinungen als schädigende Wirkungen des regelmäßigen Konsums der verbotenen

Droge Cannabis. Das hat natürlich alles seine Berechtigung und kann bei aktuellem Konsum oder bei Dauerkonsum bei Jugendlichen auftreten. Doch unterscheiden sich die genannten Wirkungen zunächst gar nicht von den durch Alkoholkonsum hervorgerufenen, ich habe das an anderer Stelle ausgeführt. Wie Frau Mortler zwei Jahre später mit ihrer Rede zur Grünen Cannabis-Gesetzesinitiative ignoriert er den Umstand, dass eine Cannabisabgabe an Jugendliche auch seitens der Legalisierungsbefürworter nicht in Frage kommt.

Das mag zum Teil noch unter Rhetorik verbucht werden. Doch im Folgenden stellt er eine Behauptung auf, die aus dem Mund eines oft befragten Sachverständigen zu dieser Thematik einfach bodenlos ist. So behauptet er, acht bis 14 Prozent der Schizophrenieerkrankungen weltweit seien auf Cannabiskonsum zurückzuführen. Professor Thomasius argumentiert in seinen Redebeiträgen dabei teilweise auf Grundlage von Tierversuchen, aber auch auf der Basis eigener Erfahrungen mit und Beobachtungen von Cannabispatienten.

An dieser Stelle sei auf den »2. Alternativen Drogen und Suchtbericht 2015« verwiesen, insbesondere auf den Beitrag »Aktuelle neurobiologische Studien zu gesundheitlichen Folgen von Cannabiskonsum mit Fokus auf Psychosen und neuropsychologischen Defiziten« von Professor Derik Hermann. Der Verfasser ist Facharzt für Psychiatrie und Psychotherapie, leitender Oberarzt der *Klink für Abhängiges Verhalten und Suchtmedizin* am *Zentralinstitut für Seelische Gesundheit* in Mannheim. In seinem Beitrag gibt Hermann zu bedenken, dass die bisherige Annahme, Cannabis allein könne in direkter Folge zu einer Psychose führen, nicht haltbar ist. Nach aktuellen Studien müsse man von »genetisch bedingten Unterschieden« ausgehen. Das Risiko, eine cannabisursächliche Psychose zu entwickeln, sei also nicht pauschal, sondern individuell zu bewerten. Genetisch bedingt sei außerdem die Neigung für erheblich stärkeren

Konsum, ein Indiz für eine grundsätzliche Disposition für eine Psychose – auch ohne den Trigger des Cannanbiskonsums. Hermann schätzt Psychosefälle durch Cannabis als so selten ein, dass mehrere Tausend Kiffer ihren Konsum einstellen müssten, um einen einzigen Fall verhindern zu können. Diese Tatsache hat sich landläufig in den letzten Jahren verbreitet, so dass das Psychoseargument an Schlagkraft verloren hat – was Professor Thomasius und unsere Drogenbeauftrage jedoch nicht daran hindert, es weiter zu bemühen. Gern wird von Seiten der Prohibitionisten auch unter den Tisch fallengelassen, was Dirk Hermann in seinem Beitrag zum »Alternativen Suchtbericht« noch einmal deutlich macht: Für die Entwicklung einer Psychose durch Cannabiskonsum, die außerordentlich selten ist, ist das Alter des Konsumenten bei Beginn des Konsums entscheidend. Denn in der Tat kann Cannabis einem noch nicht ausentwickelten Gehirn gefährlich werden und zu »neuropsychologischen Defiziten« führen – nicht aber im Erwachsenenalter.[35]

Ich denke, damit ist alles gesagt.

Obwohl das Zeugnis, das ich Herrn Professor Thomasius hinsichtlich seiner Eignung als Sachverständigem ausstellen muss, ziemlich fatal ausfällt, kann dieser ohne Gesichtsverlust nicht mehr aus der Sackgasse heraus, in die er sich hineinmanövriert hat. Wenn ausgerechnet er, der viel gefragte Lobbyist, plötzlich seine Meinung ändern und die Auswirkungen von Cannabis tatsächlich realistisch einschätzen würde, bräche hierzulande die komplette Kriminalisierungsindustrie zusammen.

Die Mär von der Einstiegsdroge

Der Vergleich zwischen Alkohol und Cannabis ist den Legalisierungsgegnern eher unangenehm. Gerne wird dann ein wenig hin und her diskutiert, etwa mit dem Totschlagargument, Alkohol sei schließlich eine im hiesigen Raum altgediente und akzeptierte Kulturdroge und auf Cannabis treffe das nicht zu. So argumentiert beispielsweise Mortler in der ZDF-Reportage »Zoff ums Kiffen« vom 12. Mai 2015.[36] Es gibt noch diverse weitere halbseidene Gründe, warum der Vergleich nicht zulässig sei. Einer der Lieblingspunkte ist die Mär von der Einstiegsdroge Cannabis.

So wird von Legalisierungskritikern oftmals behauptet, die Wahrscheinlichkeit, von diesem Konsum auf den regelmäßigen härterer Drogen umzusteigen, vor allem auf Heroin, sei sehr hoch. Wie jedoch vor allem die Kleiber/Kovar-Studie gezeigt hat, ist dieser Zusammenhang keinesfalls nachweisbar.

Zunächst aber will ich die Logik der Cannabiskriminalisierer aufzeigen, um den Blick für die medial aufbereiteten Scheinargumentationen, die Cannabis als Einstiegsdroge proklamieren, zu schärfen. Auf den ersten Blick mögen sie schlüssig wirken:

> *Zwar greift nicht jeder, der Cannabis konsumiert, auch zu »harten« Drogen (sog. »Gateway«- oder »Schrittmacher«-Theorie). Fakt ist aber auch, dass diejenigen, die Amphetamin, Kokain oder Heroin konsumieren, fast ausnahmslos ihre Drogenkarrieren mit dem Cannabiskonsum begonnen haben.*[37]

So der Trierer Oberstaatsanwalt und Herausgeber einer der meistzitierten Kommentare zum Betäubungsmittelrecht, Jörn Patzak, bei einer Anhörung vor dem Bundestag im Jahr 2012.

Ähnlich argumentiert Professor Thomasius auf Nachfrage des *Sterns*, im November 2014:

Gerade bei jungen Konsumenten beobachten Forscher komplexe Verstellungen im sogenannten Suchtgedächtnis des Nervensystems. Darauf stützt sich ein zunehmend plausiblerer Erkenntnisstand. Er besagt: Diejenigen, die früh Cannabis konsumieren, greifen im jungen Erwachsenenalter wesentlich leichter zu harten illegalen Drogen – vor allem zu anregenden Substanzen wie Amphetamin, Metamphetamin oder Kokain.[38]

Beide sogenannten Experten verzichteten in ihren Auskünften zum Thema auf das Wort »Einstiegsdroge«. Doch weisen beide mit den gewählten und autorisierten Worten ihre Leser- bzw. Zuhörerschaft darauf hin, dass der Konsum von Cannabis unmittelbar in die Gosse führen wird. Dabei muss man sich Patzaks Worte wirklich auf der Zunge zergehen lassen. Im ersten Satz weist er zart auf den entscheidenden Umstand hin, um den es mir hier geht. Im zweiten Satz konterkariert er aber seine eigene Aussage mit einem typischen Fehlschluss. Dabei muss ich Patzak, einem außerordentlich guten Redner und Dozenten, zunächst einmal zugutehalten, dass auch er nur das Beste für die Volksgesundheit erreichen will. Gleichwohl argumentiert er nach wie vor mit den Grundzügen der längst obsoleten Einstiegstheorie.

Wahrscheinlich haben tatsächlich die meisten Konsumenten harter Drogen irgendwann auch mal Cannabis genommen oder tun es noch. Sehr wahrscheinlich haben sie allerdings alle auch schon häufig Alkohol getrunken (oder machen es noch) und Zigaretten geraucht (und machen es noch). Niemand käme auf die Idee, Alkohol zu verbieten, weil er eine Einstiegsdroge für Heroin oder böse Pillen sei. Um es polemisch zu wenden: Die meisten der späteren Heroinabhängigen dürften bereits im Babyalter Muttermilch konsumiert haben, weswegen aber wohl keiner auf die Idee kommen wird, Muttermilch als Einstiegsdroge für Heroin zu sehen.

Die Einstiegsdrogenthese wäre überhaupt nur dann diskutabel, wenn es eine nennenswerte Vergleichbarkeit der Zahlen von Cannabis- und Hartdrogenkonsumenten gäbe. Diese Vergleichbarkeit ist aber bei einer Nutzerzahl im Bereich von etwa vier Millionen bei Cannabis und unter Hunderttausend abhängigen Nutzern bei Heroin, Kokain, Amphetaminen und anderen Substanzen nicht gegeben. Diese Zahlen sind eher der Beweis dafür, dass es keinerlei vorgezeichneten Weg vom Cannabiskonsum zu härteren Stoffen gibt und der Umstieg auf Heroin und Co. in anderen Gründen, etwa im persönlichen Umfeld des Nutzers, zu suchen ist. Ich gehe sogar so weit zu sagen, dass es zu einem wesentlich höheren Anstieg der Konsumenten härterer Drogen kommen würde, würden es die Prohibitionisten tatsächlich schaffen, Deutschland von jeglicher Cannabispflanze zu befreien. Unter Umständen würden diejenigen Menschen, die sich berauschen und betäuben lassen wollen, viel früher auf das Mittel Heroin zurückgreifen, da sie ein milderes Sedativ nicht zur Verfügung haben. Oder sie würden zu Medikamenten greifen, mit der Folge, dass in diesem Bereich die Zahl der Abhängigen steigt. Insoweit erachte ich das milde Gottesgeschenk Cannabis letztendlich als Wohltat für die Gesellschaft.

Da sich die These der Einstiegsdroge jedoch aufgrund ihrer Einfachheit und scheinbaren Plausibilität hartnäckig hält, haben sich verschiedene renommierte Wissenschaftler in der Vergangenheit damit auseinandergesetzt. Die bekannteste deutsche Studie, die in vielerlei Hinsicht prägend für einen unvoreingenommenen Umgang mit dem Thema ist, ist die schon an verschiedenen Stellen in diesem Buch angesprochene Kleiber/Kovar-Studie von 1997. Sie trifft zu allen relevanten Punkten des Themas Cannabis wissenschaftlich fundierte Aussagen, die keinen anderen Schluss zulassen, als dass eine Legalisierung überfällig ist. Die Befunde hinsichtlich der Einstiegsdrogenfrage, wissenschaftlich auch »Eskalationstheorie«

genannt, deuten darauf hin, dass die meisten Cannabisnutzer, die die Droge nicht mehr nehmen, einfach aufgehört haben und nicht etwa auf härtere Drogen umgestiegen sind. Dementsprechend kommt die Studie zu dem Fazit:

> *Ein wichtiges Argument in der Diskussion um Cannabis ist seine mögliche »Schrittmacherfunktion« für den Einstieg in den Konsum von illegalen Drogen bzw. den Umstieg auf härtere Substanzen. Diese These muss nach Analyse der vorliegenden Studien zurückgewiesen werden.*

Damit wird gleichzeitig eine Aussage zum Abhängigkeitspotenzial getroffen, die mancher Meldung über »Cannabis-Sucht« entgegensteht:

> *Bezüglich des Abhängigkeitspotenzials der Droge fassen wir zusammen: Der Konsum von Cannabis führt keineswegs zwangsläufig zu einer psychischen Abhängigkeit, es kann jedoch zu einer Abhängigkeitsentwicklung kommen. Eine solche Abhängigkeit vom Cannabistyp kann jedoch nicht primär aus den pharmakologischen Wirkungen der Droge, sondern vielmehr aus vorab bestehenden psychischen Stimmungen und Problemen erklärt werden. Die Abhängigkeit von Cannabis sollte als Symptom solcher Probleme gesehen werden.*

An dieser Stelle möchte ich noch einmal auf den von Mortler herausgegebenen Drogenbericht 2015 zurückkommen. Dort heißt es, Cannabis produziere »eine schwache psychische Abhängigkeit«. Wenn diese im Verhältnis zu Abhängigkeiten von Alkohol, Medikamenten – oder auch Handys und Internetnutzung – eben »schwach« ist, kann sie natürlich auch schneller wieder beseitigt werden. Das nur am Rande.

Doch zurück zur Debatte um die Einstiegsdrogenthese. An ihr lässt sich gut das Grundproblem solcher strittigen und emotionsgeladenen Diskurse demonstrieren. Es besteht darin, dass die öffentliche Diskussion vor allem aufgrund von gefühlten Annahmen geführt wird und es scheinbar nur darauf ankommt, welche Lobby schneller und plakativer mit ihren Argumenten und Sichtweisen durchdringt. Wie ist es anders zu verstehen, dass wir immer noch über die Einstiegsdrogentheorie sprechen müssen, obwohl diese bereits vor über 20 Jahren höchst offiziell beerdigt wurde. Mittlerweile argumentieren Thomasius und seine Mitstreiter in der Öffentlichkeit, dass die Annahme zwar nicht belegt sei – aber auch nicht widerlegt. 1994 schon schrieb aber das Bundesverfassungsgericht auf die Vorlage von Wolfgang Nešković hin, die These müsse nach Durchsicht der neuesten wissenschaftlichen Erkenntnisse »überwiegend abgelehnt« werden. Eine vorsichtige Formulierung zwar, in ihrer Botschaft jedoch klar. Und selbst in dem von Patzak herausgegebenen Kommentar zum BtMG findet sich eine entsprechende Aussage: »Die These vom Umsteigeeffekt des Haschisch (…) hat sich als Mythos erwiesen.«

Den Legalisierungsbefürwortern bleibt angesichts dieser Missachtung längst bewiesener Fakten durch die Prohibitionisten nichts übrig, als weiter gegen Windmühlen zu kämpfen. Leider finden sehr viele Diskussionen zum Thema auf diesem Niveau statt. Somit kommen wir nicht umhin, immer wieder darauf hinzuweisen, was Professor Dieter Kleiber und Professor Renate Soellner bereits 2004 schrieben:

Die Einstiegsthese wird gerne im politischen Raum vorgetragen, um die Gefährlichkeit von Cannabisprodukten nachvollziehbar zu machen, und dies gilt, obwohl sie mehr als 30 Jahre in der Fachwelt kritisiert und heute von Fachleuten einhellig als empirisch unbestätigt zurückgewiesen wird.[39]

Alkoholmissbrauch und die Cannabisdiskussion

Ich habe diesen Aspekt unseres Themas, Cannabis und Alkohol, schon an mehreren Stellen angesprochen und will ihn hier kurz ausführen. Es ist einfach eine Argumentationslinie, die den Legalisierungsbefürwortern eine Menge Wind aus den Segeln nimmt.

Im Drogen- und Suchtbericht 2015, den ich schon an anderer Stelle zitiert habe, heißt es unter dem Stichpunkt »Alkohol«:

> *Der durchschnittliche Pro-Kopf-Alkoholkonsum in Deutschland beträgt jährlich 9,6 Liter reinen Alkohol (1995: 11,1 Liter). Alkohol in gesundheitlich riskantem Ausmaß konsumieren hierzulande 9,5 Millionen Menschen. Gemäß den Ergebnissen des Epidemiologischen Suchtsurveys (ESA) gelten etwa 1,77 Millionen Menschen im Alter von 18 bis 64 Jahren als alkoholabhängig, ein Alkoholmissbrauch liegt bei etwa 1,61 Millionen Menschen vor. Das entspricht weitgehend den bisher vorliegenden Zahlen des ESA aus 2009, denen zufolge bei etwa 3,3 Millionen Menschen ein Alkoholmissbrauch oder eine Alkoholabhängigkeit zu finden ist. Jedes Jahr sterben in Deutschland mindestens 74.000 Menschen an den Folgen ihres Alkoholmissbrauchs bzw. des kombinierten Konsums von Alkohol und Tabak. Nach Untersuchungen, die sich auf das Jahr 2007 beziehen, belaufen sich die volkswirtschaftlichen Kosten durch missbräuchlichen oder riskanten Alkoholkonsum in Deutschland auf 26,7 Milliarden Euro pro Jahr.*

Es sei daran erinnert, dass dieser Bericht jüngst von der aktuellen Drogenbeauftragten der Bundesregierung vorgestellt wurde und auch von ihr herausgegeben wird. Die Passage führt uns die Folgen des Alkoholmissbrauchs in Deutschland vor Augen, für jedermann frei zugänglich im Internet. Die

Zahlen werden jedes Jahr erhoben, und die Dramatik, die ihnen innewohnt, ändert sich von Jahr zu Jahr nicht. Wie soll ich es anders formulieren? Die Absurdität der Illegalität von Cannabis könnte nicht augenfälliger sein als beim Betrachten dieser von offizieller Seite aus veröffentlichten Zahlen zum Alkoholmissbrauch in Deutschland.

Alkohol ist eine Droge. Eine Droge, die abhängig machen kann, und eine Droge, die in letzter Konsequenz zum Tode führen kann. Wer wüsste das besser als ich selbst, der ich meinen Vater an sie verloren habe. Natürlich hat damals auch mal jemand zu meinem Vater gesagt, er solle weniger saufen, es täte ihm nicht gut. Aber illegal war seine Sauferei nie, in jeder Kneipe konnte er, so wie jeder (Erwachsene) von uns, so viel von dieser Droge konsumieren, wie er wollte. Ja, er konnte sogar nach seinem letzten Entzug direkt in seiner Stammkneipe auflaufen und sich dort von den alten Kumpels wieder an die Flasche bringen lassen. Die fanden nicht bewundernswert, dass er unter Schmerzen und Entbehrungen den Entzug geschafft hatte, die fanden einfach nur, Alkohol gehöre einfach dazu, und er solle gefälligst weitersaufen. Er sei ja schließlich ein Mann und keine Memme.

Er konnte die Droge auch überall kaufen, unabhängig von der Menge. Er durfte sie besitzen, ja er hätte sie sogar weiterverkaufen können, wenn es ihm Spaß gemacht hätte.

Eine Droge, die abhängig macht. Eine Droge, die tötet.

Nun ist dies kein Buch, das für ein Alkoholverbot plädiert. Am berühmten Gläschen Wein am Abend, am Bierchen, auch an zweien, stirbt niemand, und keiner kommt gleich in den Bereich der Sucht. Doch müssen wir dringend darüber sprechen, weil durch diesen Vergleich die akute Schieflage bezüglich der Cannabisdiskussion überdeutlich wird.

Wie kann es sein, dass wir eine Droge kriminalisieren, die nach allen seriösen Betrachtungen doch weit weniger Schäden hervorruft als eine andere, die nicht nur legal, sondern auch vollkommen akzeptiert ist? Wieso bagatellisieren wir Alkoholsucht, machen aber aus jedem kleinen Kiffer einen Kriminellen, der eine Bedrohung für diese Gesellschaft darstellt?

Wenn wir eine ernsthafte Diskussion über das Für und Wider einer Legalisierung von Cannabis führen, gehört das Thema Alkohol elementar dazu. Das hat auch etwas mit dem Komplex Prävention, Suchtberatung und -therapie zu tun. Mein Vater, dessen Droge Alkohol war, hätte (wenn er es gewollt hätte) jede erdenkliche Unterstützung erhalten können, dem Alkohol den Kampf anzusagen, da damals schon eine viel größere Offenheit dieser Sucht gegenüber bestand. Mein Bruder, dessen erste Droge Cannabis war, wurde lange, bevor er überhaupt eine Drogensucht entwickelte, kriminalisiert, weggesperrt, gesellschaftlich geächtet. Nicht die vermeintliche Einstiegsdroge Cannabis hat ihn später zu Heroin und anderen harten Drogen geführt und sein Leben zerstört, sondern die frühzeitige Ächtung als angeblicher Krimineller.

Das gleiche Spiel erleben wir heute bei Jugendlichen. Der erste Alkoholrausch ist immer noch so etwas wie ein soziales Initiationsritual. Die Stories von diesem Absturz werden dann noch auf eine Weise bis ins hohe Alter erzählt, wie Opa früher vom Krieg erzählte: mit Stolz, einem wohligen Schaudern und in dem Bewusstsein, dass es sich um eine wertvolle Erfahrung handelt, auf die niemand in seinem Leben verzichtet haben sollte. Das ist einer der entscheidenden Punkte: Über Alkohol wird gesprochen. Und wenn es gut läuft, die familiären Strukturen in Ordnung sind, wird nicht nur nachsichtig über den ersten Absturz gelächelt, sondern man spricht auch über die Gefahren und den überlegten Umgang mit Alkohol.

Ganz anders beim Thema Cannabis. Die Kriminalisierung der Droge macht in vielen Familien ein Gespräch darüber fast unmöglich, und zwar in mehrfacher Hinsicht. Zunächst einmal sprechen die Jugendlichen gar nicht erst darüber, wenn sie zum ersten Mal einen Joint probiert haben, weil nun mal die Stimmung auf der letzten Party, auf der sie waren, danach war. Daraus ergibt sich eine erhöhte Wahrscheinlichkeit, dass dieser Joint (oder der nächste, oder der übernächste) per Zufall von den Eltern bemerkt wird und die Reaktion entsprechend ausfällt: Vorwürfe, nicht nur wegen der Droge, sondern auch gleich noch wegen der Lüge und des fehlenden Vertrauens.

Wenn der Joint dann entdeckt wurde, so sollte man meinen, kommt die Kommunikation endlich in die Gänge. Nur: Wie sehen diese Gespräche in der Regel aus? Die Eltern sind häufig überfordert, weil sie sich mit dem Thema nicht auskennen. Alle Informationen, die sie über Cannabis haben, beruhen auf den immer gleichen Mythen und Erzählungen, die von großen Medien, führenden »Suchtexperten« und anderen besorgten Eltern aus der Gerüchteküche weitergegeben werden. Da steckt alles drin: Die Einstiegsdroge. Die Gefahr der Abhängigkeit. Das scheinbar sichere Wissen, dass Kiffen dumm macht und bereits bei gelegentlichem Konsum die Gefahr einer Psychose besteht.

Dieses gefährliche Halbwissen führt zu Vorwürfen, die ein sinnvolles Gespräch über den Fakt, dass da ein oder zwei Mal ein Joint geraucht wurde, quasi unmöglich machen. Das Resultat ist ein gestörter Familienfrieden sowie die hohe Wahrscheinlichkeit, dass der fortwährende Cannabisgebrauch heimlich geschieht.

Diese Unmöglichkeit, über Cannabis zu sprechen, während es bei Alkohol kein Problem ist, sehe ich häufig auch vor Gericht. Das habe ich im Kapitel »Cannabis und ich« anhand des Beispiels eines Polizistensohnes erläutert, dessen Vater mich dazu aufforderte, seinen Sohn möglichst hart zu maßregeln. Würde das Damoklesschwert der Kriminalisierung und Stigmatisierung nicht permanent eine Rolle spielen, so könnte ich jungen Menschen, die mir offen entgegentreten und bei denen ich tatsächlich eine Gefährdung sehe, viel leichter an Projekte wie FreD verweisen und somit Cannabismissbrauch leichter erkennen und womöglich verhindern.

Das innerfamiliäre Schweigen über Cannabis und das Verleugnen der Jugendlichen, ab und zu einen Joint zu rauchen, führen in meinem Beruf auch dazu, dass ich regelmäßig in die Rolle des Erziehers gedrängt werde. Es macht mich wütend, dass ich derjenige sein soll, der nachholen bzw. kompensieren muss, was Aufgabe der Eltern gewesen wäre. Von mir wird erwartet, dass ich die Jugendlichen über die Gefahren aufkläre, von mir wird erwartet, dass ich sie vom Kiffen abhalte. Doch auch wenn das Jugendstrafrecht explizit erzieherischen Charakter haben soll, ist das eigentlich nicht meine Aufgabe. Es ist die Aufgabe von Eltern, mit ihren Kindern zu sprechen. Es macht keinen Unterschied, ob Kinder sexuell aufgeklärt werden oder über die Gefahr von Drogenmissbrauch: Immer sind die Eltern an vorderster Front gefragt, diese Aufgabe zu übernehmen, und es kann nicht sein, dass diese Aufgabe an Pädagogen, Polizisten oder Juristen ausgelagert wird.

Exkurs: Die Alkoholprohibition in den USA

Das bekannteste Beispiel für eine gescheiterte Drogenprohibition ist und bleibt das Alkoholverbot in den Vereinigten Staaten, das zwischen 1919 und 1933 zu chaotischen Zuständen führte. Ich will dies kurz ausführen, um die möglichen Begleiterscheinungen einer Drogenprohibition ganz klar zu machen. Das Experiment in den USA hatte sehr schnell vor allem eine Auswirkung: einen ausufernden Schwarzmarkt, der sich jeglicher Kontrolle entzog. Es verschwand der qualitativ hochwertige Alkohol, wie zum Beispiel Biere und Weine. Ersetzt wurde er durch Fusel, minderwertigen Schnaps, bestehend aus in Schwarzbrennereien hergestelltem Industriealkohol. Die Vergiftungsrate stieg dementsprechend sprungartig an, es kam zu einer hohen Zahl an Todesfällen.

Was in dieser Zeit nicht geschah, war ein Rückgang des Alkoholkonsums. An die Stelle der legalen Kneipen trat die doppelte Anzahl illegaler Läden, weil das Verbot zu hohen Profiten im Verkauf des illegalen Stoffs geführt hatte. Angelockt durch diese Profite trat eine neue Qualität der Gewalt zu Tage. Das Geschäft wurde von organisierten Gangstern kontrolliert, von denen so mancher heute fast zum Mythos aufgestiegen ist, man denke vor allem an Al Capone und andere Bosse der Mafia, die sich einen blutigen Kampf um die Marktposition lieferten. Bestechung und Einschüchterung von Politikern, Polizisten und gerichtlichen Zeugen waren an der Tagesordnung, ständige Schießereien mit zahlreichen Toten Normalität.

Trotz dieser offensichtlich verheerenden Auswirkungen dauerte es bis 1931, bis eine staatliche Kommission sich des Problems annahm und zumindest schon einmal eine Reform der generellen Prohibition vorschlug. Da auch die Bürger mittlerweile genug von der ständigen Gewalt und all den anderen negativen Begleiterscheinungen des Verbots hatten, organisierte sich nach und nach der Widerstand. Eine Gruppe von Rechtsanwälten startete eine Kampagne zur Beendigung der Prohibition, allerdings dauerte es noch bis zum Dezember 1933, bis das Gesetz endgültig aufgehoben wurde. Alkohol war wieder legal, und die sichtbare Auswirkung dieser Entscheidung ließ sich beim Blick auf die Verbrechensstatistiken sehen: Nach der Aufhebung des Gesetzes fiel zwölf Jahre lang die Mordrate.

Natürlich ist keine Eins-zu-eins-Übertragung auf unseren Fall möglich. Aber so manche Parallele zwischen diesem unseligen Intermezzo in den USA und der Geschichte der Cannabisprohibition hierzulande ist doch augenfällig. Was sich vor allem gleicht, sind die Mechanismen: Das Verbot befördert den Schwarzmarkt. Statt durch die Strafbewehrung des Drogenkonsums die Kriminalitätsrate zu senken, wird diese stark erhöht, da der Konsum, statt zu sinken, einfach nur in die Illegalität abwandert. Darüber hinaus wird die Qualität des im Umlauf befindlichen Stoffs unkontrollierbar und sorgt für Krankheits- und Todesfälle.

Die Alkoholprohibition in den USA ist ein gutes Beispiel dafür, warum gut gemeint nicht immer gut gehandelt ist. Natürlich haben alle Prohibitionisten vordergründig immer nur hehre Ziele: Sie wollen die Gesundheit der Menschen schützen, Kriminalität verhindern und die Welt ein Stück drogenfrei machen. In Wirklichkeit schädigen sie die Gesundheit der Menschen, schaffen neue Kriminalität und sorgen dafür, dass der Drogenmissbrauch steigt.

Denn leider verkennen sie dabei das Wesen des Menschen vollkommen. Sollten die Prohibitionisten Anfang des 20. Jahrhunderts noch dem naiven Glauben angehangen haben, dass man den Menschen durch Repressalien und Verbote zu etwas zwingen kann, sollte man inzwischen doch dazugelernt haben: Man kann an der Natur des Menschen nicht vorbeiorganisieren. Und Süchte gehören da nun einmal dazu.

Cannabis als Medizin

Unser Leben wird oft durch Schlüsselerlebnisse bestimmt. Sie zeigen uns eine Richtung auf, weisen den Weg und erweitern das Verständnis für Zusammenhänge. Eines dieser Erlebnisse im Zusammenhang mit Cannabis hatte ich durch einen homosexuellen Freund, der sich mit HIV angesteckt hatte. Als AIDS-Patient dann hatte er viele unangenehme Begleiterscheinungen seiner Krankheit zu ertragen, darunter erhebliche Schmerzen sowie ständige Appetitlosigkeit, die zu einem immer stärkeren Abmagern führte. Dieser Freund hatte sich irgendwann auf dem Schwarzmarkt Cannabis besorgt. Er hatte zwar mit seinem Arzt über cannabinoidhaltige Medikamente gesprochen, konnte die entsprechenden Mittel aber angesichts der damaligen deutschen Gesetzgebung nicht bekommen und hätte sie auch nicht bezahlen können. So war er gezwungen, sich selbst zu kriminalisieren und musste trotz seines bevorstehenden Todes befürchten, noch vor das Strafgericht gezogen zu werden.

Bis dahin kannte ich die konkrete medizinische Wirkung von Cannabis nur theoretisch, doch nun sah ich es mit eigenen Augen: Nicht nur, dass der kontrollierte Konsum von Cannabis seine Schmerzen linderte, er profitierte auch vom Hungergefühl, das die Substanz in der Regel auslöst. Er hatte wieder Appetit, begann mehr zu essen und nahm wenigstens ein wenig zu. Die positiven Auswirkungen des Medikamentes Cannabis auf seinen von der Krankheit gezeichneten Körper waren nicht zu übersehen.

Die Bandbreite der empirisch nachgewiesenen Verwendungsmöglichkeiten und allen voran der Einsatz in der Krebstherapie sollten eigentlich ein Umdenken von ganz alleine bewirken. Wer einmal erlebt hat, wie eine Chemotherapie das Leben eines Menschen von Grund auf verändert und neben dem Bewusstsein über das Vorhandensein der eigentlichen Krankheit diese zusätzlich zur Hölle macht, wird jede Linderungsmöglichkeit dieser Schmerzen begrüßen. Begleiterscheinungen so gut wie jeder Chemotherapie sind heftige Übelkeit sowie eine Gewichtsabnahme durch mangelnden Appetit. Beide Erscheinungen sind mit den in Cannabis enthaltenen Stoffen sehr gut zu behandeln. Cannabis erzeugt Hungergefühl, was bei den Patienten zu vermehrter Nahrungsaufnahme und einer Verbesserung der körperlichen Konstitution führt. Die Übelkeit wird merklich abgemildert.

Das betrifft nicht nur eine akute Verbesserung der Lebensqualität, es trägt auch zur Lebenserhaltung bei! Neben der Sepsis ist die Tumorkachexie, also eine sehr starke Auszehrung, bekanntermaßen die häufigste Todesursache bei Krebserkrankungen. Darüber hinaus nimmt man an, dass THC das Wachstum von Tumoren verlangsamen kann; dazu liegen allerdings erst Beobachtungen zu Einzelfällen vor.

Neben der mittlerweile etablierten Indikation bei entzündlichen Prozessen wie Multipler Sklerose und Krebserkrankungen sind etliche weitere Einsatzgebiete denkbar. Krankheiten, bei denen THC alleine oder in Zusammenwirkung mit anderen Medikamenten nachgewiesen positive, schmerzlindernde oder sogar heilende Effekte erzielt, sind beispielsweise auch: AIDS, Grüner Star, Epilepsie, Migräne, Rheuma, diverse Magen-Darm-Erkrankungen wie Reizdarm, Morbus Crohn und Colitis ulcerosa, Hepatitis C, Alzheimer, Entzündungen und Allergien, Asthma, Glaukom, Diabetes, Tinnitus und Parkinson und das Tourette-Syndrom.

In jüngster Zeit liegen Erfahrungswerte für eine erfolgreiche Behandlung auch beim Fibromyalgiesyndrom, Phantomschmerzen oder dauerhaften Rückenschmerzen vor. Unabhängig von der konkreten Krankheit ist Cannabis ein natürliches Schmerzmittel bei akuten oder auch chronischen Schmerzen. Es stellt eine nebenwirkungsarme Alternative zu anderen Medikamenten dar, insbesondere bei Kontraindikation, das heißt einer Unverträglichkeit gegenüber einem chemischen Wirkstoff. Ob eine Therapie bzw. Therapieunterstützung erfolgreich anschlägt, ist recht schnell erkennbar. Der Patient kann dann gemeinsam mit seinem Arzt seine individuelle Kosten-Nutzen-Analyse erstellen, wie bei jedem anderen Medikament auch. Natürlich ist auch Cannabis nicht das Allheilmittel für jedermann und jedes Gebrechen, aber es sollte mit längst überfälliger Selbstverständlichkeit in die Behandlung integriert werden können.

Was Cannabis leisten kann, hat der deutsche Mediziner Franjo Grotenhermen, der Papst der Hanfmedizin, jüngst nochmal ausführlich unter Bezugnahme auf nationale und internationale Studien dargelegt. Ich kann sein gerade neu überarbeitetes Buch »Hanf als Medizin« allen Patienten wie auch Ärzten nur wärmstens empfehlen.[40]

Wer einen kurzen Blick in die Historie wirft, wird schnell feststellen, dass die medizinische Wirkung von Cannabis lange Zeit weltweit ganz selbstverständlich genutzt wurde. Schon das alte China kannte Cannabis als Medizin. Das Arzneimittelbuch des chinesischen Kaisers Shen-Nung aus dem Jahr 2737 v. Chr. kannte den medizinischen Gebrauch von Cannabis, und auch aus dem 19. Jahrhundert sind verschiedene ärztliche Berichte überliefert, die von Behandlungserfolgen mit Cannabis erzählen. Dabei ist auffällig, dass die berauschende Wirkung in aller Regel gar keine Rolle spielt. In Deutschland kam es erst im Zuge des 20. Jahrhunderts (siehe das Kapitel »Blick in die Historie der Kriminalisierung«) zu der folgenreichen Rufschädigung des Stoffes. Theoretisch hätte die Möglichkeit bestanden, die therapeutische und die berauschende Wirkung getrennt voneinander zu behandeln und zu bewerten, in der Realität jedoch ging Cannabis als Medizin in der Drogendiskussion unter.

Cannabinoidhaltige Medikamente

Wenn ich heute über die Legalisierung von Cannabis spreche, bekomme ich manchmal zu hören: »Na ja, Cannabis als Medizin ist doch bereits erlaubt, es gibt doch entsprechende Medikamente.« Ja, die gibt es, in der Tat. Und das ist auch ein Zeichen dafür, dass sich auf diesem Gebiet bereits etwas getan hat. Von einer tragfähigen Lösung zur Verwendung von Cannabis zu medizinischen Zwecken sind wir indes immer noch meilenweit entfernt.

Schauen wir es uns genauer an: Unterschieden werden muss zunächst zwischen dem Rohstoff Cannabis, dem aus

Cannabis extrahierten reinen THC und anderen Cannabinoiden. THC findet in seit 14 Jahren erhältlichen medizinischen Präparaten wie Dronabinol (reines THC), Nabilon (synthetisch hergestellt) und Sativex (ein THC-/Cannabidiol-Gemisch) Verwendung. Es hat bei normaler Dosierung weder eine berauschende Wirkung, noch macht es abhängig, wie der Unternehmenschef einer Herstellerfirma bezüglich Dronabinol gegenüber der *Wirtschaftswoche* im April 2015 betont.[41] Das haben mir auch viele Patienten bestätigt. Die Präparate werden ärztlich verschrieben, jedoch nur bei Multipler Sklerose zahlt die Krankenkasse den Einsatz eines Cannabispräparats, nämlich Sativex. Bei allen anderen, von Patient und Arzt für aussichtsreich gehaltenen Therapien mit cannabinoidhaltigen Präparaten muss dessen Einsatz nachweislich notwendig sein, da konventionelle Medikamente entweder nicht die erzielte Wirkung oder gar unerwünschte Nebenwirkungen hervorrufen. Handelt es sich um einen Schmerzpatienten, muss dieser etliche chemische Mittel probieren, deren Einsatz ergebnislos bleibt, bevor der Arzt ein Cannabispräparat verschreiben darf. Derzeit verfügen nur etwa 7.000 Patienten deutschlandweit über ein solches Rezept – oder erhalten das Medikament in einer Klinik, da hier kein Rezept benötigt wird und die Kosten zudem von der Klinik übernommen werden.

Bleibt auch der Einsatz eines solchen Präparats ohne signifikanten Erfolg, kann der Einsatz von Cannabisblüten erwogen werden, die ein erheblich breiteres Wirkungsspektrum entfalten können, da sie je nach Sorte über unterschiedliche Anteile ihrer rund 100 Cannabinoide verfügen.

Glücklich kann sich also schätzen, wer einen informierten Mediziner an seiner Seite hat. Viele Ärzte haben Cannabis und entsprechende Medikamente gar nicht auf dem Schirm oder machen die stereotypen Urteile und die grundsätzliche Illegalität des Stoffes zur Grundlage ihres medizinischen

Selbstverständnisses. Und auch das Rezept ist noch kein Garant, künftig eine alternative Behandlungsmethode an der Hand zu haben. Nur in einigen wenigen Fällen werden die Kosten von der Krankenkasse getragen. Dronabinol ist zwar seit 1998 rezeptierfähig, hat jedoch keine Kassenzulassung. Die Kassen können somit einer Kostenübernahme nach eigenem Gutdünken zustimmen oder nicht.

Himmelschreiend ist, dass das Bundessozialgericht eine Kassenzulassung nur dann als notwendig erachtet, wenn von der Medikation mit Dronabinol eine messbare, das heißt nicht rein subjektive, gesundheitliche Verbesserung zu erwarten ist. Eine Verbesserung der »Lebensqualität in dem Sinne, dass der Erkrankte wieder mit Appetit natürliche Nahrung zu sich nimmt«[42] oder sich besser fühlt, stellt für das Bundessozialgericht keinen Anlass zur Gesetzesnovelle dar.

In allen anderen Fällen muss der Patient sein Medikament aus eigener Tasche bezahlen. Je nach monatlichem Bedarf kann die finanzielle Belastung zwischen 300 und 700 Euro betragen; eine Summe, die sich nur ein kleiner Teil der Bevölkerung auf Dauer leisten kann. Zumal die Erkrankung die Arbeitsleistung des Betroffenen vermutlich schwächt.

Ich erinnere mich an eine fünfundsiebzigjährige Rentnerin, die seit langer Zeit Schmerzpatientin ist. Auf einer Hanfdemo in Berlin 2014 schilderte sie mir ihren Fall. Sie habe nun endlich von ihrem Arzt Dronabinol verschrieben bekommen und es habe auch zur Schmerzlinderung gut geholfen. Sie habe es sich allerdings nur einmal leisten können, da sie nur über eine kleine Rente verfüge, von der sie die Kosten für Dronabinol nicht regelmäßig zahlen könne. Sie bat mich, meine Autorität als Richter für ihren Fall einzusetzen. Ich konnte ihr leider nur mein Bedauern ausdrücken, da mir auch als Richter dahingehend die Hände gebunden seien. Ich versprach ihr allerdings, weiter für eine menschenwürdige Behandlung zu kämpfen, die auch den Wirkstoff THC beinhaltet. Gerne hätte ich der alten Dame empfohlen, bis zur endgültigen Übernahme ihrer Behandlungskosten durch eine Kasse regelmäßig Kontakt zu Dealern im Görlitzer Park, in der Hasenheide oder zu jungen Leuten auf der nächsten Technoparty zu suchen, um eine Selbstmedikation durch Cannabis durchzuführen.

In diesem Zusammenhang ist es mir wichtig, auch den Fall von Frau Ute Köhler zu schildern. Nach einer schweren Operation im Jahr 1985 hatte sie immer wieder Schmerzen, suchte verschiedene Ärzte auf und landete schließlich im Jahr 1999 bei einem versierten Schmerztherapeuten. Dieser begann eine Behandlung mit dem sich gerade erst auf dem deutschen Markt befindlichen Mittel Dronabinol. Frau Köhler, die durch ihre Schmerzen dem Tod nahe war, akzeptierte das Mittel, das anfänglich jedoch nicht anschlug. Anfangs zahlte ihre Krankenkasse ihre Medikamentierung. Doch nach etwa anderthalb Jahren – das Medikament hatte inzwischen angeschlagen – wurde es nicht mehr bezahlt und ihr Arzt sogar von der AOK in Regress genommen. Frau Köhler wollte das irgendwann nicht länger hinnehmen und für ihr Recht auf hilfreiche Medikamente kämpfen. Sie ging an die Öffentlichkeit, stand für Medien zur Verfügung und versuchte, die Politik dazu zu bewegen, dass dieses hilfreiche Mittel ihr und vielen weiteren Patienten endlich bezahlt würde. Bis zur Drucklegung dieses Buches weigert sich ihre Krankenkasse, das Mittel weiterhin zu bezahlen. Nur durch Sponsoren kann Frau Köhler es weiter verwenden und ihre Schmerzen stillen. Positiv an dieser Geschichte ist nur Folgendes, und dies sollte man sich vor Augen führen: Am 9. Januar 2013 erhielt sie für ihren langjährigen Kampf die Bundesverdienstmedaille durch den Bundespräsidenten. Ich kann dazu nur sagen: Sämtlichen Gesundheitspolitikern, die Cannabis als Medizin noch immer verteufeln und denen ebenfalls eine solche Auszeichnung zuteilwurde, hätte sie gleichzeitig mit der

Ehrung von Frau Köhler aberkannt werden müssen. Ich nenne nur den Namen Marlene Mortler.

Kommen wir zu einem weiteren wichtigen Punkt in diesem Themenkomplex: Es ist erwiesen, dass die Behandlung mit synthetisch hergestelltem oder aufbereitetem THC bei einigen Patienten schlechtere Ergebnisse bringt als die mit kostengünstigem, echtem Cannabis. Sowohl das Gesundheitsministerium als auch das BfArM behaupten, die Wirksamkeit der künstlichen Stoffe sei der von natürlichem Cannabis gleichzusetzen. Es existieren jedoch neben persönlichen Erfahrungsberichten von Patienten auch Studien, die das Gegenteil aufzeigen. Der Grund scheint darin zu liegen, dass etwa bei dem synthetischen Präparat Sativex nur zwei bestimmte Stoffe extrahiert werden, die zur Behandlung eingesetzt werden, während in natürlichem Cannabis eine ganze Menge weiterer Stoffe, nämlich mehr als 100 verschiedene Cannabinoide, enthalten sind, die ebenfalls zur heilenden Wirkung beitragen.

Die natürlichen Inhaltsstoffe sind den Komponenten des sogenannten endogenen Cannabinoidsystems, das jeder Mensch in sich trägt, sehr ähnlich. Dabei fungieren spezifische Rezeptoren als Bindestellen, an die sowohl körpereigene als auch durch Gabe eines pflanzlichen Präparats verabreichte Cannabinoide andocken und Reaktionen auslösen. Die sich daraus ergebenen Möglichkeiten des therapeutischen Einsatzes sind noch nicht zur Gänze erforscht, jedoch legt die durch die Rezeptoren gegebene Übereinstimmung körpereigener Prozesse und von außen zugereichtem Wirkstoff eine gute Verträglichkeit nahe. Auch erzielt natürliches Cannabis oftmals eine breitere und bessere Wirkung als künstliche Stoffe.

Zwar lässt sich bei der Gewinnung von natürlichem Cannabis durch Eigenanbau der THC-Gehalt nicht gänzlich steuern, doch ist auch ein eventuell höherer THC-Gehalt immer noch positiver als die zum Teil undurchschaubaren synthetischen Cannabinoide, bei denen am Schluss niemand mehr genau weiß, welche Zusatzstoffe dort eventuell enthalten sein können.

Grundsätzlich gilt aber, dass Theraphiefreiheit das Zauberwort sein sollte, für manche Patienten ist Dronabinol das Richtige, für andere Sativex und für wieder andere eben Cannabisblüten.

Ausnahmegenehmigungen für medizinisches Cannabis

Infolge des Umstands, dass Dronabinol und ähnliche Medikamente einerseits durch die Kassen nicht bezahlt werden und andererseits bei vielen Kranken auch die erhoffte Milderung ihrer Symptome nicht herbeiführen, versuchten nun ab den Zweitausender-Jahren Menschen Ausnahmegenehmigungen für sogenanntes medizinales Cannabis zu erlangen. Dieses natürliche Cannabis, das ausschließlich aus Blüten besteht, wurde in den Niederlanden unter strenger Aufsicht hergestellt und kranken Menschen zur Verfügung gestellt. Bis zu einem Urteil des Bundesverwaltungsgerichts aus dem Jahre 2005 war es in Deutschland unmöglich, zu einer wie auch immer gearteten Therapie mit natürlichem Cannabis zu gelangen. Zwar gab es auch damals schon den § 3 des BtMG, nach dem die Möglichkeit besteht, eine Erlaubnis zur therapeutischen Anwendung von Cannabis vom BfArM zu bekommen. Diese Erlaubnis wurde jedoch nie erteilt, weil sich die Behörde bei jeder Anfrage auf die Einschränkung berief, diese gebe es nur ausnahmsweise zu wissenschaftlichen oder anderen im öffentlichen Interesse liegenden Zwecken. Da es sich bei den Anträgen zur Erlaubnis einer Cannabistherapie immer um Einzelfälle handelte und sie daher kein öffentliches Interesse begründeten, war diese Ablehnung möglich. Selbst das Ansinnen, sterbenden Menschen mit großen Schmerzen die harmlose Anwendung von Cannabis zur Linderung zu genehmigen, wurde rundheraus abgelehnt. Was für eine menschenverachtende Vorgehensweise!

In den Jahren nach 2005 änderte sich die Lage, allerdings zunächst nur theoretisch. Das Bundesverwaltungsgericht entschied mit Urteil vom 19. Mai 2005, dass jeder Antrag individuell zu entscheiden sei und es auch im öffentlichen Interesse liege, für einen *einzelnen* Betroffenen die Genehmigung für medizinisches Cannabis, also natürlich gewachsenen Blüten, zu erwirken. Der Passus des BfArM zur Notwendigkeit des öffentlichen Interesses wurde entsprechend anders definiert. Die Zahl der Anträge, die Patienten und ihre Ärzte beim BfArM stellten, stieg infolgedessen an. Doch der gewünschte Erfolg blieb aus. Die Behörde verschleppte schlicht und ergreifend die Genehmigungsverfahren, so dass sich in nicht wenigen Fällen der Antrag irgendwann durch den Tod des Antragstellers erledigt hatte und zu den Akten gelegt werden konnte.

Als wenn diese zynische Art, mit der Gesetzeslage umzugehen, noch nicht ausreicht, dachte sich das Bundesamt für die Fälle, in denen eine Genehmigung eigentlich zwingend erfolgt wäre, immer neue Maßnahmen aus. So wurde beispielsweise gefordert, das Cannabis müsse in einem Tresor aufbewahrt und in einem geschützten Raum vor dem Zugriff durch Dritte angebaut werden. Außerdem sei der Eigenanbau letztendlich nicht für die erforderliche Therapiesicherheit geeignet, denn aufgrund eines schwankenden Wirkstoffgehaltes könne es bei dem Patienten geringe Gefährdungen geben. Die Spitze der unsachgemäßen Argumentationen war es, als das Internationale Suchtstoffübereinkommen von 1961 genannt wurde, das den Anträgen entgegenstünde. Es besagt, dass eine Erlaubnis zum Ziehen eigener Cannabispflanzen nur bei Existenz einer sogenannten Cannabisagentur möglich ist. Eine offizielle Agentur also, durch die sämtliche Hanfplantagen und ihre Erträge kontrolliert werden. Eine solche gibt es in

Deutschland allerdings nicht, da hierzulande Cannabisanbau eben nicht reguliert, sondern kriminalisiert wird. Das Verwaltungsgericht Köln stellte hierzu später fest, dass diese Voraussetzung letztlich nichts anderes als ein Scheinargument des BfArM sei.

Der nächste Schritt war die Einzelfall-Genehmigung eines Cannabisextraktes für eine an Multipler Sklerose leidenden Frau im Jahr 2007. Dieser Fall führte jedoch auch nicht zum großen Durchbruch, da es sich nicht, wie in der Presse bisweilen zu lesen war, um eine allgemeine Genehmigung zur medizinischen Cannabisverwendung handelte. Nur in diesem Einzelfall wurde erlaubt, von einer Pharmafirma Extrakt herstellen und von der Patientin verwenden zu lassen. Für eine generelle Nutzung müsste erst einmal ein Medikament hergestellt werden, das dann auf dem freien Markt angeboten wird. Dies wäre darüberhinaus mit Sicherheit teurer, als es die Eigenproduktion und -verwendung von Cannabis je sein könnte.

Nach wie vor ist es aufgrund der Bestimmungen des BtMG nicht möglich, selbst Pflanzen zu ziehen, um eine Eigentherapie in ärztlicher Begleitung durchzuführen. Dies möglich zu machen, ist eines der Ziele einer Legalisierung und Entkriminalisierung.

Solange sich in diesem Bereich nichts tut, macht sich immer noch jeder strafbar, der seine Schmerzen eigenmächtig und nach persönlichem Ermessen lindern möchte. Neben dem Thema der Schmerzpatienten, denen Linderung verschafft werden könnte, ist es zudem ein Unding, dass jemand, der unter Depressionen leidet, immer noch gezwungen ist, teure Chemie in seinen Körper zu pumpen, anstatt die Möglichkeit zu haben, sich ein paar Cannabispflanzen in den Garten zu setzen, sie zu ernten und abends einen Tee damit anzusetzen, um für ein wenig Ruhe im Kopf zu sorgen. Wie soll ein klar denkender Mensch diese verlogene, ideologische

Drogenpolitik in diesem Land ertragen, ohne daran zu verzweifeln?

Mit Stand vom 10. April 2015 erhielten nach Anträgen von insgesamt 740 Patienten 449 eine Erlaubnis, Cannabisblüten aus der Apotheke zu kaufen. Die Pressestelle der BfArM teilte auf Nachfrage mit, dass konkret nur noch 403 Patienten über eine Ausnahmeerlaubnis verfügten, da zwischenzeitlich 46 Patienten ihre Erlaubnis zurückgegeben hätten oder verstorben seien. Hier zeigt sich, dass es sich bei den Antragsstellern tatsächlich um schwerkranke Menschen handelt. Wer nun aber eine solche Erlaubnis hat, ist noch lange nicht am Ziel, denn auch die Cannabisblüten müssen selbst bezahlt werden. Was das für manche Menschen bedeuten kann, zeigt das Urteil des Verwaltungsgerichts Köln vom 08.07.2014, in welchem das BfArM verpflichtet wurde, über den Antrag dreier Kläger auf Anbau von Cannabis zum Zweck der Eigentherapie zu entscheiden:

Nach dem ärztlichen Attest vom 19.12.2011 (…) hat der Kläger einen 4-Wochen-Bedarf von 56 g Cannabisblüten. Eine Veränderung des Bedarfs wurde nicht geltend gemacht. Dafür entstehen ausweislich der vorgelegten Rechnungen der Apotheke Kosten in Höhe von 806,40 € (…). Wie bereits ausgeführt, verfügt der Kläger nach den Angaben im Prozesskostenhilfeverfahren über ein monatliches Einkommen in Höhe von 1194,90 €. Es liegt auf der Hand, dass dieser Betrag für eine Finanzierung der erforderlichen Cannabisblüten aus der Apotheke nicht ausreichend ist.

Übrigens dürfte es all diese Probleme gar nicht mehr geben. Im bereits erwähnten Urteil des Bundesverwaltungsgerichtes von 2005 ist nämlich klar ausgedrückt, wie der Hase zu laufen hat. Doch bisher haben sich alle Bundesregierungen standhaft geweigert, den Wortlaut des Urteils umzusetzen. Dort ist unmissverständlich formuliert:

In das Recht auf körperliche Unversehrtheit kann nicht nur dadurch eingegriffen werden, dass staatliche Organe selbst eine Körperverletzung vornehmen oder durch ihr Handeln Schmerzen zufügen. Der Schutzbereich des Grundrechts ist vielmehr auch berührt, wenn der Staat Maßnahmen ergreift, die verhindern, dass eine Krankheit geheilt oder wenigstens gemildert werden kann und wenn dadurch körperliche Leiden ohne Not fortgesetzt und aufrechterhalten werden.

Man muss es sich auf der Zunge zergehen lassen. Das Gericht hat in einer Eindeutigkeit, die nichts zu wünschen übrig lässt, festgestellt, dass der Staat Zugang zu Cannabis für medizinische Zwecke zu gewähren hat. Die Politik hat nichts Besseres zu tun, als dieses Urteil unter den Tisch fallen zu lassen, um ihre ideologischen Standpunkte nicht aufgeben zu müssen. Es ist wichtiger, dass irgendwelche Drogenbeauftragten ihr Gesicht wahren können, als Menschen zu helfen, die Schmerzen erleiden. Und deren Linderung zumal so einfach zu erreichen wäre.

Die Bundesregierung unter Zugzwang

Überhaupt reagiert die Politik in diesem Feld immer nur dann, wenn mal wieder ein Urteil gefällt wurde, das zumindest scheinbar umgesetzt werden musste. Das war bei meiner Vorlage so, das war 2005 beim Urteil des BVerfG so, das war 2007 mit der Ausnahmegenehmigung so, und auch 2011 bei der Zulassung von Sativex führte nur der Druck durch die Gerichtsbarkeit zu einer Entscheidung.

Es kostet Nerven, der Politik bei dieser Salamitaktik zuzuschauen. Die Versuchung, aufzugeben, ist groß, und doch darf man ihr nicht nachgeben. Denn genau das ist das Ziel solcher Verschleppungsszenarien. Dass sich nicht nachzugeben lohnt, zeigt sich durch erneute Urteile des Verwaltungsgerichts Köln aus dem Juli 2014. Sie haben die Diskussion über Cannabis als Medizin enorm vorangetrieben und Bewegung in die Diskussion gebracht. Die Kölner Richter entschieden in drei Verfahren, es sei nicht zulässig, Patienten den Eigenanbau von Cannabis zu verwehren, wenn sie aus finanziellen Gründen keine Alternative für eine ausreichende Behandlung haben. Sie nahmen sämtliche Argumentationen des BfArM auseinander, erklärten unter anderem, dass eine möglicherweise eintretende Selbstgefährdung des Klägers bei Eigenanbau sich in vertretbarem Rahmen bewege, tödliche Intoxikationen durch eine Überdosis durch Cannabis nicht bekannt und sonstige Risiken außerordentlich gering seien. Zudem stellten sie klar, dass die jeweiligen Kläger in ihrem Grundrecht auf körperliche Unversehrtheit verletzt worden seien. Aus dem Grundgesetz ergebe sich das Recht der Kläger, sich selbst mit Cannabis therapieren zu dürfen – sofern der Staat die Therapie mit entsprechenden Medikamenten verhindere.

Endlich scheint sich hier ein Weg aufzutun, der es nicht nur möglich macht, natürliches Cannabis in der Therapie einzusetzen, sondern auch für eine breite Masse der Patienten die Möglichkeit eröffnen würde, diese Therapie kostengünstig zu bekommen. Das Urteil des Kölner Verwaltungsgerichtes formuliert es unmissverständlich:

Der Verweis auf ein Arzneimittel, das weder ohne weiteres verfügbar noch für den normalen Bürger erschwinglich ist, stellt keine Alternative dar, die das öffentliche Interesse am Einsatz von Cannabis zur Krankheitsbekämpfung entfallen lässt.

Dieser Passus besitzt echte Sprengkraft. Nicht nur wird die fehlende Eignung teurer Cannabismedikamente als Alternative zum Eigenanbau festgestellt, sondern darüber hinaus auch explizit ein »öffentliches Interesse am Einsatz von Cannabis zur Krankheitsbekämpfung«. Und wozu wäre eine Regierung da, wenn nicht dazu, für die Umsetzung öffentlicher Interessen zu sorgen?

Mit diesem Urteil gerät die Bundesregierung unter Zugzwang, wird doch hier bekräftigt und ausgebaut, was eigentlich schon seit 2005 erlaubt ist, bisher jedoch geflissentlich ignoriert wurde: Die grundsätzliche Genehmigung zum Eigenanbau von Cannabis zu therapeutischen Zwecken. »Grundsätzlich« bedeutet jedoch nicht, dass Cannabis nun ohne weiteres im Heimanbau gezogen und konsumiert werden darf. Erst nach positivem Bescheid eines Eigenanbauantrages darf man auf legale Weise zur Selbstmedikamentierung schreiten. Und dieser Schritt ist leider immer noch nicht möglich, da das BfArM gegen das Urteil aus Köln in Berufung gegangen ist. Bis zu einer höchstrichterlichen Entscheidung des Bundesverwaltungsgerichts wird noch eine ganze Zeit ins Land gehen. Währenddessen werden – verfassungswidrig – kranken Menschen ihre dringend benötigten Substanzen durch deutsche Behörden vorenthalten werden.

In Folge der Entscheidung der Kölner Richter und durch den Druck der öffentlichen Meinung bezüglich Cannabis als Medizin (laut einer Umfrage im Auftrag des *Deutschen Hanfverbands* von 2014 stimmten 82 Prozent einer Verwendung von Cannabis als Medizin »eher zu« und einer repräsentativen Infratest-Umfrage für den *SPIEGEL* 2015 sogar 90 Prozent der Befragten) kam es kürzlich zu einer plötzlichen und zunächst einmal Hoffnung weckenden Erklärung der Gesundheitspolitiker der CSU und CDU. Selbst die Bundeskanzlerin meldete sich zu Wort und erklärte auf eine Anfrage eines Bürgers in ihrem Internetblog, es sei wichtig, »dass wir für schwerstkranke Patienten und Patientinnen die bestehenden Möglichkeiten des Einsatzes von Cannabis als Medizin ausweiten und verbessern.« Daraufhin erklärten auch der Gesundheitsminister Hermann Gröhe und die Drogenbeauftragte Marlene Mortler, es sei erklärtes Ziel der Bundesregierung, dass in Zukunft

»mehr Menschen als bisher Cannabis als Medizin bekommen«. Man kündigte eine Gesetzesinitiative an, damit die Kostenübernahme durch die Krankenkassen erfolgen könne. Dazu kann man nur sagen: Bravo! – wenn es nicht so scheinheilig wäre.

Denn Ziel des Gesetzes, das ungefähr zum Erscheinen dieses Buches in Kraft treten soll, ist nicht etwa eine großartige Verbesserung der Situation, sondern dient aus meiner Sicht dazu, die Verbreitung der Pflanze Hanf als therapeutisches Mittel in Deutschland zu vermeiden. Letztendlich soll der Eigenanbau gänzlich verhindert werden. Statt auf die Verwendung von natürlichem Cannabis zu setzen, sollen die Krankenkassen aufgrund der Vorgaben durch die Verwaltungsgerichte verpflichtet werden, die Kosten für die Cannabismedikamente Dronabinol und Sativex zu übernehmen. Dies zudem nur, wenn der Arzt den Einsatz für angemessen hält und der entsprechende Antrag auf eine Ausnahmegenehmigung für den Patienten durchgegangen ist.

Da sich diese Medikamente in einigen Fällen aber aufgrund einer nicht ausreichenden Wirksamkeit oder aus finanziellen Gründen als ungeeignet erwiesen und die Kosten für Cannabisblüten ebenfalls nicht tragbar waren, haben einige Patienten Anträge zum Selbstanbau von Cannabis gestellt. Bisher ist jeder Antrag prinzipiell, das heißt qua Weisung des Gesundheitsministeriums, abgelehnt worden. Sollte das Gesetz diese Position weiter bekräftigen, wird es spannend sein, zu beobachten, wie viele Anträge auf Eigenanbau tatsächlich gestellt werden.

Man kann sich nur wünschen, dass die Krankenkassen im gegebenen Fall davon überschwemmt würden, damit weiterer Handlungsdruck in der Politik entsteht. Doch selbst wenn es so weit kommt, wird man vermutlich eine Regelung finden, die weiterhin auf Einzelfallprüfungen hinausläuft. Die Alternative dazu wäre eine Liste, die diejenigen Diagnosen, in denen Erlaubnisse erteilt werden dürfen, einfach auflistet und für die Erlaubniserteilung damit einen Automatismus schafft. Dies wird die Regierung zu verhindern suchen, da sie als Einfallstor für die nicht gewünschte Normalisierung im Umgang mit Cannabis gelten.

Was sich also zeigt, ist der nach wie vor bestehende Unwille der Politik, sich vorurteilsfrei mit dem Thema Cannabis auseinanderzusetzen. Und wenn dies schon beim medizinischen Cannabis der Fall ist, wie soll es beim Gebrauch als Rauschmittel anders werden. Die Diskussionen um den Einsatz als Therapeutikum bieten die Möglichkeit, die allgemeine Stimmungslage in der Legalisierungsdebatte zu erfassen. Ich bin mir sicher: Erst wenn man für dieses Feld den Eindruck gewinnen kann, Fakten über Cannabis werden im Sinne der Patienten verstanden und diese werden in entsprechende Gesetze und Verordnungen gegossen, wird es auch Hoffnung für die große, allgemeine Debatte geben.

In den letzten ein bis zwei Jahren ist trotz allem also einige Dynamik in die Diskussion gekommen. Dazu beigetragen haben auch Strafrechtsprozesse, die bisher noch nicht groß in der Presse präsent waren. An ihnen lässt sich gut zeigen, wie kompliziert die Sachlage ist. Verwaltungs- und Strafrecht spielen beide ihre spezifischen Rollen und müssen schließlich miteinander in Einklang gebracht werden. Konkret geht es um mehrere separate Strafprozesse gegen Angeklagte älteren Jahrgangs, die seit Jahren an chronischen Schmerzen leiden. Diese wurden mit gängigen Schmerzmitteln behandelt, was über viele Jahre hinweg zwar leidliche Besserung brachte, jedoch auch aus ärztlicher Sicht nicht zur adäquaten Behandlung ausreichte. Eine Dosissteigerung oder ein Umstieg auf wesentlich stärkere Mittel war nach Auskunft ihrer Ärzte nicht möglich, da diese erhebliche Nebenwirkungen gezeigt hätten.

Mit dieser Erkenntnis ausgestattet, standen die Männer vor einer wegweisenden Entscheidung. Die Indikation hätte ausgereicht, um die Erlaubnis für eine Therapie mit medizinischem Cannabis, in diesem Fall dem Medikament Dronabinol, vom BfArM zu bekommen. Die Patienten jedoch verzichteten jeweils von sich aus auf die Antragstellung, weil klar war, dass ihre Krankenkassen die erheblichen Kosten für die Behandlung nicht ansatzweise übernommen hätten. Da die Männer, vor allem auch durch die krankheitsbedingte Berufsunfähigkeit, von Hartz IV lebten, war eine Bezahlung auf eigene Kosten ebenfalls vollkommen ausgeschlossen.

Vor dem Hintergrund dieser Ausgangslage entschlossen sich die Angeklagten, per Eigenanbau selbst für eine Medikamentierung mit Cannabis zu sorgen. Um einen kleinen Vorrat zu haben, zogen sie schließlich Pflanzen in ihrer Wohnung bzw. ihrem Garten mittels Reflektorlampen groß. Nachdem Nachbarn der Geruch aus der Wohnung bzw. dem Garten aufgefallen war und sie die Betroffenen angezeigt hatten, kam es zur Einleitung von Verfahren und einer Anklage. Da die Menge des Marihuana deutlich unter die Definition einer »nicht geringen Menge« fiel, ich hatte es obenstehend ausgeführt, wurden die Männer eines Verbrechens angeklagt.

In der Vergangenheit endeten ähnliche Verfahren in aller Regel tatsächlich mit einer Verurteilung der Angeklagten, wobei das Strafmaß je nach Auslegung des zuständigen Gerichts schwankte. Hier jedoch passierte Bemerkenswertes: Sowohl das Amtsgericht Berlin Tiergarten als auch das Amtsgericht Hamm sprachen die jeweiligen Angeklagten im Namen des Volkes – also nicht im Namen der Politik – frei. Die Gerichte kamen zu dem Schluss, dass die Angeklagten freizusprechen seien, und so geschah es dann auch.

Die Gerichte gingen in ihrer Urteilsbegründung von einem sogenannten übergesetzlichen Notstand aus, der gemäß § 35 des Strafgesetzbuches selbst strafbares Handeln rechtfertigt. Kurz gesagt: Die Angeklagten wussten zwar, dass sie sich nach den geltenden Gesetzen mit dem nicht genehmigten

Eigenanbau strafbar machten, gleichwohl wogen die Gründe, die zu ihrem »Verbrechen« führten, schwerer als der Tatbestand an sich. Die Leidens- und Therapiegeschichten der Patienten wurden ausführlich dargelegt, um zu zeigen, dass nach menschlichem Ermessen der Eigenanbau die letzte denkbare Möglichkeit war, doch noch eine Linderung ihrer chronischen Schmerzen herbeizuführen. Dass dies nach glaubhafter Versicherung der Patienten und ihrer Ärzte auch tatsächlich gelang, spielte ebenfalls eine Rolle. Wichtig ist auch, dass die Gerichte auf die Möglichkeit eingingen, beim BfArM eine Erlaubnis zum Eigenanbau einzuholen. Diese Möglichkeit hatten die Angeklagten nicht genutzt, weil ihnen nach ausführlicher Recherche klar war, dass diese Variante rein theoretischer Natur war und ihnen die entsprechende Erlaubnis mit Sicherheit nicht erteilt worden wäre. Die Gerichte folgten auch dieser Argumentation.

Hier haben wir es also mit Urteilen zu tun, die die Situation unabhängig von der buchstabengetreuen Auslegung des Gesetzes realistisch einschätzen. Wirklich spannend werden diese strafrechtlich relevanten Urteile vor dem Hintergrund der bereits erwähnten Entscheidung des Verwaltungsgerichtes Köln, das den Eigenanbau für medizinische Zwecke grundsätzlich erlaubt hat. Hätte es dieses Urteil zum Zeitpunkt der Anklage gegen die Patienten bereits gegeben, wäre ihre Argumentationsbasis sogar noch erheblich besser gewesen. Genau das ist nun für zukünftige Fälle gegeben.

Was bleibt mir als Resümee zu diesem Thema zu sagen? Leider muss ich nach meiner Recherche feststellen, dass Menschen unnötige Schmerzen leiden müssen und um erfolgversprechende Behandlungsmethoden gebracht werden, weil eine unfähige Politik mit ihren sogenannten Drogenbeauftragten an der Spitze nicht in der Lage ist, ein Thema wie Cannabis differenziert zu betrachten. Man macht es sich leicht, indem man kriminalisiert, und missachtet damit den eigenen Schwur, sich für das Wohl der Bevölkerung einzusetzen. Anders kann ich das nach reiflicher Überlegung nicht formulieren.

Denn der Anbau von Cannabis als Medizin durch Patienten oder nicht kommerzielle Dritte würde eine unbürokratische Lösung darstellen. Er würde nicht nur das Problem lösen, dass Cannabis als Medizin zu teuer ist, sondern auch die Versorgung sichern, da dies der Markt mit seinen erheblichen Lieferproblemen derzeit nicht leistet. Beim Anbau verschiedener Sorten könnten Patienten gezielt jene Sorten nutzen, die bei ihrer Indikation in ihrem Fall am besten hilft. Der Einwand, »Patienten müssen vor nicht qualitätsgeprüften Cannabisprodukten geschützt werden«, ist für Betroffene der blanke Hohn.

Ich muss es noch deutlicher sagen: Menschen laufen Gefahr, sich strafbar zu machen und mit einem Bein im Gefängnis zu stehen, während sie verzweifelt überlegen, wie sie im Rahmen ihrer finanziellen Möglichkeiten an Cannabis als Medizin gelangen können. Ich kenne beispielsweise eine Rheumapatientin, die angesichts ihrer chronischen Schmerzbelastung, die an vielen Tagen einen normalen Alltag unmöglich macht, ernsthaft über den illegalen Erwerb von Cannabis nachgedacht hat. Sie hat es dann letztlich doch nicht getan, weil die Angst, mit dem Gesetz in Konflikt zu geraten, zu groß war. Solche Fälle machen mich wütend, und ich würde solch einem Menschen am liebsten ein Tütchen Gras in die Hand drücken und sagen: »Tu dir was Gutes!«

Meine Agenda für die Legalisierung

Ich habe versucht, in diesem Buch möglichst viele Aspekte des Themas darzustellen. Abschließend möchte ich hier nun einen Überblick geben, welche Schritte aus meiner Sicht (und der vieler Experten zum Thema) notwendig sind, um zu einer vernünftigen Lösung des Cannabisproblems zu kommen:

➤ Die gesamte Debatte muss so gut wie möglich von ideologischen Positionen befreit werden. Grundlage jeder Diskussion über das Thema Cannabis müssen die aktuellsten wissenschaftlichen Erkenntnisse über Gefahr und Potenzial der Droge werden. Es kann nicht sein, dass von Politikern und Wissenschaftlern gezielt falsche Informationen unters Volk gebracht oder vorhandene Erkenntnisse unter den Tisch fallen gelassen werden.

➤ Die Diskussion über Cannabis als therapeutisches Mittel in der Medizin muss schnellstens den Vorgaben der Urteile folgen, die in den letzten zehn Jahren von Gerichten in Deutschland ergangen sind. Es ist ein Skandal, dass diese Vorgaben bewusst ignoriert werden, um die Möglichkeit eines Eigenanbaus von Cannabispflanzen zum Zwecke der therapeutischen Nutzung nachhaltig zu verhindern.

➤ Zudem muss eine ernsthafte Debatte entstehen, die über das Schlagwort »Legalisierung« hinausgeht. Diese Debatte muss zuvörderst über die Entkriminalisierung von Konsumenten geführt werden. Das Ziel muss zunächst sein, dass der Konsum und Besitz von Cannabis, egal in welcher Form, straffrei ist. Dazu sollte umgesetzt werden, was das Bundesverfassungsgericht bereits 1994 bestimmt hatte, nämlich die bundesweite Angleichung der Grenzwerte für geringe Mengen, und zwar dahingehend, dass es von vornherein bei diesen Mengen nicht zu einer Strafverfolgung, weder durch die Polizei noch durch die Staatsanwaltschaft, kommen muss. Diese Angleichung könnte von vornherein auf das Niveau des aktuell am höchsten angesetzten Grenzwertes festgesetzt werden; das ist derjenige in Berlin, der bei 15 Gramm liegt. Das würde zumindest die grobe Ungerechtigkeit beseitigen, dass Konsumenten deutschlandweit uneinheitlich behandelt werden. Es ist absurd, dass Kiffen in Brandenburg »strafbarer« sein soll als in Berlin oder in Schleswig-Holstein. Kein rationales Argument rechtfertigt eine solche Ungleichbehandlung.

➤ Nach der Angleichung der Grenzwerte muss unvoreingenommen und auf der Basis wissenschaftlicher Erkenntnisse über die regulierte Freigabe von Cannabis gesprochen werden. Legalisierung bedeutet also sowohl Entkriminalisierung als auch Regulierung. Zu einer Regulierung gehören unterschiedliche Punkte, die eindeutig geklärt werden müssen.

➤ Ein Punkt ist die Frage nach den Bezugswegen für die Konsumenten. Wer Cannabis legalisiert, muss sich klarmachen, dass er in Konkurrenz zum Schwarzmarkt tritt. Der Konsument ist an den Kauf des Stoffs bei seinem Dealer gewöhnt, und es bedarf einer gewissen Anstrengung, ihn dazu zu bewegen, sich auf anderem Wege einzudecken. Dazu muss der Spagat geschafft werden zwischen einem niederschwelligen Angebot und den Anforderungen an Jugendschutz und Missbrauchsverhütung. Ein Vorbild können durchaus die niederländischen Coffeeshops sein, wobei es nicht unbedingt um eine deckungsgleiche Übertragung des Konzeptes auf Deutschland gehen muss. Die Idee dahinter ist aber die Schaffung spezialisierter Läden, in denen geschultes Personal arbeitet und die einer regelmäßigen Kontrolle durch offizielle Stellen unterliegen. Eine alternative Idee ist die Abgabe über Apotheken, wobei fraglich ist, ob hier eine ausreichende Akzeptanz der nicht Cannabis konsumierenden Kundschaft vorhanden ist oder ob die Gefahr besteht, dass der Cannabisverkauf sich für die Apotheken geschäftsschädigend auswirken könnte.

➤ Unbedingt zu klären ist die Frage der Preisgestaltung. Gerade auf diesem Gebiet gilt es, dem Schwarzmarkt das Wasser abzugraben. Das Preisargument zieht immer, wenn die Konsumenten merken, dass sie vernünftige Qualität auf dem legalen Markt zu einem guten Preis bekommen. Auf diese Weise entfällt die Motivation, illegal beim Schwarzhändler zu kaufen.

➤ Thema Qualität: Der Vorteil eines legalisierten, regulierten Marktes wäre unverschnittenes, qualitativ hochwertiges Cannabis. Auf dem Schwarzmarkt ist es keine Seltenheit, dass der angebotene Stoff mit diversen Mitteln gestreckt wird. Grundsätzlich gilt, dass jedes Streckmittel gesundheitliche Risiken mit sich bringt, deshalb kann der Vorteil von kontrolliertem, gutem Cannabis gar nicht hoch genug eingeschätzt werden.

➤ Gleichzeitig ist es notwendig, den Kinder- und Jugendschutz ganz besonders im Auge zu behalten. Durch gezielte Präventionsarbeit muss verstärkt dafür Sorge getragen werden, dass Jugendliche verstehen, dass Cannabis nicht in ihre noch nicht ausgereiften Gehirne gehört. Cannabis muss also sein Image als Jugenddroge verlieren.

Die Debatte schwelt seit Jahrzehnten, entscheidende Änderungen haben bisher alle noch so guten Argumente nicht erreichen können. Selbst wenn es Gerichtsentscheidungen gab, zog es die Politik doch im Großen und Ganzen vor, diese zu ignorieren, da sie durch gezielte Desinformation sicher sein konnte, einen großen Teil der Bevölkerung hinters Licht zu führen. Wenn bis jetzt auch der große Durchbruch für die Legalisierung noch nicht erfolgt ist: Die Taktik der kleinen Schritte, zu der dieses Buch beitragen will, hilft. Manchmal hat man auch einfach Glück, wie im Fall von Georg Wurth, dem Leiter des *Deutschen Hanfverbands,* mit dem ich regelmäßig in Kontakt stehe und der mich ständig mit Informationen zum Thema versorgt. Dieser hat Anfang 2014 in der Fernsehshow »Millionärswahl« mitgespielt und dort für sein Anliegen der Cannabislegalisierung eine Million Euro gewonnen. Die gesamte Summe wird seitdem nach und nach in die Lobbyarbeit des Verbandes gesteckt, so dass Personal eingestellt und Kampagnen vorbereitet werden konnten. Krönung war bisher die Produktion mehrerer Kino-Werbespots, die Ende 2014 angelaufen sind.

Solche im positiven Sinne »Verrückten« braucht es natürlich auch, um ein Anliegen voranzubringen. Doch letztlich helfen nur stete Tropfen auf mehrere Steine. Gerichtsurteile wie das des Kölner Verwaltungsgerichts zu medizinischem Cannabis setzen die Politik unter Druck. Innerhalb der Parteien und sogar bei der CDU wächst die Zahl derer, die ernsthaft und mutig eine Legalisierung befürworten, weil sie verstanden haben, welchen Schaden die Kriminalisierung angerichtet hat und immer noch anrichtet. Naturgemäß gibt es die meisten Befürworter derzeit bei den Grünen, die auch die erwähnte Gesetzesvorlage erarbeitet haben. Auch die Linke, jedenfalls auf Bundesebene, befürwortet eindeutig eine Legalisierung und ist sich dahingehend grundsätzlich mit den Grünen einig. Zwischenzeitlich hat die FDP, wie zuvor auch schon die Piratenpartei, eine Legalisierung ins Parteiprogramm aufgenommen.

Was die großen Parteien angeht, zeichnet sich auch hier Bewegung ab. Ich glaube fest daran, dass die Sozialdemokraten dem »sozial« in ihrem Parteinamen bald nachkommen werden – Cannabiskonsumenten also nicht mehr ihre Berufsaussichten nehmen und medizinisches Cannabis Patienten nicht länger verwehren – und insoweit eine Koalition mit den kleineren Parteien eingehen werden.

Was die CDU/CSU angeht, die meiner Ansicht nach bereits politisch in der Minderheitsposition ist, wäre es vielleicht auch ratsam für einige der Mitglieder, einmal genauer über den Namen der eigenen Partei nachzudenken. CDU-/ CSUler könnten dann vielleicht überlegen, wie christlich es eigentlich ist, kranke Menschen künstlich von therapeutischen Mitteln fernzuhalten, die ihrem Leiden wesentliche Linderung bringen könnten, ohne die Gesundheit mit Nebenwirkungen noch stärker in Mitleidenschaft zu ziehen. Ich bin zuversichtlich, dass nun auch ein Umdenken bei der CDU/CSU erfolgen wird. Erfreuliche Beispiele für eine neue Denkweise bei der Union sind Jens Spahn, der sich im Bereich der geringen Menge bereits 2004 für bundeseinheitliche Grenzwerte eingesetzt hat, bis zu denen keine Verfahren bei Cannabisdelikten eingeleitet werden sollten[43] – dies käme einer Teillegalisierung gleich –, sowie Joachim Pfeiffer, der wirtschaftspolitische Sprecher der CDU. Eine Partei wie die CDU, die mittlerweile selbst das Tabu der Ehe für Homosexuelle innerparteilich diskutiert, wird die Cannabislegalisierung mitherbeiführen.

Wir werden nicht heute zu einer Legalisierung kommen. Sicher ist für mich allerdings, dass sie kommen wird. Im Gespräch mit einem befreundeten Experten habe ich kürzlich einen Tipp abgegeben, indem ich den Durchbruch konkret für das Jahr 2019 prophezeit habe. Mein Gesprächspartner war deutlich skeptischer. Vor 2024, so seine Überzeugung, gehe gar nichts.

Wie auch immer: Der Kampf um eine humane Drogenpolitik und um die Abschaffung der unsinnigen Cannabisprohibition muss weitergehen. Für mich, der ich dem Andenken meines Bruders verpflichtet bin, sowieso, aber auch für all die anderen, die so viel Kraft, Energie und Ausdauer in diesen Kampf investiert haben, weil sie wissen, dass sie für die richtige Sache kämpfen. Und natürlich auch für alle

Konsumenten, die sich dann nicht mehr strafbar machen, also auch für jene, die aufgrund ihrer gesundheitlichen Konstitution nicht kämpfen können oder es aus Angst vor gesellschaftlicher Ächtung nicht wagen.

Im Grunde, wenn ich mich einmal von allen Fesseln frei mache und ins Blaue denke, wäre es ja ohnehin ganz einfach. Wir sollten endlich anerkennen, was schon 1994 der Hintergedanke von Wolfgang Nešković' Vorlage beim BVerfG war, nämlich die Tatsache, dass es ein Recht auf Rausch gibt. Menschen berauschen sich, seit es Menschen auf der Erde gibt, lediglich die Mittel und Wege unterscheiden sich. Und immer wieder ist festgestellt worden, dass es auch eine therapeutische Wirkung des Rausches gibt. Kurz mal aussteigen, entspannen, zur Ruhe kommen. Der Rausch löst keine Probleme, aber er mildert sie für einen kurzen Zeitraum und sorgt dafür, dass sich Spannung entladen kann. Letztlich ist die Summe aller Laster eben doch gleich, auch wenn die Gefahren bei verschiedenen Drogen natürlich unterschiedlich groß sind.

Wenn es nach mir ginge, könnte ich den Menschen nur empfehlen, Cannabis zu rauchen, statt Alkohol zu trinken. Ganz so, wie es schon unsere Urgroßväter machten, die von Knaster, starkem Tobak oder Orient sprachen und sich das Zeug einfach in die Pfeife stopften. Das Wort Knaster soll übrigens das Platzen der Hanfsamen nachahmen, das angeblich bei dieser Art des Konsums entsteht.

Wenn ich also, frei nach Rio Reiser, König von Deutschland wäre, würden wir das Recht auf Rausch anerkennen und Cannabis lieber heute als morgen ersatzlos aus der Anlage 1 des BtMG streichen. Mit dieser Streichung wäre de facto eine sofortige Legalisierung erreicht, weil man Cannabis direkt mit Alkohol und Nikotin gleichstellen könnte. Es gäbe keine Repressionen im Erwachsenenbereich, die über die bestehenden Regulierungen bei Alkohol und Zigaretten hinaus-

gehen würden, sondern wir würden auf vernünftigen Jugendschutz sowie sinnvolle Präventionsarbeit setzen können. Diese Präventionsarbeit im Sinne einer Drogenmündigkeit wäre
eingebunden in eine konzertierte, allgemeine Prävention bezüglich aller Drogen. Damit könnte man Jugendlichen und
Kindern ganz generell klarmachen, dass sie in ihrem Alter, in
der Entwicklungsphase, ganz speziellen Gefahren durch den
Konsum jeglichen Rauschmittels ausgesetzt sind. Die genaue
Kenntnis dieser Gefahren würde ganz automatisch dazu führen, dass in späteren Jahren ein gewisser Respekt vor einem
Konsum im Übermaß entstünde.

Allerdings ist all das, was ich an dieser Stelle zu Papier
bringe, für die aktuelle Debatte viel zu freigeistig. In einem
Land, das an allen Ecken und Enden unter Überregulierung
ächzt und stöhnt, in dem man überlegt, Fahrradhelme zur
Pflicht zu machen und Fußgängern die Handynutzung unter
Strafe zu stellen, ist eins offensichtlich: Die Tendenz geht
mehr und mehr dahin, das Risiko »Mensch« gegen Null zu
minimieren. Und dafür muss es eben umfassende Gesetze geben. Als Jurist werde ich auf diese Weise mit Sicherheit niemals arbeitslos.

Aus diesem etwas freier denkenden Geist ist auch das Cannabiskontrollgesetz entstanden, das die Grünen in langen
Diskussionen erdacht haben. Dieses Gesetz befindet sich derzeit auf seinem Weg durch die Gremien, die erste Lesung im
Bundestag ist bereits erfolgt, ich habe sie oben kommentiert.
Die Gesetzesinitiative ist deshalb chancenreich, weil sie, mit
den Worten des geschätzten Kollegen Nešković, »pädagogisch
sauber« ist. Sie nimmt alle Argumente der Gegenseite ernst,
macht sich für umfassenden Jugendschutz stark und legt
auch auf das Thema Gesundheit großen Wert. Gleichwohl
geht die Tendenz des Gesetzes, obwohl in ihm Mengen-
begrenzungen enthalten sind, auf eine absolute Freigabe,
nämlich durch die Erlaubnis zum Eigenanbau von Cannabis.

Wie bereits erwähnt, wird durch eine Legalisierung ein Markt entstehen, und ein solcher Markt will reglementiert werden, da es, wie niemand bestreiten will, durch Cannabis auch in Zukunft zu Problemen bei jungen Menschen kommen kann. Es ist sinnvoll, die Kassen zu füllen, um Mittel für den Umgang mit diesen Problemen zur Verfügung zu haben. Das kann durch Gewerbesteuern, Umsatzsteuer und andere Wege erfolgen.

Ein ganz anderer Punkt der Regulierung, der in der Gesetzesinitiative der Grünen nicht angesprochen wird, wäre allerdings für mich als Jugendrichter wichtig und zu diskutieren. Ich habe diesen Punkt in meinem ersten Buch in allgemeiner Form bereits erläutert, und gerade beim Thema Cannabis würde er besonders gut zum Tragen kommen: Die Einschaltung des Jugendrichters als sogenannter Erziehungsrichter. Dieser – normalerweise erst bei Begehung von Straftaten eingeschaltet – sollte als Institution dann ins Spiel kommen, wenn nach erfolgter Legalisierung Kinder und Jugendliche entgegen der Gesetzeslage Cannabis in problematischen Konsummustern gebrauchten.

Das wäre beispielsweise dann wichtig, wenn Jüngere von Älteren mit Cannabis versorgt würden und bereits mit unter 18 Jahren intensiv mit der Droge in Berührung kämen. Hier wäre eine Instanz notwendig, die dem Jugendlichen in nicht öffentlicher Sitzung *sofort* klarmacht, dass es so nicht weitergeht. Dazu müssten dem Jugendrichter in seiner Eigenschaft als Erziehungsrichter einige Instrumentarien des Jugendrechts zur Verfügung gestellt werden, als da wären Weisungen an die Lebensführung, Arbeitsauflagen bis hin zu kurzzeitigem Arrest in Extremfällen; dies natürlich in Absprache mit den Erziehungsberechtigten. Diese dürften den Jugendrichter auch direkt einschalten, ebenso wie die Polizei freie Hand haben sollte, den Jugendrichter bei wirklich problematischem Konsum hinzuziehen zu dürfen. Der

Vorteil dieser Erweiterung des Jugendrechts wäre die spezielle Kenntnis des Jugendrichters innerhalb seines eigenen Kiezes, denn er hat den Überblick über die Orte und Personen, die Probleme machen können. Er sollte im Drogenwesen ganz besonders geschult werden und selbst von Amts wegen tätig werden dürfen.

Da der Kinder- und Jugendschutz ein wesentliches und zu Recht bestehendes Argument der Prohibitionisten ist, sollte auch nach einer Freigabe für die zu schützende Personengruppe der Kinder und Jugendlichen noch eine staatliche Instanz bereitstehen, die gegebenenfalls auch mit einem gewissen Druck dem Jugendlichen und auch ihren Eltern helfen könnte. Leider ist dieser Ansatz im Gesetzesentwurf des Cannabiskontrollgesetzes nicht enthalten. Aber es muss ja auch noch Dinge zu verbessern geben.

Kapitel 5
Obama und Merkel kiffen – ein Ausblick

Wenn wir derzeit über die Legalisierung sprechen, kommen vor allem aus den Reihen der CDU und von Seiten der Drogenbeauftragten reflexartig Warnrufe: Je weitreichender die Legalisierung, desto falscher das Signal an die Gesellschaft. Die Behauptung, die dahinter steht: Wenn Cannabis legal ist, kiffen ja plötzlich alle.

Ganz abgesehen davon, dass es wesentlich gesünder wäre, wenn alle kifften, anstatt Alkohol zu trinken, reicht ein Blick in die Vergangenheit und einer über die deutsche Grenze, um diese Behauptung zu entkräften.

Als das Bundesverfassungsgericht 1994 entschied, dass der Staat nicht mehr übermäßig gegen Konsumenten vorgehen dürfe und die Grenzwerte für geringe Mengen anzugleichen seien, titelten die großen Zeitungen: »Kiffen jetzt erlaubt!« Das war zwar falsch, hatte aber zur Folge, dass Kiffer sich zu Veranstaltungen (Kiff-Ins) trafen und in Unkenntnis der tatsächlichen Rechtslage Kiffpartys veranstalteten. Man hätte also erwarten können, dass durch diese tatsächliche Liberalisierung und deren weitreichende Fehlinterpretation die Menschen plötzlich ungehemmt bis zur Geringfügigkeitsgrenze einkaufen, konsumieren und die Droge sich in der Folge extrem ausdehnt. In Wirklichkeit ist das nicht passiert, die Zahlen waren nach 1994 nicht signifikant abweichend von den vorherigen.

Das ist der Blick in die Vergangenheit, der Blick über die Grenze geht noch einmal in die nahe gelegenen Niederlande. Dort führt man im Grunde genommen seit rund 40 Jahren ein riesiges Experiment mit fast 17 Millionen Menschen durch, indem man ihnen weitgehend erlaubt hat, Cannabis frei zu nutzen. Im Ergebnis dieses Experiments ist bisher weder das ganze Land in den Fluten der Nordsee versunken, noch hat die Duldungspolitik zu einem wesentlichen Zuwachs an Konsumenten geführt, die Zahl der kiffenden Jugendlichen ist sogar seit Jahren rückläufig.

Die Niederlande sind ein vergleichsweise wohlhabendes Land, sie haben eine der geringsten Quoten an Insassen von Strafvollzugsanstalten, und die Einnahmen, die der niederländische Staat durch die Besteuerung von Cannabis generiert, kommen unter anderem der Prävention sowie der Therapie derjenigen, die tatsächlich Probleme mit Cannabis haben, zugute.

Allein diese zwei Beispiele legen nahe, nicht gleich das Schlimmste zu befürchten. Was sicher passieren wird, ist Folgendes: Viele Menschen, die bisher schon cannabisaffin waren und gelegentlich heimlich gekifft haben, werden die neue Freiheit nutzen und auf Partys mit einem Joint statt einem Bier oder Schnaps an der Theke sitzen. Auch werden viele, die bisher Angst vor der Kriminalisierung hatten, es probieren. Sie werden mal an einem Joint ziehen und werden merken, dass erst einmal gar nichts passiert. Anschließend werden die meisten es wieder lassen, da sie merken, dass Cannabis nichts für sie ist.

Im Klartext: Nachdem anfangs wohl tatsächlich mehr gekifft werden wird, wird sich die Situation recht schnell auf ein normales, sprich das vorherige, Maß reduzieren. Manche werden kiffen, manche werden trinken, manche konsumieren gar nichts. Wie bisher auch.

Die deutsche Gesellschaft wird damit eine ihrer großen, langjährigen Diskussionen zu Ende geführt haben und kann sich wichtigeren Dingen zuwenden. In Polizei und Justiz werden jährlich mindestens 150.000 Ermittlungsverfahren wegfallen und Kräfte für wichtigere Dinge freisetzen. Millionen von Menschen bekommen in einem immer stärker durchregulierten Staat ein kleines Stück Freiheit zurück, nämlich die Freiheit, sich anhand eines weiteren, recht harmlosen Mittels aussuchen zu können, womit sie sich ab und zu berauschen möchten.

Millionen von Eltern bekommen die Möglichkeit, gezielter mit ihren Kindern sprechen zu können, bessere Fragen stellen und bessere Antworten bekommen zu können, wenn Cannabis im Spiel ist. Haben sie selbst gekifft oder kiffen sie noch, können sie sehr viel freier über ihr eigenes Konsumverhalten sprechen, so wie es in der Regel auch bei Alkohol geschieht.

Millionen von Menschen bekommen die Möglichkeit, ihre Krankheit durch den Eigenanbau von Cannabis zu mildern, ohne auf chemische Präparate mit etlichen Nebenwirkungen angewiesen zu sein. Jeder könnte selbst herausfinden, ob ihm diese Variante der Selbsttherapie hilft oder nicht. Auch hier: Freiheit und Wahlmöglichkeiten. Legalisierung bedeutet ja nicht, dass Menschen gezwungen werden, zu kiffen!

Der deutsche Staat würde in vielerlei Hinsicht profitieren. Nicht nur, dass entspanntere Bürger auch glücklichere Bürger sind. Die Steuereinnahmen sind ein nicht zu verachtender Posten, ganz allgemein würde das deutsche Bruttosozialprodukt unter einer Legalisierung sicher nicht leiden. Während die Steuereinnahmen stiegen, könnten gleichzeitig die Belastungen für die Sozialsysteme sinken, indem weniger teure Medikamente verschrieben und von den Krankenkassen bezahlt werden müssten. Die naheliegende Vermutung, dass die Pharmaindustrie bzw. deren Lobbyisten hier gegensteuern, teile ich nicht.

Was also ganz sicher nicht passieren wird, ist der von Teilen der deutschen Politik und der Prohibitionslobby befürchtete Weltuntergang. Die Angst vor einer massenhaften Ausbreitung der Droge Cannabis ist schlicht irrational. Die Ausbreitung, die es bisher gab, ist trotz der Prohibitionspolitik passiert, und selbst wenn es zu einem leichten Anstieg kommt, haben wir damit lediglich den Anstieg einer Droge, die nach der Klassifikation der Weltgesundheitsorganisation auf Platz 11 der gefährlichsten Gifte steht, weit hinter dem legalen Suchtmittel Alkohol. An dieser Stelle liegt ein schönes Zitat von Barack Obama nahe, das er Anfang 2014 gegenüber dem Magazin *The New Yorker* formulierte: »Ich glaube nicht, dass Cannabis gefährlicher ist als Alkohol.«

Immer, wenn ich über Cannabis nachdenke, fällt mir dieses Bild vom amerikanischen Präsidenten Obama ein, der nach geltendem Recht in seiner Dienstvilla Cannabispflanzen ziehen darf oder es sich in Washington kaufen könnte. Ich plädiere dafür, dass die deutsche Bundeskanzlerin ebenfalls dieses Recht besitzen sollte. Der Tag, an dem Angela Merkel und Barack Obama zusammen kiffen, wird ein freudiger Tag für die Welt sein!

Nachwort

Beim »Land der unbegrenzten Möglichkeiten« denkt man an die USA, diesen Sehnsuchtsort der Freiheitssuchenden. Diese Assoziation ist für Menschen aller Schichten eindeutig positiv besetzt, niemand denkt dabei in erster Linie an persönliche oder gemeinschaftsschädigende Eskapaden Gesetzloser, an ein Land im Chaos. Mit Verabschiedung des Grundgesetzes für die Bundesrepublik Deutschland 1949 und mit seinen ständigen Verbesserungen – man denke nur an das Gleichberechtigungsgesetz von 1957, die Gleichstellung der Homosexuellen, die Abschaffung der Prügelstrafe – ist unser Land ebenfalls von einem freiheitlichen Geist beseelt.

– Wir können stolz auf unser staatliches System und unser Grundgesetz sein, nicht zuletzt deshalb, weil es sich als flexibel und lernfähig erwiesen hat, weil es über ein gutes Maß an Schutz und Freiheit, Kontrolle und Vertrauen verfügt.

– Wir können stolz auf unsere freiheitlichen Errungenschaften sein und könnten es umso mehr, wenn wir mit Abschaffung der Cannabiskriminalisierung ein weiteres Freiheitsrecht umsetzten.

– Das Freiheitsrecht achtet die Unterschiedlichkeit von Personen und ihren Lebensentwürfen, es achtet und toleriert unterschiedlichste Geisteshaltungen und schützt die freie Meinungsäußerung.

– Unsere Bundesrepublik ist von einer Freiheitskultur geprägt. Sie ist uns zu großen Teilen so selbstverständlich geworden, dass wir uns diese Tatsache wieder einmal bewusst machen sollten. Wir müssen unsererseits dazu beitragen, dass wir unsere Freiheit nicht an strafbewehrtem Rauschmittelkonsum Erwachsener bis hin zu Warnungen vor heißem Kaffee verraten sollten.

– Die Legalisierung ist für ein Land mit derart freiheitlichem Bewusstsein überfällig!

Der Kampf für die Legalisierung, der ein Kampf für die Wahlfreiheit eines jeden mündigen Individuums ist, ist mir seit Jahrzehnten eine solche Herzensangelegenheit, dass ich den schleppenden Verlauf der Debatten nicht länger hinnehmen konnte: Im Dienst für die Freiheit aller Bundesbürger, für meinen Bruder und nicht zuletzt für meine ganz persönliche Freiheit ist dieses Buch entstanden.

Ich arbeite gerne für diesen Staat und unter diesem System, doch um meine Arbeit nach eigener, das heißt menschenfreundlicher Überzeugung leisten zu können, ist eine Gesetzesanpassung für mich unumgänglich. Derzeit arbeite ich noch für einen Staat, dessen veraltete und repressive Rechtslage Opfer schafft – und sich damit über den Artikel 2, Absatz 1 sowie den Gleichheitsgrundsatz des Grundgesetzes hinwegsetzt: »Jeder hat das Recht auf die freie Entfaltung seiner Persönlichkeit, soweit er nicht die Rechte anderer verletzt und nicht gegen die verfassungsmäßige Ordnung oder das Sittengesetz verstößt.«

Ich, in meiner Eigenschaft als Jugendrichter wie auch als Privatperson, fordere gemeinsam mit allen meinen Mitstreitern, denen ich meinen großen Dank aussprechen möchte, da man weder eine Legalisierung noch ein Debattenbuch im Alleingang bewältigt, die Legalisierung von Cannabis in der Bundesrepublik.

Dank

Ich widme dieses Buch meinem Bruder Jonas Müller, der Opfer der Cannabiskriminalisierung geworden ist und am 24. November 2013 in Hamburg in Folge einer verfehlten Drogenpolitik starb.

© Ilse Ruppert

Nachdem ich mein erstes Buch fertiggestellt hatte und nach dem Tod meines Bruders auf Lesereise ging, wurde mir immer bewusster, dass die Legalisierung von Cannabis als mein zweites großes Lebensthema durch ein weiteres Buchprojekt begleitet werden musste. Zum einen wollte ich das Thema weiter positiv beeinflussen, zum anderen und nicht zuletzt auch meinen Bruder rehabilitieren.

Auch diesmal hätte ich dieses Buch nicht schreiben können, wäre ich nicht durch viele Menschen bestärkt und unterstützt worden. Einige von ihnen, wie Prof. Stephan Quensel, Wolfgang Nešković, Dr. Franjo Grotenhermen, Theo Pütz und Hubert Wimber fanden an verschiedenen Stellen bereits Erwähnung. Diesen Menschen sage ich für die Unterstützung: Danke. Auch möchte ich mich bei Herrn Oberstaatsanwalt Jörn Patzak – der eine andere Meinung vertritt als ich – für die faire Auseinandersetzung bedanken.

Ein paar Menschen, ohne deren Unterstützung ich dieses Projekt sicher nicht geschafft hätte, möchte ich besonders hervorheben. Da sind zunächst die Leute vom *Hanfverband,* stellvertretend Georg Wurth, Maximilian Plenert, Hüseyin Beypinar-Ehlerding und Florian Rister sowie Tilmann Holzer, seines Zeichens der Papst der Cannabisgeschichte; allesamt ausgewiesene Fachleute, die mich regelmäßig mit Informationen versorgten und für die Freiheit kämpfen.

Natürlich habe ich auch diesmal meinem Co-Autoren Carsten Tergast zu danken und meiner Lektorin Imke Rösing, die meine Art wunderbar nehmen konnte; außerdem dem Journalisten Guido Fahrendholz, der mich erneut mit Recherchearbeiten und moralischer Unterstützung begleitete. Auch sie waren unverzichtbar.

Zu danken habe ich auch meinem Verleger Manuel Herder, der den Mut aufbrachte, dieses Thema in seinem Verlag der Vordenker, wie ich ihn nennen möchte, zu publizieren.

Aber auch diesmal geht mein besonderer Dank an meine Töchter Anna und Annika, die trotz meiner verschiedensten Krisen mal wieder wie eine Mauer hinter ihrem Paps standen.

Und der letzte, aber auch größte Dank geht an Sarah Schaper, eine außerordentlich ambitionierte Studentin der Literaturwissenschaft, die in tiefster Krise kurz vor Ende meiner Arbeit da war und mit hervorragender Unterstützung dafür Sorge trug, dass dieses Buch tatsächlich fertiggestellt werden konnte.

Anhang

Gesetz über den Verkehr mit Betäubungsmitteln
(Betäubungsmittelgesetz – BtMG)
§ 29 Straftaten

(1) Mit Freiheitsstrafe bis zu fünf Jahren oder mit Geldstrafe wird bestraft, wer

1. Betäubungsmittel unerlaubt anbaut, herstellt, mit ihnen Handel treibt, sie, ohne Handel zu treiben, einführt, ausführt, veräußert, abgibt, sonst in den Verkehr bringt, erwirbt oder sich in sonstiger Weise verschafft,

2. eine ausgenommene Zubereitung (§ 2 Abs. 1 Nr. 3) ohne Erlaubnis nach § 3 Abs. 1 Nr. 2 herstellt,

3. Betäubungsmittel besitzt, ohne zugleich im Besitz einer schriftlichen Erlaubnis für den Erwerb zu sein,

4. (weggefallen)

5. entgegen § 11 Abs. 1 Satz 2 Betäubungsmittel durchführt,

6. entgegen § 13 Abs. 1 Betäubungsmittel

   a) verschreibt,

   b) verabreicht oder zum unmittelbaren Verbrauch überlässt,

6a. entgegen § 13 Absatz 1a Satz 1 und 2 ein dort genanntes Betäubungsmittel überlässt,

7. entgegen § 13 Absatz 2

   a) Betäubungsmittel in einer Apotheke oder tierärztlichen Hausapotheke,

   b) Diamorphin als pharmazeutischer Unternehmer

abgibt,

8. entgegen § 14 Abs. 5 für Betäubungsmittel wirbt,

9. unrichtige oder unvollständige Angaben macht, um für sich oder einen anderen oder für ein Tier die Verschreibung eines Betäubungsmittels zu erlangen,

10. einem anderen eine Gelegenheit zum unbefugten Erwerb oder zur unbefugten Abgabe von Betäubungsmitteln verschafft oder gewährt, eine solche Gelegenheit öffentlich oder eigennützig mitteilt oder einen anderen zum unbefugten Verbrauch von Betäubungsmitteln verleitet,

11. ohne Erlaubnis nach § 10a einem anderen eine Gelegenheit zum unbefugten Verbrauch von Betäubungsmitteln verschafft oder gewährt, oder wer eine außerhalb einer Einrichtung nach § 10a bestehende Gelegenheit zu einem solchen Verbrauch eigennützig oder öffentlich mitteilt,

12. öffentlich, in einer Versammlung oder durch Verbreiten von Schriften (§ 11 Abs. 3 des Strafgesetzbuches) dazu auffordert, Betäubungsmittel zu verbrauchen, die nicht zulässigerweise verschrieben worden sind,

13. Geldmittel oder andere Vermögensgegenstände einem anderen für eine rechtswidrige Tat nach Nummern 1, 5, 6, 7, 10, 11 oder 12 bereitstellt,

14. einer Rechtsverordnung nach § 11 Abs. 2 Satz 2 Nr. 1 oder § 13 Abs. 3 Satz 2 Nr. 1, 2a oder 5 zuwiderhandelt, soweit sie für einen bestimmten Tatbestand auf diese Strafvorschrift verweist.

Die Abgabe von sterilen Einmalspritzen an Betäubungsmittelabhängige und die öffentliche Information darüber sind kein Verschaffen und kein öffentliches Mitteilen einer Gelegenheit zum Verbrauch nach Satz 1 Nr. 11.

(2) In den Fällen des Absatzes 1 Satz 1 Nr. 1, 2, 5 oder 6 Buchstabe b ist der Versuch strafbar.

(3) In besonders schweren Fällen ist die Strafe Freiheitsstrafe nicht unter einem Jahr. Ein besonders schwerer Fall liegt in der Regel vor, wenn der Täter

1. in den Fällen des Absatzes 1 Satz 1 Nr. 1, 5, 6, 10, 11 oder 13 gewerbsmäßig handelt,

2. durch eine der in Absatz 1 Satz 1 Nr. 1, 6 oder 7 bezeichneten Handlungen die Gesundheit mehrerer Menschen gefährdet.

(4) Handelt der Täter in den Fällen des Absatzes 1 Satz 1 Nr. 1, 2, 5, 6 Buchstabe b, Nr. 10 oder 11 fahrlässig, so ist die Strafe Freiheitsstrafe bis zu einem Jahr oder Geldstrafe.

(5) Das Gericht kann von einer Bestrafung nach den Absätzen 1, 2 und 4 absehen, wenn der Täter die Betäubungsmittel lediglich zum Eigenverbrauch in geringer Menge anbaut, herstellt, einführt, ausführt, durchführt, erwirbt, sich in sonstiger Weise verschafft oder besitzt.

(6) Die Vorschriften des Absatzes 1 Satz 1 Nr. 1 sind, soweit sie das Handeltreiben, Abgeben oder Veräußern betreffen, auch anzuwenden, wenn sich die Handlung auf Stoffe oder Zubereitungen bezieht, die nicht Betäubungsmittel sind, aber als solche ausgegeben werden.

BtMG § 29a Straftaten

(1) Mit Freiheitsstrafe nicht unter einem Jahr wird bestraft, wer
1. als Person über 21 Jahre Betäubungsmittel unerlaubt an eine Person unter 18 Jahren abgibt oder sie ihr entgegen § 13 Abs. 1 verabreicht oder zum unmittelbaren Verbrauch überlässt oder
2. mit Betäubungsmitteln in nicht geringer Menge unerlaubt Handel treibt, sie in nicht geringer Menge herstellt oder abgibt oder sie besitzt, ohne sie auf Grund einer Erlaubnis nach § 3 Abs. 1 erlangt zu haben.
(2) In minder schweren Fällen ist die Strafe Freiheitsstrafe von drei Monaten bis zu fünf Jahren.

BtMG § 30 Straftaten

(1) Mit Freiheitsstrafe nicht unter zwei Jahren wird bestraft, wer
1. Betäubungsmittel unerlaubt anbaut, herstellt oder mit ihnen Handel treibt (§ 29 Abs. 1 Satz 1 Nr. 1) und dabei als Mitglied einer Bande handelt, die sich zur fortgesetzten Begehung solcher Taten verbunden hat,
2. im Falle des § 29a Abs. 1 Nr. 1 gewerbsmäßig handelt,
3. Betäubungsmittel abgibt, einem anderen verabreicht oder zum unmittelbaren Verbrauch überläßt und dadurch leichtfertig dessen Tod verursacht oder
4. Betäubungsmittel in nicht geringer Menge unerlaubt einführt.
(2) In minder schweren Fällen ist die Strafe Freiheitsstrafe von drei Monaten bis zu fünf Jahren.

BtMG § 30a Straftaten

(1) Mit Freiheitsstrafe nicht unter fünf Jahren wird bestraft, wer Betäubungsmittel in nicht geringer Menge unerlaubt anbaut, herstellt, mit ihnen Handel treibt, sie ein- oder ausführt (§ 29 Abs. 1 Satz 1 Nr. 1) und dabei als Mitglied einer Bande handelt, die sich zur fortgesetzten Begehung solcher Taten verbunden hat.

(2) Ebenso wird bestraft, wer

1. als Person über 21 Jahre eine Person unter 18 Jahren bestimmt, mit Betäubungsmitteln unerlaubt Handel zu treiben, sie, ohne Handel zu treiben, einzuführen, auszuführen, zu veräußern, abzugeben oder sonst in den Verkehr zu bringen oder eine dieser Handlungen zu fördern, oder

2. mit Betäubungsmitteln in nicht geringer Menge unerlaubt Handel treibt oder sie, ohne Handel zu treiben, einführt, ausführt oder sich verschafft und dabei eine Schußwaffe oder sonstige Gegenstände mit sich führt, die ihrer Art nach zur Verletzung von Personen geeignet und bestimmt sind.

(3) In minder schweren Fällen ist die Strafe Freiheitsstrafe von sechs Monaten bis zu zehn Jahren.

Anmerkungen

[1] Zum Thema Cannabis-GmbHs empfiehlt sich die Lektüre von Rainer Schmidts Buch: Die Cannabis-GmbH, Rogner & Bernhard 2014.

[2] Die Vorlage ist im Internet einsehbar unter: http://www.cannabislegal.de/studien/lg_luebeck.htm. Alle Links zuletzt abgerufen am 02.07.2015.

[3] Dieter Kleiber, Karl-Artur Kovar: Auswirkungen des Cannabiskonsums. Eine Expertise zu pharmakologischen und psychosozialen Konsequenzen, Wissenschaftliche Verlagsgesellschaft 1997.

[4] Nachzulesen unter: http://www.cannabislegal.de/recht/bernau.htm.

[5] Den gesamten § 29 BtMG siehe Anhang, ABB 1.

[6] Den gesamten § 29a BtMG siehe Anhang, ABB 2.

[7] Beide Paragrafen siehe Anhang, ABB 3 und ABB 4.

[8] Zitiert nach: Theo Pütz: Cannabis und Führerschein, Nachtschatten Verlag 2013, S. 69.

[9] Online anzuschauen unter: http://www1.wdr.de/fernsehen/wissen/quarks/sendungen/aufdrogehintermsteuer100.html.

[10] http://www.suchthilfestatistik.de/cms/images/dshs_jahresbericht_2013.pdf.

[11] http://www.drogenbeauftragte.de/fileadmin/dateien-dba/Service/Publikationen/2015_Drogenbericht_web_010715.pdf.

[12] Wolfgang Nešković: »Respektlosigkeit vor dem Recht«, taz 24.04.2015. Online: http://www.taz.de/1/archiv/digitaz/artikel/?ressort=bt&dig=2015%2F04%2F24%2Fa0155&cHash=4e220ccc11a8bdbcd541f7500399a861.

[13] Franz Trautmann: »Internationale Drogenpolitik – weltweiter Drogenmarkt.« In: Suchtmagazin Jg. 6, S. 14–19. Zitiert nach: Heino Stöver/Maximilian Plenert: Entkriminalisierung und Regulierung. Evidenzbasierte Modelle für einen alternativen Umgang mit Drogenhandel und -konsum. Studie der Friedrich-Ebert-Stiftung, Juni 2013, S. 29.

[14] Siehe die EMCDDA-Studie »Europäischer Drogenbericht 2015, Trends und Entwicklungen«: http://www.emcdda.europa.eu/publications/edr/trends-developments/2015.

[15] Siehe: http://www.alternative-drogenpolitik.de/2012/04/06/pravalenz-des-cannabiskonsums-in-der-allgemeinbevolkerung-in-deutschland-frank reich-den-niederlanden-und-im-europaischen-durchschnitt/.

[16] Siehe: http://www.unodc.org/documents/wdr/WDR_2009/WDR2009_eng_web.pdf.

[17] Heribert Prantl: »Allianz für ein liberales Drogenstrafrecht«, *Süddeut-*

sche Zeitung 07.04.2014. Online: http://www.sueddeutsche.de/politik/betae
ubungsmittelkonsum-allianz-fuer-ein-liberales-drogenstraf-
recht-1.1931236.

[18] »Minister muss ›Maulkorb‹ für Wimber erklären«, *Münstersche Zeitung* 20.11.2014. Online: http://www.westline.de/westfalen/muenster/
nachrichten/ln/Minister-muss-Maulkorb-fuer-Wimber-erklae-
ren;art1191, 751717.

[19] Meldung des *Deutschen Hanfverbands* (DHV) 28.01.2010: http://
hanfverband.de/nachrichten/news/polizeipraesident-will-entkriminali-
sierung-von-cannabiskonsumenten.

[20] Der komplette Text ist nachzulesen unter: http://www.schildower-
kreis.de/themen/Resolution_deutscher_Strafrechtsprofessorin-
nen_und_% E2%80%93professoren_an_die_Abgeordneten_des_Deut-
schen_Bundestages.php.

[21] Günter Amendt: »Drogen sind gefährlich, Spaß machen sie trotzdem«, *taz* 20.03.1999, S. 3.

[22] Paul von Lersch et al. im Gespräch mit Otto Schily: »Die neue Mitte
ist eine linke«, *SPIEGEL* 09.11.1998. Online: http://www.spiegel.de/
spiegel/print/d- 8030340.html.

[23] http://www.wiwo.de/politik/deutschland/plaedoyer-fuer-die-canna-
bis-freigabe-haschisch-fuer-alle/11617034.html.

[24] Claudia Kade im Interview mit Marianne Mortler: »Mehr Leute sollen Cannabis als Medizin bekommen«, *Die Welt* 02.02.2015. Online:
http://www.welt.de/politik/deutschland/article137033722/Mehr-Leute-
sollen-Cannabis-als-Medizin-bekommen.html.

[25] http://www.bundestag.de/mediathek/?isLinkCallPlenar=1&action=
search&contentArea=details&ids=4779963&instance=m187&categorie=
Plenarsitzung&destination=search&mask=search.

[26] Siehe: http://www.spiegel.de/panorama/justiz/cannabis-drogenbeauf-
tragte-attackiert-freigabe-fuersprecher-a-1005452.html.

[27] Siehe z. B. http://www.zeit.de/2015/04/cannabis-hanf-illegale-drogen-
legalisierung/komplettansicht.

[28] Siehe u. a. ein Interview von Marlene Mortler mit dem *BR*-Jugend-
radio *Puls* unter http://www.br.de/puls/die-frage-kiffen-legalisierung-
interview-marlene-mortler-100.html

[29] Siehe Fußnote 26.

[30] Sabine Bätzing-Lichtenthäler: »Kein Grundrecht aufs Kiffen«, *ZEIT*
10.04.2014. Online: http://www.zeit.de/politik/deutschland/2014-04/le-
galisierung-cannabis-grundrecht.

[31] http://www.alternative-drogenpolitik.de/2014/04/17/michael-
kleim-offene-antwort-an-frau-sabine-baetzing-lichtenthaeler/.

[32] Meldung des DHV vom 25.11.2005: http://hanfverband.de/nach-richten/news/forschungsskandal-bei-cannabis.

[33] Rainer Leurs et al.: »Ein Joint für die große Pause«, *SPIEGEL* 28.06.2004. Online: http://www.spiegel.de/spiegel/print/d-31329807.html.

[34] Die öffentliche Anhörung vom 17.04.2013 ist anzuschauen unter (der Beitrag von Professor Thomasius ab Minute 48): https://www.bundes-tag.de/dokumente/textarchiv/2013/43633829_kw16_pa_gesundheit_dro-genkonsum/211722.

[35] http://alternativer-drogenbericht.de/wp-content/uploads/2015/05/Alternativer-Drogen-und-Suchtbericht-2015.pdf.

[36] Nachzuschauen unter: http://www.zdf.de/zdfzoom/zdfzoom-zoff-ums-kiffen-38236152.html.

[37] http://www.bundestag.de/dokumente/textarchiv/2012/37261739_kw 04 _pa_gesundheit/207306.

[38] Interview mit Christoph Koch: »Cannabis-Konsum schädigt schwer«, *stern* 14.01.2015. Online: http://www.stern.de/familie/leben/intelligenzde-fizite–cannabis-konsum-schaedigt-schwer–3463252.html.

[39] In: »Cannabis – Neue Beiträge zu einer alten Diskussion«, hg. von Raphael Gassmann, *Deutsche Hauptstelle für Suchtfragen e.V.,* Lamber-tus 2004.

[40] Franjo Grotenhermen: Hanf als Medizin: Ein praxisorientierter Rat-geber, Nachtschattenverlag 2015.

[41] Jürgen Salz: »Optimierte Blüten«, *Wirtschaftswoche* 23.04.2015. On-line: http://www.wiwo.de/politik/deutschland/pharmaindustrie-optimier te-blueten/11650208.html.

[42] Das Urteil des Bundessozialgerichts vom 13.10.2010 ist nachzulesen unter: http://lexetius.com/2010,5668.

[43] In: »Cannabis – Neue Beiträge zu einer alten Diskussion«, hg. von Raphael Gassmann, *Deutsche Hauptstelle für Suchtfragen e. V.,* Lamber-tus 2004.